いのちの平等論

いのちの平等論

現代の優生思想に抗して

竹内章郎

岩波書店

はじめに

本書は、「今では生命倫理学としてまとめられる分野」について、その全体像・根幹・輪郭を明らかにしたいと思って、私が書いてきた論文のいくつかを集めたものである。「今では生命倫理学としてまとめられる分野」などと妙な言い方をしたのには、理由がある。この点から述べていくと、Ⅲ部八章立ての本書の構成をより多角的に示しつつ、また本書には未収録の私の生命倫理の他論文とも関連させつつ、本書の各章にふれることにもなるので、「はじめに」では、この妙な言い方をした理由について述べたい。

本書の中の最も早い時期の原稿を書いていた一九八三—八四年頃、日本にはまだ、日本生命倫理学会も、日本医学哲学・倫理学会も、日本臨床死生学会もなかった。しかし、米国では、七〇年代半ばから、すでにBioethics(バイオエシックス)——ポッターが命名し(Potter, 1971)、その邦訳名が生命倫理(学)——が盛んであり、生命倫理の米国大統領委員会が設置されるほどだった。私は、一九八〇年代初頭から、病気・障害や障害者の問題と、この問題とも接点を持ちうる能力主義に関わる思想・哲学の問題に勉強時間の大半を費やしていたこともあり、米国や英国やオーストラリアのバイオエシックスについて、また登場し始めた日本の生命倫理学について、少しは調べ始めていた。

しかし正直に言うと、その頃の私は、生命倫理学(バイオエシックス)について、たとえば近代経済学と同じような、名称上の問題がある、と思い込んでいた。もう少し言うと、マクロ経済学やミクロ経済学などからなる近代経済学は、近代の経済のすべてを扱ってはいないし、支配的思想＝支配者の思想——「支配する階級の思想がいずれの時代においても支配的思想である」(MEW. 3[46, 42])——に依拠しがちである。にもかかわらず、名称上、近代経済学の多くは、近代以降の経済すべてを扱う一般的で中立的な学問である、と装ってきた。これと同じ事情が生命倫理学にもある、と思い込んでいた*——後述するが、ある程度勉強した今でも、この思い込みの一部は正しいと思っている。

* 端的には、市場経済が、特定の国家介入や国家権力の在り方に、大きく規定されるにもかかわらず、経済が国家権力や政治とは無関係であるかのように把握して、国家権力や政治を、さらにはそれらを支える支配的思想の多くを、近代経済学が、ほとんど——まったくではない——問わないことである。

つまり、生命倫理学(バイオエシックス)は、名称上は、生命の倫理を扱うという一般的で中立的な装いになっている。だが、大半の生命倫理学の実際は、障害者などの「弱者」への差別・抑圧や「弱者」を死なせる事態などの支配的な現実を、また現代の優生思想を、事実上、容認するかより一層亢進する支配的思想＝支配者の不平等思想の一環でしかない、と八〇年代の私は思っていた。

だから、本書の中では最も早い時期の、病気や障害に関わるイデオロギーを重視した第四章「病気と障害から能力問題を考える」(竹内, 1985)で、私は、障害者差別とも通じた能力主義を廃棄するための議論を、生命倫理学なる名称の下では語れ（語りたく）なかった。また、八〇年代半ばの米英の障害嬰児殺を正当化する生命倫理学の基本動向を批判すると共に、それらへの対抗案を探った本書未収録の論文「ビオスの中のソキエタス」（竹内, 1987b）でも、その対抗案は生命倫理学の外側で語る仕草になっている。「重度障害者」の実状に触れ、その存在の全社会的・文化的意義や歴史的意義といのちの平等を提起した第一章「「弱者」のいのちを守るということ――「重度障害者」が提起するもの」（竹内, 1988）でも、生命倫理学は重度障害児差別論としてのみ扱われており、批判と非難の対象でしかなかった。

こうした思い込み――生命倫理学への不満・疑念・批判*――は、その後、生命倫理関係の勉強を進める中で、ある程度は訂正されてきた。なぜなら、米国などのバイオエシックス研究者の中にも、「弱者」差別・抑圧の克服を真摯に志向する人が、少しはいることは判ったからである。また、日本の生命倫理研究者の中にも、小松美彦氏（小松, 1996, 小松, 2000）をはじめ、歴史観などでの違いはあっても、「弱者」擁護を含めてあらゆる人間生命の擁護と平等を真剣に考える人――私と基本的には同じ考え方の人――が、一定数は存在することも知ったからである。それに、たとえ、意見は徹底的に対立するほどに異なっていても、生命倫理関係の学会主流派の人たちの中にも、彼らなりに真剣に生命倫理に取り組んでいる人がいることは判ったし、そうした彼らの議論から、私はたくさんのことを学ばせてもらってきたからである。しかも、異端(?)的な極少数派としてではあれ、私自身が、そうした学会の一末端会員として若干の活動はさせてもらってもきた。

＊　私が言う「批判」とは、たんなる非難とは異なる。それは、初期ヘーゲルがそれこそ批判的に言った、「批判そのものが、一面的な視点を他の同じく一面的な視点に対して持ち出すなら、それは論難であり、党派的なものだ」(Hegel, 2[186])、という意味での党派的論難・非難としての批判ではなく、相手の懐の中に飛び込むことを前提にした、「倒す相手はおのれの鏡……、敵も味方もつつんだ戦場そのものが「批判」なのである」(良知, 1971[9])、という点を承知した上での、本来の意味での批判のつもりである。

こうして、「今では生命倫理学としてまとめられる分野」の中に、生命・生存・生活を巡る私などの主張、とくに、本書の強調点でもある、優生思想への抵抗や「弱者」差別・抑圧の克服という——死に近い人の生・生活の充実を含む——議論を含めることに、さほどの抵抗感はなくなってきた。しかし、今でも私は、自らの議論を生命倫理学の枠内に絶対に位置づけたくない、と思うことがある。それほどまでに、生命倫理関係の学会の多くの議論、とくに主流派の議論に、私が大きな不満・疑念・批判を持ち続けているのは、勉強を続ける中で、そうした不満・疑念・批判には客観的な根拠があることを、たくさん発見したからである。そして、この客観的な根拠の多くを、私は本書の随所で示したつもりである。

生命倫理学の多くは、やはり支配的思想＝支配者の思想として、「弱者」差別につながって平等を否定しており、「脳死」・臓器移植などの安易な推進に流れている。この観点から、第二章「「脳死」論の帰結を考える」(竹内, 1993b)では、政府筋や生命倫理関係学会の主流派の「脳死」論の問題の基本を示した。また、生命倫理学の多くは、先端医療技術の「進歩」に目を奪われ、「進歩」に拠る差別・抑圧問題とその隠蔽――これの内、出生前検査・診断に関わる問題を、第七章「先端医療技術は何を隠すか」(竹内・中島, 2001c)で捉えた――に無頓着になりがちだ。そうしたことに対する不満・疑念・批判が、それらの客観的根拠に出会うと、ますます膨らんで私の頭から離れなくなる。学会で「生きる義務が証明できなければ、死ぬ権利を認めよ」という学者の乱暴な発言(「生きる義務を問う生命倫理学?」(竹内, 1999d)を参照)に接した時には、生命倫理学への私の不満・疑念・批判は憤りにもなった。

本書には収録できなかったが、一九九〇年代半ばまでの日本の学会動向を扱った「生命倫理学の一断面」(竹内, 1995c)と「生命倫理学の或る理論傾向」(竹内, 1995d)では、述べてきたような、生命倫理に関する学会の主流派(多数派)への不満・疑念・批判を、その客観的根拠と共にある程度まとめて示した。それらに限らず本書の随所で、社会的・文化的文脈を忘却して臨床場面のみに拘泥しがちな議論や、深刻な真の現実を不問としてしまうような実証主義的議論など、講壇(学会)の主流派だと思われる議論を、私は、かなり辛辣に批判した。もちろん、生命倫理の講壇の主流派やこれに親近感を持っている方々の多くは、私の議論は生命倫理学の名に値しない戯言だ、と判断されているのではないかなどとは思っている。

もっとも、こんな私でも、第三章「死ぬ権利はまだ正当化できない」(竹内, 1999b)の内容――「死ぬ権利」を容認しがちな主流派を批判し、これに対抗する議論を示した――で、一九九八年度の日本医学哲学・倫理学会と日本臨床死生学会との合同大会のシンポジストを務めることを要請された。また、第八章「生殖技術と倫理との関係を問う――商業的優生学との対抗」(竹内, 2003)の内容――

生殖医療の現状を追認しがちな主流派の議論が見落とす、優生思想を含む深刻な問題を提起した——が、二〇〇二年度の中部哲学会・研究大会シンポジウム「生殖医療と倫理」での私の報告論旨になっている。さらに、個人の権利・責任を重視する議論から共同責任論への転換を主張した「責任概念の転換と生命倫理」(竹内, 1996b)——本書には未収録だが——も、日本生命倫理学会は公募論文として受理してくれた。つまり、生命倫理に関する諸学会は、私のような者にも門戸を開いてくれている。だから、これら諸学会やその主流派に対して、不満・疑念・批判ばかりを述べることは、非礼の極みかもしれない。

なお、生命倫理学の主流派に対する私の不満・疑念・批判やそれらの客観的根拠については、またそんな生命倫理学への、いのちの平等論を軸とするオールタナティヴ(代替案)については、本書全体で示したつもりだ。だが、かの不満・疑念・批判の中身に関する総括的なことを、一つだけは——もう一つを「おわりに」で示す——、この「はじめに」で述べておきたい。それは、簡単に言えば、生命倫理学やその主流派の議論の多くが、いわばベッドサイドストーリーや狭い医療空間や個人間関係などの場に拘泥し、そうした場での細かい規則や行動原則論に終始しがちだ、ということである。だから、主流派の議論では、たとえば思想史上の大思想や、現実の政治的問題や、社会・文化全体に関わる話が、さらには、諸個人の内面を真に問う話が出てくることがあっても、そうした話とベッドサイドストーリーなどとは、多くの場合、分断されたままである。その典型が、論文「現代優生思想の射程——新福祉国家構想とその平等論のために」(竹内, 2001b)で示したことだが、優生思想などを問うことはあっても、優生思想が現代日本の生命倫理の問題としては、真剣には考えられなくなりがちなことだ。

そのため、学会主流派の議論では、生命・生存をめぐる生命倫理が、大きな意味での政治的議論や、社会や文化全体の変革や、人間性の内面の革新などと真には結びつくことができず、結果的に、生命倫理に関するもっとも深刻な諸問題の解決の展望が見出せないようになっている。少なくとも私には、そう思われる。本書全体が、これら諸問題を解決したい――もちろんベッドサイドストーリーに内在しつつである――、という問題意識に貫かれているが、とくに第五章「身体は私的所有物か――身体と能力をめぐる私有と共同性」(竹内, 1992a)では、近代的かつ現実の諸個人が受容しがちな私的所有論を、現在の生命倫理に関しても問うべきことを主張し、第六章「能力にもとづく差別を廃棄するために――近代主義と向き合う」(竹内, 1998b)では――これは、日本哲学会第五七回大会のシンポジストを要請された際の私の発表要旨の詳論でもある――、近現代社会で猛威をふるっている能力主義問題と病気・障害・能力に関わる生命倫理とを、諸個人の内面のあり方にそくして結びつけるべきことを問うた。そしてそれらでは、年来の私の持論(能力の共同性論)を深化させつつ、いのちの平等論を目指した。これらとも関連するが、本書ではほとんど明示できなかったにせよ、広い意味での福祉――善くやっていくことwell＋being＝well＋fareとしての福祉welfareであり、通常の社会福祉も含む――との接続を意識した生命倫理が、本書の特徴の一つかもしれない。*

＊　福祉思想や社会保障理念に関するややまとまった私の見解は、以下に含まれているので参照されたい。いぶき福祉会編『障害者福祉がかわる――考えよう！　支援費制度』生活思想社、二〇〇二年。

拙稿「公設公営障害者福祉施設の民間社会福祉法人への委譲」『岐阜大学地域科学部研究報告』第一一号、二〇〇二年。

拙稿「「弱さ」を受容するための現在の端緒――知的障害者福祉の現場から福祉充実の理念形成に向かうために」、講座・福祉社会(第一巻)、川本隆史・武川正吾編『福祉をつくり、ささえるもの――思想と実践』ミネルヴァ書房、二〇〇五年近刊予定。

なお、話し言葉で書いてある第一章が、本書の中では最も読みやすいだけでなく、本書全体の通奏低音のような位置を占めている。だから、第一章「「弱者」のいのちを守るということ」から順番に読んでいただければ、生命倫理に不慣れな方も本書に馴染んでもらえるのではないかと思う。そうした読み方は、また、第Ⅰ部「いのちを守る」という観点から、第Ⅱ部「能力の共同性論のために」努力し、第Ⅲ部「先端医療と倫理」との関係に立ち入って「弱者」と生命倫理について問い、いのちの平等論を目指している本書の構成に沿った読み方でもある。ただ各章は、それぞれまとまっており、独立に読んでいただいても、何ら差し支えない。

本書を読み通していただければ、生命倫理に関する学会も存在しなかった時代から、現在に至るまでに、私のような一介の市井の哲学研究者が、どのように、いのち・生・生活の問題、さらには死の問題に取り組んできたかが、ある程度はおわかりいただけよう。そして、そんな私の歩みが、読者諸氏に、何らかの意味あるものになってくれることを願っている。

凡　例

一、引用・参照文献は、末尾の文献表に、一括して、著者名のアルファベット順で掲示した。なお、邦訳文献については、本書収録の当初原稿の執筆に際して参照したものに限り、原著と邦訳の双方を掲示した。原著を参照した場合は、訳語自体も含めて訳文などが邦訳文献には従っていない場合がある。

二、文献表で、各文献の冒頭の（　）内に示した著者名および刊行年、また一部は略号を、引用・参照直後の（　）を用いて示した。

三、上記引用・参照直後の（　）内の［　］の数字は、各文献の該当頁数である。［　］内にコンマを挟んで二つの数字がある場合、前者が原著の、後者が邦訳の頁数である。

四、引用文中の、（　）内は原文にあったもので、〔　〕内は竹内による注記だが、原著にある直前の語句などの補足である。｛　｝内は、竹内による意味をとった付加であり、場合によっては、竹内の解釈が入っている。

五、注は、当該箇所の段落の後に、ポイントを落とした文字によって提示した。

目次

Ⅲ　先端医療と倫理

I　いのちを守る

第一章　「弱者」のいのちを守るということ
――「重度障害者」が提起するもの――

１　「安楽死」は「本人のため」か

のっけから気が重くなるような話で恐縮なんですけど、「こんな子どものこと、ほんとうに考えたことありますか？」というところから始めたいと思います。「脳性麻痺（重度、関節拘縮、股関節脱臼をともなう）、精神薄弱（重度）、視力障害（見えていない）、聴力障害（聞こえていない）、てんかん、そして病名ではないが呼吸不全、虚弱ということもつけ加えねばならない。つねに呼吸困難や感染による発熱、また調子が悪くなると嘔吐がおこる」、生きつづけても「まるで存在そのものが苦痛であるような姿」（高谷・吉田,1983［14］）、いわゆる「重度障害児」ですけど。私たちのほんとうに正直なところは、どうなんでしょう。こうした「重度障害児」は「死んだ方が本人のためであろう」、ということになるんでしょうか？　いわゆる「安楽死」の問題は、根っこのところでは、こうした「重度障害児」をめぐるさまざまな問題とも、つながっているのではないでしょうか？

ただし、大急ぎでつけ加えておかなければならないんですけど、この「重度障害児」、ただし君といいますが、彼は、日本で二番目の重症心身障害児施設であるびわこ学園（一九六三年発足）に入園したとき、三歳一〇ヵ月で、筋緊張が強く苦痛を訴えるように激しく呼吸し、泣きつづけていたんですが、鼻腔からの流動食の工夫や、筋緊張およびてんかん発作に対する入念な医療のほか、二年あまりにわたるさまざまな看護・保育上の取り組みによって、腕がゆったりと前にでて胸がひらき呼吸が楽そうになり、ケア(看護・世話・療育)にたずさわる職員が、「ただし君が笑っている!」と叫ぶくらいに、「その頬をかすかに緩ませるまでになった」(高谷・吉田, 1983[17–18])んですよ。このことをどう考えますか?

(1) 「安楽死」を語るということ

医療技術の進歩により、「ただ生きているだけ」という「悲惨な状態」の人間が増えてきたとされ、昨今では、「安楽死」問題に大きな関心が寄せられていますね。こうした問題について、世間では最先端をいっているとされている、アメリカやイギリス系の生命倫理学やこれに追随する考え方に従うと、「安楽死」といわれる事柄も、いくつかのタイプに分類されるようです。ここでは話を簡単にするために、医療処置の濃密さの程度や、処置打ち切りの時期といった、技術レベルでの区別を問わないことにします。そうすると、代表的なものは、次の三つになります。

ひとつは、「安楽死」などといえば聞こえはいいんですけど、意思表示の可能な患者たちに、「安楽死」への意思をたずねることなしに実施される、ということからすれば、一般的な殺人と変わることがない「反同意的 involuntary 安楽死」。もうひとつは、「生前の意思」などと呼ばれる事前の意思決定によって、「安楽死」が云々されるはるか以前に、本人が「安楽死」を選択しておいて、これに基づいて実施される「同意的 voluntary 安楽死」ですが、その是非をめぐって、もっとも議論の余地がある第三のタイプとして、「非同意的 nonvoluntary 安楽死」があります。これは、現在の文化においては、その「意思」が他者には伝わらない「重度障害嬰児」や、いわゆる植物状態の「無能力者」についての「安楽死」なんですが、この「非同意的安楽死」について、「安楽死」は「本人のため」にのみ行なわれるのであり、他のいかなるもののためにも行なわれるのではない、という議論があるわけです。

この議論は、文字を素直に受け取るかぎりでは、たしかに「安楽死」問題を、優生思想・ナチズム(ユダヤ人大虐殺で知られる、第二次世界大戦前からのヒトラー率いる国家社会主義ドイツ労働者党(通称ナチス)の思想の総称)・通常意識されている功利主義・社会防衛論等々に連動させず、あくまで本人のことのみを大切にしようとしている「安楽死」なわけですから、私たちの日常意識からすれば、文句のつけようのない議論であるように思われますね。つまり、この「安楽死」=「本人のため」論における「本人のため」の含意は、少なくとも、この議論の唱導者たちからすれば、「安楽死」の理由として、「本人の最上の利益」が死にほかならない、ということだけを考えているわけですから、この理由ゆえにのみ、「安楽死」は実施されてよいし、この理由ゆえにのみ実施されるべきだ、ということになるんです。だけど、この「安楽死」=「本人のため」論を根底で支えている、「本人の最上の利益」が死であるという考え方は、何の留保も必要としないものなんでしょうか？　また、そもそも「本人のため」ということで、どんなことが考えられているのでしょうか？

日常意識からすれば、さきほどの、ただし君のような「重度障害児・嬰児」の「悲惨な状態」からは、死にまさる苦痛と苦難に満ち、「健常者」一般には当然の、最低限の生活のかけらもなさそうな生の現実のみが、伝わってくるだけかもしれません。さまざまな取り組みによって、ようやくその頰をかすかに緩ませる程度にいたったくらいで、どこに人間らしさがあるのか、人間らしさのない生存が「本人のため」だなどとはいえるわけがないじゃないか、ということになるのかもしれません。また、末期ガン患者の激痛にさいなまれるだけの状況についても、同様のことが云々されるのかもしれません。しかし、私たちは、それが「悲惨な状態」であると、簡単にいってしまってよいのでしょうか？

この点で、考えなければならないことがあるように思います。それは、「重度障害児」本人の、たとえば内的意識やコミュニケートの「志向」について、えらそうにしている私たち「健常者」が、じつは何も知らず、そのために、私たちは「重度障害児」本人の内側と関係をもてないまま、彼らの表層のみを見て、「悲惨な状態」等々と云々しているだけかもしれない、ということです。私たちは、私たちの観察力の及ぶ限りでしか、彼らについて知りえないのです。つまり、私たちと「重度障害児」との間に存在する、さまざまで幾重にも媒介された諸関係、さらには、この諸関係を包みこんでいる社会的・文化的広がりのすべてが、私たちによって把握されているわけではないのです。このことは、現実であり事実なのです。しかも、他方で、いかなる生命においても、生存をめざす合目的性が存在していて、「重度障害児」も含めたすべての人間の生命が有するこの合目的性は、この生命と、現にケアにたずさわる人びとをはじめとする、私たちとの諸関係のうちに、さらにはこの諸関係を包みこんでいる社会的・文化的広がりのうちにあるわけです。このことも、また現実であり事実なのです。念のためにいっておきますけど、社会や文化ということで、「社会に貢献する」という場合の「社会」や「文化を享受する」という場合の「文化」などのみを考えてはいけません。社会・文化とは、人間が生きることそのものでもあるのですから。ともかく、この二つの現実・事実をどう考えますか？

ここで私たちが忘れてならないことは、現代では、たとえ、いかに貧困で脆弱なものであっても、「重度障害者」の存在自体を包みこんでいるケア、社会・文化が、現に、具体的に存在しているということなんです。いいかえますと、このケア、社会・文化を捨象しては、「重度障害者」について何も語りえず、もし、「重度障害者」を語っているとすれば、それは、同時に、なんらかの形で——たとえ、言葉に表現されなくとも、この言葉を支える陰の「ことば」として——、ケア、社会・文化を「語っている」ということなのです。私たちがただし君たちについて、死にまさる「悲惨な状態」を語るとすれば、そのときにはどんなケア、社会・文化が同時に「語られている」のでしょうか？

「悲惨な状態」を語る際に、社会的・文化的広がりから切断されても、「重度障害者」の生命が語られうるかのような仮象や幻想に、あまりにも簡単に陥り、そのことによって、逆に、「悲惨な状態」を語り、また、「本人の最上の利益」が死であると語る際に、同時に「語っている」「重度障害者」を無視しがちなケア、社会・文化を暗黙のうちに、しかし、もっとも強く肯定していないでしょうか？

「ただし君のような「重度障害児」について「悲惨な状態」を語るとき、特定のケア、社会・文化を前提し肯定しているのは、自明である。そもそも、そうした前提や肯定なしには、人間についてのいっさいの発言が不可能になるのであって、「悲惨な状態」を語ることに疑義をさしはさみ、あまつさえ、この疑義の根拠を特定のケア、社会・文化を肯定することの問題に求める者は、そうした「悲惨な状態」いっさいを消滅させうるユートピア的状況を、夢想しているにすぎない」という非難が聞こえてきそうなんですが、はたしてこの非難は当たっているのでしょうか?

(2) 人間をみる眼

「重度障害児」をわが子にもつ親たちなら、しばしば経験することですが、「重度障害者」とケア、社会・文化について、次のようなことはいくらでもあるのです。亜紀ちゃんは、化膿性骨髄膜炎の後遺症による「重度」の水頭症のため、CTスキャンなどの検査では、大脳のほとんどすべては圧死している、と診断される「重度障害児」です。だから、亜紀ちゃんは、現在の「科学」の目には、また、見知らぬ第三者やたんなる観察者には、「眼振」「ひきつけ」「けいれん」「たんなる唸り声」などとしか映らない諸現象=「悲惨な状態」のみを、呈していることになるわけです。けれども、亜紀ちゃんとほんとうに共生しようとしている母親や、ケアにたずさわる人たちにとっては、「眼振」はコミュニケートを求める目の動き、「ひきつけ」は手足のささやかな表情、「けいれん」は周囲の微妙な温かさを感じたほほ笑み、「唸り声」は周囲への語りかけの「ウー」という声、となるわけです(向井,1986)。亜紀ちゃんが示す、こうした諸現象の把握に関する違いが意味するものをどう考えますか？

また、先ほどのただし君と同じように寝かされているだけで、発作におそわれたときのゆがみなど以外に、顔の動きすらなかったシモちゃん。「寝たきり」を、寝た状態で眠り覚めることができる、ととらえた療育活動集団の、寝方や身体のゆさぶり方ひとつについてのさまざまな工夫にみちた取り組みによって、シモちゃんは、ある変化をとげました。それは、この療育集団の責任者にすら「笑顔とみるのは、まちがいかもしれない」といわしめたぐらいの、また、次の年には見られなかった小さな変化ではありましたが、手先から伝わってくるリズムにあわせて、口もとをほほ笑むように動かし、療育集団が「シモちゃんが笑った」ととらえることができた変化でした（異画, 1968, 清水, 1981[67–71]）。シモちゃんという「本人のため」を考えている、この療育集団の内部においてさえ、このようにその把握が相違してこざるをえないシモちゃんの変化が示したことは何なんでしょう？

人間が意識を失う過程で、聴覚が最後まで残存することは、科学的な事実ですが、交通事故で重傷を負い、臨死状態にあった女性患者は、自らの臨死体験について、次のように語っています。「臨床的な検査にもとづいてはいたのでしょうが、重症の私のことを、「この人は亡くなられた。では次の患者だ」と言っているのが聞こえた。私は、憤慨いたしました。ただただ憤慨いたしました。あの人たちのためにも、死んだままいてやるもんですか、と思いました。……心の中では、「まだ死んでなんかいないわよ、こん畜生」って叫んでいましたよ。この言葉があのひとたちに聞こえたかどうかはわかりませんけど」（セイボム, 1986[257–258]）。

これらの事実が示していることは、「重度障害児」や「重症患者」本人の状態の把握自体が、現に彼らを取りまく人びと、ケア、さらには社会・文化のあり方によってまったく異なる、ということなんです。交通事故によって重傷を負った上記の女性が生きようとしていることは、明白なことで、医者達がわからなかっただけのことですが、コミュニケートを求める亜紀ちゃんの目の動きや、シモちゃんの笑いが「わかる」人びと、ケア、社会・文化にとって、亜紀ちゃんやシモちゃんは、死にまさる「悲惨な状態」をかかえた存在としては現れていないのです。つまり、彼らの「眼振」「ひきつけ」「けいれん」「たんなる唸り声」は、社会的・文化的広がりのうちにのみある、彼らの生存をめざす合目的性の証なのです。

だとすれば、死にまさる「悲惨な状態」という認定によって、死を「本人の最上の利益」だとする命題も、社会的・文化的広がりをきわめて狭いものとしてとらえたり、これをまったく捨象してしまうがゆえに、出てくるものかもしれないのです。ちなみに、しばしば「非同意的安楽死」論の対象とされる「重度障害者」をめぐって以上の問題があるとなると、アメリカでは四〇近い州で、「自然死」法として合法化されている「同意的安楽死」についても、どんな人にとっても、当該事態が「非同意的安楽死」の場合と同様になることを考えれば、単純に肯定することはできないでしょう。

忘れていけないことは、上記のような、ただし君たちにかかわる人びと、ケア、社会・文化は、かならずしも、存在しないユートピアや将来の「高度な」技術・文化に依拠しなくてはならないようなものではなく、上記の諸例が示すように、たとえ不十分なものであるにしても、現に存在しており、ただ安易に「安楽死」を「本人のため」とする生命倫理学や日常意識には見えないだけだ、ということです。

(3) 激痛はしかたないか

以上のように言ったところでも、反論があるかもしれません。つまり、いかに「重度障害者」の生存をめざす合目的性が確認され、彼らと共生しうるケア、社会・文化があったとしても、「まるで存在そのものが苦痛であり」、つらい痛みにさいなまれるだけの「重度障害者」の「本人の最上の利益」は、やはり死ではないのか、という反論です。たしかに、人間にとって死が不可避であるように、死にまさる克服不可能なつらい激痛が、医療手段の限界もあり、不可避となる場合もあるでしょう。しかし、そのような激痛を不可避とする現実とは何かについては、あらためて考えてみる必要があると思います。

「安楽死」事件として知られながら、嘱託殺人として有罪判決が下った裁判例があります。いずれも患者が激痛のあまり親族に「殺してくれ」と泣訴し、親族が患者を死なせて、ついには被告人となったものです。医師が診察し治療を受けてもいたが、自律神経失調症、坐骨神経痛、慢性胃炎などのゆえに、不眠と全身の疼痛が続き、「死を望んでいる」と思われたＡさん。しかし、この疼痛・激痛の原因は、解剖によりはじめてわかった――つまり、Ａさんの生前、医師は診断していなかった――肺および腎臓がひどく癒着するくらいの、肺結核と慢性腎結核でした(鹿児島地判、一九七五年一〇月一日)。生前は精神神経症、慢性胃炎とだけ診断され、精神安定剤のみ投薬され、その薬の摂取量も減り、水分のみを求め、身体がむくみ呼吸困難にすら陥って、「楽にしてくれ」と訴えたBさん。しかし、死後解剖が明らかにしたのは、かなりの呼吸困難をともなって当然の、冠動脈硬化症心不全だったのです(大阪地判、一九七七年五月一〇日)。

これらについていえば、誤診さえなければ、死を「本人の最上の利益」とする被告人の判断はなかったことになります。誤診を当該医師の個人的問題に帰することも、できるかもしれません。しかし、こうした誤診を生む社会・文化全体の貧困さこそ、問われるべきではないでしょうか？

治療不可能な末期ガン患者の激痛は、よく知られているように、放置されれば、患者が「死を望む」ほどつらいものです。しかし、現在の医療の多くにあっては、末期ガン患者の激痛制御は放置されなくとも、死との取り引きとなり、症状が進むにつれてきき目の薄くなるような形での麻薬投与に頼ることが多いわけです。「現在ガンの治療に直接たずさわっている医師の中で、患者の最大唯一の苦痛である痛みに対して考慮を払いながら治療を行なっている医師は、非常に少ないと思わざるをえない」(菅田, 1983[115])、とすらいわれてきました。つまり、延命のためには、痛みを甘受するのは当然である、という判断に極限化した医療か、麻薬にすら頼れなくなって、二時間もすれば死にいたるパンオピン注射などで激痛を除去すべきだ、という判断に極限化した医療が現実となるわけです。

しかし、麻薬をはじめとする鎮痛剤のほかに、うつ病に対する抗うつ剤や、神経ブロック――痛みを感じている神経の周辺に、注射で薬剤を直接注入して痛みの伝導を遮断する方法――、さらには、きめ細かい精神的ケアが末期ガン患者の激痛制御に効果があることはわかっていて、現在の技術水準でも、これらを十分に取り入れた医療は可能なはずなのです。しかし、これらは一般化していません。つまり、激痛制御にほんとうに取り組んだ医療・ケア、さらには、これらを実現しうる社会・文化がないがゆえに、死をもってして、「本人の最上の利益」だとする判断を正当化するような、つらい激痛が存在していることも多々あるわけなのです。

死因順位が高く、多くの人が強い関心をもっているガンについてすら、その激痛制御の状況が、このように貧困であるとすれば、日常意識によってすら、その「安楽死」がしばしば「期待されている重度障害者」の激痛制御の状況が、より貧困なものであることは、明らかではないでしょうか。実際、先のただし君の医療にあたり、シモちゃんも入所していた施設の医師は、やはり、みずから懸命にその医療にあたっていた二人の「重度障害児」を亡くして、「亡くなった二人の子のばあい時間が足りなかった。時間と人員と技術と費用があれば、間に合ったかもしれない」(高谷, 1987[41])と語っています。

この文面だけからは、必要な技術が、現代の水準を超えるものを要したか否かという点は不明ですが、しかし、少なくとも時間と人員と費用については、現在でも医療・ケア、これらを支える社会・文化のあり方いかんでは、救命を可能とするものになりうるはずなのです。また、技術についても、現に存在するものを十分効果的に組み合わせる態勢がなかったのかもしれません。「重度障害児」については、救命自体すら、このような貧困な状況にあるとすれば、激痛制御は十全に取り組まれており、残存するのは「不可避の激痛」であるなどと簡単に言えないことは、明らかではないでしょうか。

(4) 生命のなかの社会・文化

ここでは、死にまさる「悲惨な状態＝障害」ゆえに、「本人の最上の利益」を死とする「安楽死」論について考えてきたわけですけど、現在(一九八八年現在)流布している「本人の最上の利益」を死とする「安楽死」論の多くは、実際に主張される際には、「本人のため」とは何かを徹底して問うことのみからは、成り立ってはいません。「本人のため」や人道性などを言う舌の根も乾かぬさきから、同時に、「重度障害児」＝モンスター説、「重度障害児」＝非人間説、「重度障害児」＝社会の負担説などが、平然と語られているからです。こうしたことを主張したがっている論者は、はいて捨てるほどいます――たとえば、宮野彬(宮野, 1986)のほか、J・フレッチャー(Fletcher, 1973)、J・レイチェルズ(Rachels, 1986)、J・グラバー(Glover, 1984)、太田典礼(太田, 1982)、植松正(植松, 1963)等々。つまり、「本人のため」論を根底からくつがえすこと、すなわち、既存の「社会や環境のため」や既存の支配的な文化・社会に安易に依拠した諸議論が、平然となされているわけです。

しかし、「本人のため」のみを徹底して考えて明らかになることもまた、ある意味では、「本人のため」論の徹底が、この論の根底をくつがえすという、いわば逆説的なことでもあったのです。端的にいえば、「重度障害児」個人の「本人の最上の利益」を確定するために、「重度障害児」本人を個人としてのみ射程におさめること自体が、不可能なわけです。つまり、ケア、社会的・文化的広がりから切断された「重度障害児」本人の「孤立的抽象的生命」――これは、日常意識も自明視しがちなことではありますが、実際にはありえない仮象なんです――を想定していたのでは、「本人の最上の利益」・「本人のため」という言葉自体が、不可能になるのです。死にまさる「悲惨な状態」ゆえに、「本人の最上の利益」を死とする「安楽死」論の多くも、言葉にならない「ことば」に依拠して、日常意識にもっともマッチしやすいケア、支配的な社会・文化を肯定しながら、「本人のため」という言葉を使い、その上で、この言葉をケア、社会・文化自体から切断された「重度障害児」本人の「孤立的抽象的生命」についての言葉として提出しているのです。しかし、「抽象的に考えられた自然、それだけで、人間から分離して、固定された自然は、人間にとって無である」(MEW. E[587, 238])という表現にならって言えば、「抽象的に考えられた生命、それだけで、人間＝社会から分離して、固定された生命は、人間＝社会にとって無」なのです。

このような「本人のため」、という言葉にかかわる問題点は、米英系の生命倫理学を主導する現代功利主義、およびこの功利主義と同一の結論――たとえば、「重度障害者」の「安楽死」の肯定――を異なった理由から正当化する道徳主義(義務論)にあっては、より大きなものとなっています。というのも、それらにあっては、その根本概念である「幸福(happiness)」概念や「快(pleasure)」概念が、さらには、黄金律などが、ケア、社会・文化を超絶しうるものであるかのように主張されていますので、そうした根本概念自体が、「孤立的抽象的生命」に最も適合しやすくなるからです。ただ、「保守主義」とされることの多いキリスト教的道徳主義のなかに、この「孤立的抽象的生命」の把握にたいする根本的な批判があることは注目すべきことだと思います。たとえば、「私たちの側からのいかなる人間的コミュニケーションにも患者がまったく到達しえない」事態があるにしても、それは、けっして患者の側のコミュニケーション能力のなさゆえのことではなく、ケアする側の役割の限界、関係者のコミュニケーション能力の無力さによるのである、とされています。そして、そうした関係者、ケアする側のあり方をより豊かにするための原理として、「クリスチャンの愛とその派生物」として位置づけられた「行為者愛の倫理」が主張されているのです(Ramsey, 1978[214–227])。このことは、キリスト教信仰のなかに、「孤立的抽象的生命」把握を批判し、いわば生命のなかの社会・文化をとらえてゆくことにつながる論理があることを示しているように思われるのです。

ともかく、最も大切なことで分岐点となることは、「重度障害者」等々の生死を左右する「本人の最上の利益」といった、日常意識的には、いわば諸個人の内奥にのみ成立していると考えられていることが、彼らに直接かかわる人びとやケアのみならず、広く社会的・文化的諸関係自体といった、いわば諸個人にとっての外側としっかり結合していること、このことへの視座を持ちうるか否かなのです。

2　優生思想はどこに

(1)　不十分な学問

しかし、第1節でみた「重度障害者」に関する「本人のため」論のように、人間を社会的・文化的諸関係から切断された「孤立的抽象的生命」としてとらえることは、一般的な社会科学的人間把握の常識からすれば、きわめて奇妙なことであるはずではないでしょうか。なぜなら、人間はアトムであって、アトムという単位の集積から社会や文化の把握をはじめるべきである、といったごく一部の単純な要素還元主義的発想を別にすれば、社会的諸関係のアンサンブルとしての人間の本質の把握や、存在としての社会・文化による人間の存在被拘束性の主張は、さまざまな立場や思想のちがいをこえて、多くの論者が共通に承認するところだからです。また、このような社会的・文化的諸関係のなかでの人間把握は、社会的・文化的諸関係のあり方によって諸個人自身が変わるということだけでなく、社会的・文化的諸関係のあり方によって諸個人のとらえ方・見方そのものが変わるということを、当然のことながら含意しているはずです。

にもかかわらず現在でも、「重度障害者」については、上記のような社会科学的人間把握が貫徹されず、安易な「孤立的抽象的生命」把握のみが表面化し、したがってまた社会的・文化的諸関係によって「重度障害者自身」が変わり、彼らにたいする見方も変わるということが日常意識にもなじみが薄いのは、なぜなんでしょうか？　人間的自然としてのいっさいの「生命」は、この「生命」にかかわる社会的・文化的媒介、さらには理論的・実践的媒介の特定レベルを前提しているはずです。にもかかわらず、なぜ「重度障害者」の「生命」については、こうした諸媒介の特定レベルを捨象した諸議論が頻繁になされるのでしょうか？

医学史家や臨床医などとの座談会にのぞんだ著名なある社会思想史の研究者は、重病のためにICUにはいった自らの経験と医学史の勉強から得たものを通じて、自ら自身の研究姿勢をもふくめた既存の社会科学・社会思想研究のあり方、とりわけてそれらにおける人間に関する「自然」および「生物」概念の把握を反省し、つぎのように語っています。「いままでそういう特殊な生物である人間を、科学的に取りあつかう場合、一方では社会という巨視的なところに着目する。いわゆる「社会科学」ですね。ところがその社会の構成員であるところの個々の人間をとりあげて、これを科学的に見る場合には、人間という特殊な生物という面を棚上げにして、生物であるかぎりの人間に還元する傾向がつよかった。それで「社会」の学問である社会科学と、直接には個体を取りあつかう生物の学問とが切れていた気がするんです」(内田義, 1982[21])。

内田さんの発言を援用しますと、社会の学問と生物の学問とが「切れている」がために、その自然的非同一性をはじめとして自然性・生命のレベルでの深刻な問題がいやおうなく表面化する「重度障害者」については、社会的・文化的諸関係を議論することが、通常の場合にくらべてよりいっそう困難になり、社会的・文化的諸関係を捨象した「孤立的抽象的生命」把握が跳梁する、ということになるでしょう。ぎゃくにいえば、これまでの社会科学的な諸議論は、この「切れている」ことに痛痒を感じない程度の、人間の自然的同一性に依拠したものでしかなかったのです。だから、この「切れている」ことによって、たとえ臨床的治療等のレベルで「重度障害者」の自然性を変える(社会的・文化的諸力によって治療したり、「能力」形成をめざす)ことへの営みが推進されたとしても、自然的非同一性のいちじるしい「重度障害者」が現存の自然性のままで差別・抑圧されずに生きうる社会・文化を創出しようという営みは、せいぜい付加的になされるのみで、基本的には忘却されてきたのではないでしょうか。

ちなみに現代では、社会的・文化的諸関係から自立したものとして把握された「個人の能力」・人間の自然性レベルでの人間的諸問題の処理といった傾向が根強いと思われます。たとえば、この傾向は、「社会の病を個人的なレベルで解決しようとする新しい動きが普遍化しつつある」(ボウルズ・ギンタス, 1986[11])問題として、学校教育にも浸透してきている傾向なのです。この傾向がこうじて、米英系の生命倫理学のなかからは、子育て・教育と遺伝子操作とは、「よりよい」価値にむけての人間性の変更をめざしている点では同一であって、ちがいは技術上・程度上のものでしかないから、生物としての人間を操作する遺伝子工学を拒否する理由はない、という主張すら出てきているのです(Glover, 1984)。最終的には、こうした生物還元主義を強要する社会・文化とこれらを私たち個々人の内奥にまで浸透させている「政治」や「権力」を問わなくてはならないでしょう。

が、こうした諸傾向の背景にも、生物の学問から「切れた」社会の学問が、社会の学問から「切れた」生物の学問を安易に前提して人間の生命や自然性に関する最も深刻な問題を等閑視し、それでいながら社会・文化全体すなわち人間的諸問題全般をあつかってきたかのような錯誤におちいっている、という問題があると思います。さまざまな個別的問題を貫通する生命倫理全般に関して、従来の社会科学的議論のこうした弱点を利用しながら存続してきたのが、優生思想すなわち最も広い意味における能力主義ではないでしょうか。

(2) 「自然な」とは

プラトン以来連綿としてつづいてきている優生学や優生思想は、たしかに諸個人の「能力」の八〇パーセント以上は遺伝的に決定されるという議論(ジェンセン)や、「優秀さ」や「劣等さ」や「みにくさ」等々が生物学レベルで把握された人間の資質(「孤立的抽象的生命」)の高低にもとづくという議論として、またこうした議論にもとづく「優秀な」人間を賞揚し、「劣った」「みにくい」人間を差別・抑圧・排除しようとする「思想」として一般的に把握されるでしょう。また、こうした「思想」の背景にある「生産・労働に役立つ人間のみが大切であり、既存の「社会」に「適合」できず有用でない人間はいないほうがよい」という「思想」として把握されるでしょう。そしてふつうは、諸個人の能力の形成や未形成における社会的・文化的諸関係の媒介の決定的役割が遺伝決定論を反駁し、近代的なヒューマニズムにもとづく人権思想が「弱者」排除や社会効用論等々を反駁しうる、と考えられていて、こうした考え方を多くの人びとが共有しているとみてさしつかえないでしょう。しかし、優生思想とほんとうに対抗するには、こうした一般的把握にたってこの思想に一般的に反対しているだけでは十分ではなく、より日常生活に密着した場面で優生思想を考えなくてはならないと思うのです。

私の親しい友人で、染色体異常の障害児を六年間育ててきた父親がつぎのように語ったことがあります。

「生まれたときに産婦人科医から知恵遅れになりますよ、といわれてね。その瞬間ショックで、さすがによく障害児の親の手記にでてくるように、子どもを殺して自分も死のう、なんてことは考えなかったけど、子どもを育てたいと思っていた意識が「しかたなく育てなくてはいけないか」といった、なにかしら強迫的な意識に変わったことを覚えている。そのためか、その後本を読んだりして基本的に重い知恵遅れという障害を治す方法がないことを知って以来、「死んだほうがこの子のためではないか」とか、ずっと後でも子どもがふらふら歩きはじめたときにも、車の往来が多い道路の前で握っている子どもの手を放したら、なんてフト思ったこともあったように思うね。今でこそ、あれは親の弱さとエゴだったと思うし、この子との生活によって自分がより人間らしくなれたという実感もあり、この子との生活がいかに大事であったことかと思えるけど」。

「障害児」の親である私の友人たち個々人を非難するために、ここで、彼の話を云々するわけでも、だからまた、「障害児」のわが子はいないほうがよいと思うことを、単純に親のエゴだなどというつもりもありません。社会・文化が現代とは異なって、真に「障害者」と共存できる社会・文化を作り上げることができれば、この親のエゴがなくなることもありうるからです。さらに、「障害者」が暮らしやすいわけではない現代の社会・文化のもとにありながら、「障害児」のわが子との共生に人間らしさの証を見出すにいたった私の友人の営みに、優生思想などとは無縁のすばらしさがあることもたしかです。にもかかわらず、当初の「障害児をしかたなく育てなきゃいけない存在と思う意識」や、「重い知恵遅れが治らないなら死んだほうがよいのではないかと考えたりする意識」それ自体には、こういう意識を生む社会・文化に根づいているものとしての優生思想を認めざるをえないのではないでしょうか。

かなり古いんですが、ベルギーでのサリドマイドベビー殺害事件・判決をきっかけに日本でもアンケート調査が行なわれたことがありました(仮倉, 1963)。周知のように、日本でも症例のあるサリドマイド児は、きわめてずさんな薬事行政と製薬資本のもうけ主義が引き起こした薬害によるものであり、この点への批判抜きにサリドマイドベビーについて云々することは軽率のそしりをまぬがれませんが、生まれいずる人間の問題としては、「障害者」にかかわる優生思想の問題となると思います。なお、このベルギーのサリドマイドベビーは、胴体だけで腕がなく一方の肩に二本、他方の肩に四本の指がついているだけでしたが、サリドマイドによる障害は、一般に四肢の障害にとどまり、いわゆる知恵遅れなどはともないません。

さて、上記アンケートには、ベルギーでの事態についての紹介とこれへのアンケートの後の一項目として「あなたが、もしこのような奇形児の親だったらどうしますか」というものがあって、八個の選択肢が基本的には「育てる」と「殺害する(したい)」に大別できるようになっていました。回答の結果は、「育てる」三八パーセント、「殺害する(したい)」六二パーセントでした。もちろん、このアンケート項目自体が、たとえば、「奇形児」という表現や子育ての家族責任論をはじめとする既存の社会・文化の問題性になんら言及することなく提出されている点で、問題の多いものであるということはいえます。しかし、そういうことを考慮にいれても、また本人にとっては仮定の話ではあっても、「障害嬰児」の我が子を殺害したいと考える人が、じつに全体のほぼ三分の二にものぼるということに、上記の優生思想の一般的把握とこれへの一般的反対論だけでは解決しようがない優生思想の社会的普及・日常的根強さを見てとらざるをえないわけです。ちなみに、「安楽死」が日常会話となり、能力主義が自明のものとして諸個人に内面化され、より強化されている現在では、この数字は、本音のところでは、より高くなっていると思います。

「障害児」、とくに「重度障害者」はできればいないほうがよいと思うことは、人間の「自然で」「本来的な」「当然の」感情である。そう思わない者は「重度障害者」が多くいたほうがよいと思っているのか、それこそ「不自然」な感情であろう。こうした問題をことさら優生思想などといって騒ぎたてるほうこそおかしいのであって、「自然」なままにまかせればすむ問題である。

右のような意見もあるかもしれません。しかし、この「自然」「本来」「当然」という言葉が、すべてヨーロッパ言語のネイチャー、ナトゥア(nature, Natur)＝自然という言葉であることを思い起こす必要があると思います。

やや細かいことに立ち入りますが、西欧中世においては、自然法は人格的従属を自明視する封建的身分制秩序を所与のものとして正当化するものでしたが、近代ブルジョア革命初期においては、自然法は諸個人の自己保存欲求が衝突し合う自然状態を前提にしたうえで、この状態に安定と調和をもたらすことを正当化するものでした(ホッブズ)。また、ブルジョア革命中期以降にあっては、自然法は近代的なヒューマニズムの権化として、自然権としての形式的な(そのかぎりでは普遍的な、しかし実質的にはブルジョア社会の商品(労働能力商品を含む)所有者の)人権(自由、平等などのみを正当化するものでしたし(ロック)、ブルジョア社会の社会的諸関係の安定性の保障が人間的自然としての道徳感情に求められることもありました(スミス)。

これら、歴史的段階や思想内容が異なっても社会構成の原理的位置に自然概念がすえられる点自体は変わっていないということには、逆に、それ自体の内容を問わなくてはならないネイチャー＝「自然」という言葉の歴史的・文化的相対性の度合いの高さが現れていると思います。だから、「自然」によって社会や文化に関する当該事態を正当化するということは、正当化機能を「自然」に求めるという、最も説明を要する歴史的で社会的・文化的な営為を不問に付すことのあからさまな表明にほかならないのです。とすれば、優生思想などないかのごとくふるまう日常意識が、「障害者」排除志向を「自然で」「本来的な」「当然の」感情だとすることも、優生思想という社会的・文化的なものを不問に付す傾向がきわめて強力だということの証明にほかならないことになります。つまり、かの「自然な」感情は優生思想の日常的根強さの裏返しの表明なのです。

(3) 近代的ヒューマニズムの弱み

そもそも、優生思想への一般的反対論の一方の極としての「自然」概念に依拠する近代的ヒューマニズムは、じつのところ優生思想に抗しきれないんですね。このことの典型は、最も早く国をあげて優生学とこれにもとづく施策に取り組んだのが、一九世紀後半からの「自由」と「フロンティア精神」の国、すなわちアメリカ合衆国であったことでしょう。歴史の歩みからすると、現代的な優生学に先鞭をつけたのがヨーロッパ圏だとはいえ、あのナチスも、ユダヤ人の大虐殺や「障害者」抹殺と直結していた優生政策の実施要領をこのアメリカから学んだのです。

また、たとえば日本でも、一八七二年の『学問のすゝめ』で、「天は人の上に人を造らず人の下に人を造らずと言えり」というアメリカ独立宣言の冒頭の有名な一文を(多分)翻訳して、「生れながら貴賤上下の差別なく」(福沢, 1978[11])、という近代的ヒューマニズムにのっとった人間平等の思想をとなえた福沢諭吉は――もっとも、同時に学問によって人間に貴賤が生じるとも言いますが

(同上)——、数年もたたないうちに「教育の力」(一八七五年)で「人の能力には天賦遺伝の際限ありて決して其以上に上る可らず……」(福沢, 1959[320])、という生物学的遺伝決定論を主張し、さらには、「人種改良」(一八九六年)では、「近年家畜類の養法次第に進歩して就中その体格性質を改良すること甚だ難からず、……ここに人間の婚姻法を家畜改良法に則とり、良父母を選択して良児を産ましむるの新工風ある可し」(同[343-344])と述べ、「優生」賞揚・「劣生」排除論の戯画的ともいえる、しかしある意味では徹底した具体的一提言まで行なっているのです。

福沢の言説については、その思想的変遷、すなわち、皇国思想への接近などによってしだいに近代人権思想や平等思想を放棄するにいたったことをいうのは容易でしょう。しかし、一方での、病気の治療や「障害」=損傷の軽減、さらには個人的な成長といった、諸個人レベルでの生命の質や能力が「優れること」を直接めざすうえで不可欠の、かつヒューマニズムに満ちているはずの日常的諸営為が、他方での、能力主義差別の容認のもとで営まれるかぎり、平等思想自体が優生思想をかかえこんでいくという福沢的発想が顕現しないという保証は、現在までのところ「ほとんど」何もないのです。いいかえれば、近代人権思想の中核としての平等思想=反差別思想の最良の形態ですらが、基本的には、「すべて国民は、法の下に平等であって、人種、信条、性別、社会的身分又は門地により、政治的、経済的又は社会的関係において、差別されない」(「日本国憲法」第一四条)ことにとどまり、諸個人レベルでの生命の質や能力が「劣ること」を理由にした差別への反対を法的にすら明示しえない状況が存続するかぎり、ヒューマニズムに満ちた日常的諸営為が優生思想に侵食されないという保証は「ほとんど」なく、平等思想が不平等思想でもあるという二律背反的な奇妙な事態が現出しかねないのです。

なお、ここで「ほとんど」といいますのは、社会福祉の原理となるような疾病や労働能力のレベルに応じて保障を受ける権利が不十分にせよないわけではないからです。つまり、いわゆる生存権の確認があるからです。しかし、これも現在(一九八八年)までは、朝日訴訟や堀木訴訟にたいする判決にみられるように、また、政府統計によってすら生活保護基準の一・三倍以下の所得世帯が一九〇〇万世帯にのぼるように、いまだに劣等処遇を前提とした回復的処遇にすぎず、権利が能力に応じた権利として正当化されることが根本にあるわけです。こうして、平等が諸個人レベルでの生命の質や能力に「応じた平等」という変質したものとされる状況があるかぎり、優生思想は簡単に流通してしまうわけです。

こうしたことの現代における象徴的なあらわれが、たんに時の支配者の都合のよいようにのみ制定されたなどといってすますことはできない「優生保護法」(一九四八年)(二〇〇五年現在の母体保護法では下記の第一条は削除されている)とそのイデオロギーでしょう。つまり、近代的な平等思想を具現化しさまざまな人権を保障しているはずの日本国憲法のもとでも、その第一条に「優生上の見地から不良な子孫の出生を防止する」ことを明示し、「不良な子孫」の排除志向をあらわにした「優生保護法」とそのイデオロギーが、現前していたのです。「優生保護法」の先駆けとして、国民主権すら否定していた帝国憲法下における「国民優生法」(一九四〇年)がありましたが、これは、その成立にいたる諸過程を国内的にたどれば、いくたの明治以来の優生学唱導者(先の福沢のほか、加藤弘之、海野幸徳、永井潜等々)の影響下で活発になった優生運動を背景にして成立していました。また、この「国民優生法」は、世界的には、カリフォルニア断種法(一九一七年)、ナチスの遺伝病子孫予防法(一九三三年)といった事実上の強制断種法を直接手本にした法律でもありました。

私たちは、こうした「国民優生法」とそのイデオロギーが、人権を保障しているはずの新憲法の制定によっても、払拭されることはなかったことに留意しなくてはならないでしょう。つまり、戦後の新憲法下にもかかわらず、ナチス的断種の受容や胎児の生命などについていっさい議論することなく成立した法、すなわち「優生保護法」は、「弱者」保護によって生じた自然淘汰の弱体化と逆淘汰の防止を目的とし、社会的諸矛盾への視座をとざしたまま社会的「弱者」を劣等者(成立時の国会での発言では、ここには低所得者層すら含まれていました)扱いし、「精神病者」や「知恵遅れ」の人びとを遺伝病者として排除しようとしたものでして、戦前の「国民優生法」とまったく同一の優生差別思想そのものの具体化でした。こうした「優生保護法」とそのイデオロギーは、「優生保護法指定医」という看板が町の普通の風景の一つとなっていて何の疑義も出てこないくらい、日常意識にとって自明のものとなっていたのです。

(4)〈健康〉対〈病気・障害〉か

つぎに、遺伝決定論に対置される、諸個人の能力の形成や未形成における社会的・文化的諸関係の媒介の決定的役割という他方の主張にも大きな弱点があると思われます。

諸個人の能力全般についての遺伝決定論が明らかに誤りである(たとえば、イタールが観察・記録したことで明らかになった、アヴェロンの野生児が示した言語獲得における環境要因の決定的役割や、能力測定を科学的にしたとされてきたいわゆるＩＱテストが特定の環境下の人間にマッチするようにしか作られていない政治的意図に満ちたものであることなどを想起してください）ことを確認したうえのことですが、能力や資質に関して、たとえいかに社会的諸関係による媒介性が強力であったとしても、これとは独立に、生物体としての人間生命には必然的に、生物学的な「異常」が発生するわけです。すなわち、「正常」遺伝子に突然変異がくり返し生ずるために歴史的にみても患者の発生頻度がほとんど変わらない遺伝病一般（だから、優生思想の信奉者が断種や遺伝病者の排除によって遺伝病をなくせるなどということは、荒唐無稽な三百代言的発言です）や、染色体に生ずるきわめて複雑な減数分裂や体細胞分裂の過程などでの異常、胎芽病や胎児病などによる多くの場合不治の先天的な病気・「障害」、さらに今後の社会・文化のあり方いかんではますます表面化することになる多因子遺伝病としての糖尿病や先天性股関節脱臼や高血圧症等々と、これらによる生物学レベルでの先天的な人間の資質・能力の決定ということがあるわけです。これらは、もちろん、資質や能力の測定自体が特定の社会的・文化的文脈のなかでのみ可能となる点を前提にした話ですが。ともかく、以上のかぎりでは、遺伝決定という事実がつきつける優生思想の一端の普及には私たちは抵抗のしようがない、といわざるをえないのです。

さらに私たちは、こうした先天異常とこれによる資質・能力の「劣る」ことをたんに主観的に避けたいと思っているだけでなく、先天異常を除去する営みを行なっているし、たとえ、遺伝病や先天異常自体が除去できなくとも、フェニールケトン尿症のように、食事療法によって「知恵遅れ」だけは回避しうる方法をも見出し、これを実行しているわけです。事柄の一面としてですが、遺伝病や先天異常にかぎらず、そもそも一般に病気・「障害」を治療・軽減するというヒューマニズムにのっとった営み自体が、病気や「障害」による資質や能力が「劣等」なことを排除し、「正常で健康」な人間的「自然」を求め、さらには「優生」であることを求める営みであるわけです。そして、私たちはこうしたヒューマニズムにのっとった営みを、「障害者」に対する差別・抑圧を容認しがちな社会・文化のもとで日常的に行なっているのです。

このかぎりでは、たしかに「障害」の排除と「障害者」の排除とは論理的には区別されるとはいっても、「障害」の排除を志向することが「障害者」であることを否定し「健常者」となることや「健康な人間」に近づくことを肯定する以上、単純に、ヒューマニズムにもとづく日常的な営みのうちには、優生思想の「普及」に接続する論理がない、とはいえないわけです。そしてまた、こうした優生思想を内包する病気・「障害」の治療・軽減至上主義(これは、昨今では胎児を対象にした超早期発見・超早期治療という名の堕胎にまでいたっていますが)や「健康」至上主義(これは、浅薄な「健康法ブーム」にとどまらず、「健康」の程度に応じて定年を決め直すといった企業の出現にもみられますが)は、これらが不治の病気や「障害」をもつ者に向かって治療幻想をふりまくようになると、「障害者」が「障害」をもったままの状態で差別・抑圧されずに生きうる社会・文化を創出する営みを忘却させ、さらには「障害者」の抹殺を治療の一つとみなすようにもなり、優生思想をいっそう強化することにもなりかねないのです。

もっとも、事柄の他面において、ふつうの意味では、病気・「障害」の治療・軽減や健康の保持・増進は、人間の成長・成熟の証左としての人格形成や個性の発展といったヒューマニズムにみちた営為のきわめて重要な土台の一つともいうべきものでして、このかぎりでは、いささかも軽視されてはならないでしょう。この点で、近年推進されている健康保険法の「改正」による医療費の公費負担の削減や国公立病院の統廃合の動きなどは、私たちから医療を遠ざけヒューマニズムを否定するものですから、論外ですし、「病気と共生する「一病息災」という新たな健康概念」(厚生白書, 1987[27])などと健康概念をいじくることによって、私たちに病気・「障害」を押しつけようとするのも問題外です。またさらに、治療・軽減至上主義や「健康」至上主義による優生思想の浸透を恐れるあまり、治療一般や「障害」の軽減一般を否定する傾向におちいることも、そうした傾向が病者や「障害者」の健康を危うくし、彼らを「死なせる」ことに荷担してしまいますから、「障害者」に対する差別・抑圧(ここには、「障害者」の医療が「健常者」の場合にくらべて貧困であることも含まれます)を助長し、優生思想の一翼をになうことにさえなるといわねばなりません。

とはいえ、たとえば保健体育という学校教育の場は、「健康」こそ人間らしさの原点であるという形での「健康」の意義を浸透させる教育を行なっている一方で、「われわれの子孫に不良な遺伝子を残さないようにすることを優生という。国でも優生の問題を重視し……、国民全体の遺伝素質を改善し、向上させるために、国民の優生に力をそそいでいる」(高校保健, 1979[152])などと、現代遺伝学の常識すら無視した荒唐無稽な知識をふりまきつつ、実際は、遺伝病を持つ人びとの排除志向につらぬかれた「健康」推進教育として優生思想の徹底をはかってきたのです。「不健康」な人や「障害者」の排除を同時にともなうような「健康」志向は、「不健康」を押しつける傾向とともに、学校教育にかぎらず現在の社会・文化のもとで広く見られることではありますが、こうした現実を考えると、事柄はさほど簡単ではないと言わざるをえません。

この点で、佐藤さんもいわれたことですが（佐藤和，1988）、すでにふれた「優生保護法」が、その第一条の前段で「優生上の見地から不良な子孫の出生を防止する」といった優生思想そのものを目的として表明するにとどまらず、これと「ともに、母性の生命健康を保護すること」を後段で目的として表明してもおり、それ自体としてはまったく異質であるべき前段と後段とを地続きの一文としていることもひとつの象徴的なことです。つまり、「優生保護法」は優生思想を単純に賞揚しているだけではなく、かならずしも母性に限定される必要のない「生命健康の保護」という、さしあたりはきわめて望ましい生命の質を高める営みの促進が、あたかも「不良な子孫」の排除という優生差別そのものと一体でなくてはならないかのようなイデオロギーをもふりまいているのです。

では、優生思想や病気・「障害」の治療・軽減などの問題に関してどう考えどうすればよいのでしょうか？　もちろん、できあいの簡単な答えがあるなどとはいえません。ただ一ついえることは、いっさいのタブーを白日のもとにさらけだしたうえでこれらの問題に接近する、ということです。すでにいいましたように、現在の社会・文化のもとでは、病気・「障害」の治療・軽減や能力形成といったヒューマニズムに満ちた営みそれ自体を徹底してゆけば、「障害」の排除志向のうちに介在しかねない「障害者」排除の志向を通じて、優生思想の「普及」に寄与する反ヒューマニズムが跳梁しかねないのです。他方で、優生思想に反対して「障害者」の差別・抑圧につながるいっさいに反対するヒューマニズムに満ちた営みを徹底してゆくことによって、「障害者」排除への反対に介在しかねない「障害」の排除への反対を通じて、病気・「障害」の治療・軽減一般を軽視ないし無視する反ヒューマニズムが台頭しかねないのです。

この二つの営みの徹底は、ともにヒューマニズム・人間らしさをめざすものであったとしても、おのおのだけでは、おのおののうちに反ヒューマニズム・人間らしさの否定につながる要因をかかえこみつづけざるをえないのです。この意味で、かの二つの営みのおのおのの徹底は、自己の肯定が自己否定ともなりうるという二律背反・矛盾のうちにあり、かつ一方の営みの徹底が他方の営みの徹底と背馳するという二律背反・矛盾のうちにあるわけです。そして、この二つの営みのおのおのの徹底は、自らのかかえるこうした二律背反・矛盾の解決のためには、他方の営みを必要とするのです。

一般論的なことしかいえませんが、私たちは、中途半端なところで「適当に」、面倒なことに「フタをするように」、この二つの営みの徹底に関する諸問題を扱うべきではなく、かの二律背反・矛盾をしっかりと見すえたうえで、この二律背反・矛盾の解決をめざすという観点にたち、よりヒューマニスティックでより人間的であるとはいかなることかを考え抜いて個々のケースに取り組み、この取り組みを、二つの営みの徹底が二律背反・矛盾におちいらないような社会・文化の形成へとつなげていかなくてはならないでしょう。

3　人間性を求める営み

(1)　人間らしさと「定まった生活過程」

第1節でのべたような、ただし君や亜紀ちゃんをめぐる、さらには末期ガン患者などをめぐる諸事例は、極限的なものにすぎず、私たちの日常生活・日常意識には無関係だと思われるかもしれません。はたしてそうでしょうか？　そうだとはいえないことは、だれでもが末期ガン患者になったり事故などで「重度障害者」になる可能性があることだけを考えてみても明らかです。さらには、脳血管系のものにせよアルツハイマー型のものにせよ、だれでもが重度の老人性痴呆症になりうることに思いをよせれば、また出産時のちょっとした手ちがいによってだれでもが「重度障害児」の親になりうることを真剣に受けとめれば、ただし君たちのことが他人事ではないことに気づかせられるでしょう。しかし、ただし君たちのことが私たちの日常性に大きく関与しているということは、なにも私たち自身がその直接の当事者となる場合のみにかぎられているわけではありません。だれしも人間的でありたい、より人間的なくらしをしたいと思っているでしょう。

期限がせまった重要な仕事のために急いで家をでたところで、もう足腰がおぼつかなく話す言葉もなかなかわからない近所の老人性痴呆症のお婆さんが、わが家の塀になかば倒れかかってとりすがり、こちらを向いて何かを訴えている。近くにはだれもいない。仕事のためだということで、ほうっておけるでしょうか？　自分に向けられたお婆さんのコミュニケートを何とか受けとめ、手提げ袋をどこかに落としたらしいことをつきとめ、お婆さんをおぶって、定かでないお婆さんの「記憶」の指示するままに手提げ袋を捜して小一時間あちこち歩き回る。けっきょくは、後からお婆さんを捜しに来た家の人に手提げ袋など持っていなかったことを知らされるのですが。

このお婆さんとすごした時間は、はたして無意味なのでしょうか。「ボケ」ていることはわかっているのだし、仕事に支障を来さないためにも、お婆さんにはいんぎん無礼に接しながら即座に家へ送りとどけてしまうのがよいのでしょうか。そうではないでしょう。だれしもが、見て見ぬふりをしてお婆さんをほったらかしにして、そのまま仕事に行ってしまうことを非人間的であると思うでしょうが、同時にだれしもが、お婆さんとすごすこの小一時間に人間らしさの証のひとつを認めるのではないでしょうか。

しかし、こうした人間らしさは、仕事にかぎらず、私たちが諸個人ごとに自らの日常的な直接の守備範囲だと意識している「定まった生活過程」の「外」にあるわけです。つまり、このお婆さんと共有する人間的な時間は「定まった生活過程」から「はみ出す」ことなしにはありえないのです。そしてより人間らしいくらしのためには、あえてこの「はみ出し」が要求されることもあるのです。こうしたお婆さんのことなどにかぎらず、夫婦の間での、子育てや子どもの成長にともない、また友人や新しい知り合いとのつきあい等々によって、それまでの「定まった生活過程」を「はみ出し」、このことがもたらすさまざまな問題・諸経験を通じて、私たちはより豊かでより人間的な、新しい「定まった生活過程」を創ることができるはずです。そして、既存の「定まった生活過程」のせまさの打破を通じて、人と人とのつながりが豊かになり、私たちは人間らしさを求める営みが無限に連続していることを知るようにもなるわけです。もっとも、こうしたことがほんとうに可能になるには、先にお婆さんとすごした小一時間による遅刻が減給や仕事の査定のマイナス点となるような、仕事と生産のみを至上命題とする社会そのものを変えなくてはなりませんが。

エリートサラリーマンが、一生「寝たきり」と宣告されるような「重度障害児」の親となり、わが子との共生を真剣に追求するようになって、たんにそれまでの「会社仕事一筋」の生き方を反省するだけでなく、脳性麻痺児が数百メートルを数十分かけて歩く姿や、「知恵遅れ児」が登校途中で草花に話しかけて寄り道をする姿に、「目的地への到着のみをめざして歩いてきた自分」にはなかった、より人間らしい世界を見出し共感してゆく。自分のそれまでの「定まった生活過程」がいかにせまかったことか、この過程をちょっと「はみ出せ」ば、「重度障害児」のわが子との真の共生に通じてゆくような人間らしさを求める営みが連続しているのではないか。

というわけです。注意したいことは、「定まった生活過程」をどこかのレベルで固定してしまい、よりいっそうの人間らしさをもたらしうるような諸事象に触れながら、これらを無視し、人間らしさを追求する営みをどこかで中断するならば、既成の「定まった生活過程」は、より人間的にならないだけでなく、非人間化するということなのです。いいかえれば、私たち諸個人おのおのの「定まった生活過程」はきわめてせまいものであり、たとえこの生活の過程の内部で人間らしさを求めていたとしても、それは無限に連続している人間らしさを求める営みからすれば、きわめて限定されたものです。このことは、「定まった生活過程」の外にある人間性を排除しているのであり、それゆえに人間らしさの名のもとで非人間的なものを追求していることになりかねないのです。

以上で、「定まった生活過程」の問題点について述べてきましたが、それは、古代ギリシアの偉大な哲学者とされているプラトンが、自らの優生思想を端的に表明する際に、すでに、〈生まれついての不健康な者は死んでゆくにまかせるべきであり、定まった生活過程にしたがって生きられない者に治療をほどこす必要はない〉、といっていることとも、おおいに関係しています(プラトン、1979[233–234])。この点もあわせて考えてほしいところなんです。

ただし君たちのことは、いわば諸個人が自らのきわめて限定された「定まった生活過程」から「はみ出し」て、無限に連続している人間らしさを求める営みの系列を上昇してゆく際のかなり頂上に近いところに位置している、といってよいでしょう。だから、もしただし君や亜紀ちゃんたちを無視するならば、それは、本来的には無限に連続している人間らしさを求める営みを限定してしまうことを意味します。そしてこの限定は、人間らしさを求める営みの系列を下降して、人間らしさを無限に求めることを中断・放棄させ、個々のきわめて限定された「定まった生活過程」から「はみ出る」ことにブレーキをかけることになるわけです。そのため、ただし君や亜紀ちゃんに「近い」「障害者」についてその人間らしさを求めようとする営みが等閑視されるだけではなく、障害の性質や程度に応じて、さらには「能力」に応じて人間らしさの程度がきめられたり、一方での「障害者」への差別・抑圧が、他方での「人間性の尊重」と並存させられたりすることにもなるのです。そして、その結果として、私たち個々人はきわめてせまい「定まった生活過程」の内側に閉じ込められ、非人間的な要因をかかえこんだ状況をあたかも人間らしいものであるかのように思いこむようにもなるのです。「重度障害者」を切り捨てて幸福そうにみえる「生活過程」や社会は、切り捨てたことの圧力によって圧迫され、実際はこの「定まった生活過程」や特定の社会からの脱落への不安におびえた不幸なものだといえないでしょうか？　また、このように考えますと、どこかで切り捨てる基準を明確に立てておけば、他の人間には切り捨ての圧力が及ばないといった形で、いわゆる「滑り坂理論」*に反対する米英系の生命倫理学の諸議論が、いかに問題の多いものであるかがはっきりすると思います。

＊「滑り坂理論」とは、いちど「重度障害者」などの安楽死を認めたら、「滑りやすい坂」をころげ落ちるようにして、人間の生命一般、とくに「弱者」の生命を軽視する風潮がひろまる、という考え方にもとづく議論（竹内, 1993a[63–74]）。

さて、私たち自身がきわめてせまい「定まった生活過程」の内側に閉じ込められ、人間らしさを求める営みを中断・放棄していることの事例には、「障害者」に対する差別・抑圧や優生思想・能力主義の容認などをはじめとして事欠かないんです。たとえば、ヒューマニズムを信条とする親や町の自治会の人びとが、自らの地域での「自閉症児」や「重度障害者」のための施設建設の計画には、風紀が乱れるとか土地価格が下がるといって猛反対するといったことは、私の知るかぎりでもこの数年に埼玉県の比企郡、東京都調布市など数個所でありました。もっとも、私は「障害者」は施設に収容すればよいという考え方自体に、大きな問題がはらまれていると考えますが。この点はともかくとして、大切なことであるにもかかわらず、案外見すごされていることとして、「重度障害」という言葉自体をきわめていいかげんに使い、このことに便乗して「重度障害者」を人間の範囲から排除し、人間らしさを求める営みを中断している問題があるように思います。

(2) 「重度障害」ということは？

たとえば、生命倫理に関する論稿を継続的に掲載していたある全国的な月刊雑誌に、著名なルポライターと哲学者が、「障害胎児」の中絶、臓器移植、脳死、医療費高騰、人工授精等について設問し、これに各界「著名人」二一人が答えるという形式の記事がのりました。その設問の第一項目は、こうなっています。「あなた(あるいは、あなたの奥さん)が妊娠中、検査によって胎児が(ダウン症などの)重度の先天性異常であることが判明した場合、あなたは中絶されますか(中絶に同意しますか)？」(立花・加藤, 1986[110], 傍点は竹内)。

この短い設問自体が、全体として、羊水検査等による胎児診断の内容いかんが「障害胎児」ゆえの中絶という結果に結びつくことに、いかなる問題がはらまれているのかをいっさい問わないままに、あたかもこうした問題がないかのごとく、特定レベルの「定まった生活過程」に迎合する精神で書かれています。が、ここでとくに問題にしたいのは、傍点部の「(ダウン症などの)重度の先天性異常」という個所です。ダウン症について何も知らない普通の読者がこの個所を読めば、ダウン症＝重度の先天異常＝重度障害ということですんでしまい、なんら問題はないことになるのかもしれません。しかし、見すごせないのは、ダウン症についてほとんど知ることもなく、「重度」という言葉がいいかげんに使われ、この設問が作られているということです。*

＊ 世界的な人文学者であった故桑原武夫京都大学名誉教授も、一九八四年三月に開かれた「生命科学と人間の会議」の基調講演で、ダウン症の問題にふれて、次のように述べている。「胎児組織の穿刺による診断は精密度を高めてきておるようですが、その診断結果を聞かせられた妊婦は、どれだけの自由をもちうるのか。ダウン症の胎児の出産をあきらめるべきだという医師の勧告を拒否することは、個人的自由の乱用といえるでしょう」(戸田, 1984[87-88]. これは、会議直後の新聞記者会見で発表された原稿の収録)。しかし、その後の公式発表と会議の報告集では、「ダウン症云々」の個所が訂正されて、つぎのような表現に変わっている。「胎児組織の穿刺による診断は、その精密度を高めてきているようですが、その診断結果を聞かせられた妊婦は、どれだけの自由をもちうるのか。重篤な遺伝病を持つ胎児の出産は慎重にすべきだという医師の勧告を拒否することは、個人的自由といえるでしょうか」(国際交流基金, 1984[16])。

ダウン症(正確にはダウン症候群)＊をもつ人は、染色体の数がふつうの人より一本多い四七本であるため、たしかにいわゆる「知恵遅れの障害」を先天的(しかしほとんど遺伝ではない)にもっています。そのほか、白血病、心臓疾患、食道閉鎖症をはじめとする内臓疾患、靭帯や軟骨や手足をはじめとする運動機能の弱さ、青年期の入り口での老化の始まり等々、さまざまな「障害」ももつ比率が非常に高いわけです。しかし、ダウン症者とはいってもきわめて多様なのです。つまり、同じ「健常者」とはいっても「全面的に発達した個人」といったスケールからすれば(もっとも、このスケールが現実に可能ならばのことですが)、だれ一人として同じ人間がいないように、ダウン症ということで、十ぱ一からげに「重度の先天異常」とすることなどできる相談ではないのです。

＊「蒙古症」という民族差別的名称が、長いあいだ日本では通用していた。ダウン症患者の顔の特徴が、白人からみてモンゴル人に似ているとされたことが、その名の由来。単一の症状を示すわけではないので、その発見者ラングドン・ダウンの名前を冠する場合も、「ダウン症候群」というのが正しい。

世間には泳げない「健常者」もたくさんいるわけですが、和光中学三年のダウン症児、横田利枝子さんは、和光中学が毎年もよおしている館山市での遠泳で同級生からかなり遅れながらも六キロを泳ぎきり、つぎのような感想文を書いてもいるんです。

七月と言えばプール。それと館山合宿ですネ。学校の中で、色々な面で初めて泳ぐに連れて、一年生はこれからプール実習、二年生は、去年のプール実習の中で経験する人、三年生は、中学生最後の館山合宿で、頑張る人。……私は平泳ぎが苦手な私がいつもいつも遅れるのか私にもよくわからないのに、人から私に、体調が悪いあーだこーだとか、太っているとか、ペースが遅いとか言っている人、全く私をバカにしている。けれど、みんなが泳いでいるより、見る人より、何んと私の泳ぎがうまい。拍手したりする。喜んだり、私は、みんなの顔を見て、喜んでいるのを私は好きだった。……沖ノ島から出て、最初は遅れ、そして、みんなの声が「利枝子頑張れ」と声が聞えて、そして、みんなと泳いで、最後まで、みんなと一緒に泳いで無事完泳してうれしく思いますし、だけど、私、指導員に落ちてくやしかった……三年間頑張ったゾ。学習に燃えて。

（こやぎ，1987）

なるほど、「重度障害者」という「言葉」は存在するし、医療処置や社会保障などとの関連で「重度の先天異常」「重度障害者」という「言葉」が必要となるのも事実でしょう。私もまた、ただし君や亜紀ちゃんをカッコつきですが「重度障害者」とよばざるをえませんでした。しかしですよ、右の作文に助詞の使い方をはじめとして日本語としての何ほどかの誤りがあるにしても、このダウン症という「障害」をもつ利枝子さんのどこに、またなにゆえに「重度」というレッテルをはろうというのでしょうか？　利枝子さんを「重度障害者」とよび、ただし君や亜紀ちゃんには「重々度・重々々度障害者」というレッテルをはろうとでもいうのでしょうか？

もとより、六キロの遠泳ができ、文字を使い文章作成ができる利枝子さんには「重度障害者」という言葉は適切ではないが、寝たきりのただし君たちには「重度障害者」という言葉がふさわしいなどということを、ここでいおうとしているわけではありません。そうではなく、「重度」「重度」と騒ぎたてながら「ダウン症をもつ胎児＝重度障害胎児」といういい加減な「言葉」をふりまくことが、「重度障害胎児」はその「障害」ゆえに中絶実施判断の対象となってよいという特定の「定まった生活過程」に符合した偏見に満ちた常識をいっそう強固なものにし、無限に連続している人間らしさを求める営みの中断・放棄に拍車をかけ、かつこうした傾向を自明視させてしまう、ということがいいたいのです。

そもそも「重度障害胎児」が中絶実施判断の対象となりうるということには、彼らが人間であることをやめることへの期待が当然含まれているわけですから、彼らの将来に関してだけでなく、「重度障害」をもって現に生きている「障害者」に関しても人間らしさを求める営みがほんとうのところではしりぞけられているのです。だから、そこでは「重度障害胎児」と認定されるか否かが、無限に連続している人間性を求める営みを追求するうえで決定的な重要問題なのです。にもかかわらず、この重要問題をいいかげんに扱っているとすれば、私たちはだれしもが承認するはずの人間性を求める営みを冒瀆していることになるのです。あえていいますと、ダウン症程度の「障害」をもつ人びとについてすら、人間性を求める営みをほんとうのところは承認しようとしないことが、無限に連続している人間性を求める営みをいかに大きく限定し、私たちの「定まった生活過程」をいかにせまくしてしまうことか、この点を考えてほしいわけです。

(3) 社会・文化の「水平的展開」へ

かの設問者に関しては、「知的生産者」としての彼らの怠惰さがもっと社会的に非難されるべきです。しかし、同時に、一般的には彼らも、けっしてヒトラーのような非人間的な精神の持ち主ではなく、私たちと同じように人間性を求めている人であろう、ということを忘れてはいけないと思います。だから、かえって問題はより深刻であるといわねばなりません。「なぜ」こういうことになるのでしょうか？ なるほど、優生思想とその日常的根強さが先のような「重度の先天異常」という言葉のいいかげんな使い方を容認しているということはいえるでしょう。しかし、この「なぜ」の源や優生思想の源をさらに探り、人間性を求める営みと「定まった生活過程」にはらまれている問題を少し別の大きな角度から考えてみますと、私たちはこれまでの文化や社会の発展の方向性について、根底からの反省をせまられるように思われるのです。

私たちは、無能よりも能力があることを、また無教養よりは教養があることを、さらには文化が高度であることをよいこととして、また人間らしいことだと考えています。もちろん、能力といい、教養といい、文化とはいっても、なにか単一の基準があるわけではないことは明らかですし、能力や教養がいわゆる知的なものにかぎられず、生命力から道徳性なども含んでおり、また、知的なものとはいっても、それが私たちに親しい近代的文明のなかにのみ存在しているわけではないことも明らかでしょう。しかし、私たちの常識としての能力や教養や文化や生活などの尊重と、それらの豊かさへの期待には、比喩的にいえば、ちょうどエスカレーターや階段を下から上へ昇っていくような、いわば「垂直的な発展」へのかたよりがなかったでしょうか？ 逆にいえば、エスカレーターや階段の無数の各階ごとのフロアーにあるはずの、能力や教養や文化や生活のいわば「水平的な展開」や、そこにおける能力や教養や文化や生活の豊かさや人間らしさということに、あまりにも無関心ではなかったでしょうか？

たとえば、「働けない者」には人間らしさがないといわんばかりの原理のため、ただでさえ拙劣な生活保護のあり方は、現在、受給することがただちに人間的恥辱の甘受となるような形での受給世帯べらしにまでいたっています。私たちがこうした動きにほんとうには抵抗しきれていないことと、上記の「水平的展開」への無関心さとは一脈通じているのではないでしょうか。また、人間らしさの基軸の一つとしてのコミュニケーションに関しても、言語使用を前提にした言語共同体のなかでのみ営まれる「理性的」コミュニケーションと、そこでのより民主主義的なルールとか、より合理性にかなった発話等々に関する諸議論にかたより、私がここで話してきた、ただし君や亜紀ちゃんや「痴呆性老人」たちとの「身体的」なものも含めたコミュニケーションに関する諸議論はほとんど無視され、多くの場合、せいぜい「共感」や「同感」といったレベルでの諸議論や、抽象的な「人間尊重」論にしかなっていません。

しかし、「重度障害者」とのコミュニケーションには、そうしたいわば心情論レベルなどで云々することなど絶対に不可能な、高い文化的状況と豊かな能力や教養が必要なのです。社会・文化の「水平的展開」が重視されてはじめて豊かにはぐくまれうる、こうした高い能力や教養があまりにもなおざりにされてきたからこそ、教養があるとされている「知的生産者」が、その実態を把握することもなく「重度障害」なる「言葉」をいい加減に用いるようなことにもなり、さらには、「定まった生活過程」がより狭くるしいものともなるのではないでしょうか。

もとより、こうした「水平的展開」の等閑視は、なにも「重度障害者」にかかわる領域に限られているわけではありません。たとえば、能力形成をはかる最も重要な場の一つとされている学校教育は、科学技術の進展や情報化社会におけるコミュニケーションに相応しい能力開発を進めながら、そうした教育的営為を、たとえ選択科目でもよいから手話や点字タイプや白杖の技法や車椅子の使い方等々にふりむけたことがあったでしょうか？　また、社会生活のあり方を教えていながら、「障害」や病気をもって生きる人びとの生活やそのなかではぐくまれている文化や能力に言及し、これらを社会・文化全体の問題としてほんとうに教育することがあったでしょうか？　それらは、せいぜい抽象的な「人間尊重」を目途とした課外活動や「強要」されたボランティア活動としてしか位置づけられていないのではありませんか？

またそもそも、科学技術の進展自体が、軍事技術などを論外としても、基本的にはその「障害者」の予備軍という側面を忘却したまま「健常者」の「快適さ」や「便利さ」などの「垂直的発展」のみを追い求めてこなかったでしょうか？ せいぜい「聾唖者」用の音声信号機や「盲者」用の点字ブロックや(これらもすべての信号機や交通網がそうなってはいません)、大学の「身体障害者」用のエレベーター(これも義務教育学校にほとんどありません)等々のレベルに留っているのではありませんか。また、在宅中はなんとか立ち、家族の援助を得てトイレにも行けた「痴呆性老人」が、入所するとただちにオシメをつけられ、一週間もすれば寝たきりにさせられる「痴呆性老人」の施設収容のあり方も、社会・文化の「水平的展開」の貧困さを表しているといえるでしょう(竹内, 1987b[94–96])。

「安楽死」が問われたり、「重度障害者」の人間性を云々したりしているだけのようにみえる、いわゆる生命倫理の問題は、じつは私たちにこれまでの文化や能力や教養等々のとらえ直し(これは、当然、生産力のとらえ直しにまでいたりますが)と、それらの改造・社会そのものの改造という課題を、改造の原理的な方向性の転換を含めて、つきつけているのです。そしてこの課題は、すべての人が承認するであろう人間らしさの追求という課題の中軸にすえられるべきものだと思われるのですが、どうでしょう。

第二章　「脳死」論の帰結を考える

1　「脳死」という一点からの全面把握

一点突破全面展開ということは、経験したいと思う運動のタイプであると共に、昨今（一九九三年現在）の私が攻勢的になれる場合の発想でもあるが、「脳死」――私は〝脳死〟という言説自体も疑問視しているのでカッコを付ける――についてのいくつかの文献を眺め直していて思い浮んだのは、なぜかこの言葉であり、同時に、そうした文献の多くには、一点把握全面動揺という言葉がふさわしい、ということだった。

つまり、そうした文献は、昨今自明のごとくに語られ、各々が了解しているつもりの「脳死」、という一点の把握を提示する矢先から次々と、社会と文化のかなり多くの領域との関わりで、全面的な動揺をきたしている、と思えるのである。しかも、鉄面皮にも、この動揺があたかも存在しないかのように、一点突破をしたつもりになっているお目出度い――徹頭徹尾こずるいということでもある――一九九二年一月二二日の脳死臨調（臨時脳死及び臓器移植調査会）の答申のような文献もある（梅原, 1992）。[*]

＊　日本の審議会答申には珍しい、少数派意見を含む脳死臨調の答申を、梅原猛編『脳死は、死ではない』(梅原, 1992) は、掲載している。

2　「脳死」に内在する臓器移植

この脳死臨調の多数派は、「脳死」と臓器移植とは本来は別個のものである、と強弁した上で、「脳死」は「科学的に」人の死(「脳死体」)であるとしたが、これは詭弁でしかない。なぜなら、もしこの強弁が真実なら、「脳死」で心臓拍動の状態は、人の死や「脳死体」などと規定できない、というか、規定する必要はまったくなく、さらには、何も「脳死」と呼ぶ必要すらないからである。この状態は、心不全とか腎不全とまったく同じように、たとえば不可逆的脳不全とか進行性脳不全という病態であって、この病態が一週間程度持続した後に生じる心拍停止をめぐる諸事態をもってして、死という名称を与えればよいのである。進行性脳不全という病態を死の判定の対象として「脳死」を規定し、さらには、この病態の人を「脳死体」などと規定するのは、今のところ、できるだけ新鮮な臓器が欲しくて、心拍停止以前の病態の患者から臓器を取りだす臓器移植を、殺人罪などの恐れなしに円滑に行なうためでしかない。これは、すでに指摘されてきた(技術と人間, 1985, 技術と人間, 1991)[*]。

＊　『技術と人間』は、その他でも、八〇年代前半から、継続的に「脳死」と臓器移植を取りあげている。

しばしば、「脳死」の世界最初の基準だ、というように誤解されている一九六八年のハーバード大学基準も、臓器移植推進という目的を隠蔽していたにせよ、隠蔽している限りは、「脳死」という規定を与え得なかったのであり、実際には、不可逆的昏睡という病態の判定基準として発表された。これまた、臓器移植推進の目的が見え隠れしていた一九八五年の日本の、いわゆる厚生省基準も、「脳死」判定基準ではあったが、臓器移植を表面に掲げなかった以上は、「脳死」を人の死とすることは、さしあたり忌避せざるを得なかった(技術と人間, 1985)。

なお、臓器移植とは関係なく、「脳死」とこれによる人の死を規定しないと、進行性脳不全の病態が何十日も続き、医療資源の無駄使いになる、といった類の議論は、まったくの謬論である。阪大の臓器移植推進派医師が人体実験のみならず、自らの言説でも明らかにしたように、「脳死」状態が何十日——日本での最長は、久留米医科大学での一〇一日らしい——もの長きになるのは、切迫「脳死」段階からの抗利尿ホルモンや昇圧剤アドレナリン投与といった、移植目的の臓器保存の処置——これは蘇生を否定して脳の状態を悪化させる——を行なうがゆえのことだからである(丑山, 1992)。付言すれば、この処置をしない一週間程度の脳不全状態の存続についても、医療費の浪費というなら、この言説が、たとえば、莫大な軍事費という浪費を問わない問題を指摘すべきである。

ともかく、「脳死」という規定そのものが、臓器移植抜きには考えられない。米国最初の「脳死」立法である一九七〇年のカンザス州「脳死」法も、統一州法委員会が採択した統一臓器贈与法の実施の気運によって、成立したものである(技術と人間, 1985)。そして、こうしたことは、「脳死」と臓器移植の両者が実際面で分かち難い関係をもっている、といった脳死臨調のいうような程度のことではない。つまり、原理的にいって、臓器移植——角膜や血液については除かれるが——は、「脳死」の本質を構成しており、したがって、「脳死」を人の死と規定しようとするなら、少なくとも、臓器移植にまつわる一切が、この規定そのものの内部に位置づけられなくてはならないのである。内部に位置づけられなくては、「脳死」という言葉自身すら使えない、ともいえる。

「脳死」判定後に臓器提供を求める説得には、移植を行なう側の強制が働くので、自発的な臓器提供の申し出後にのみ、「脳死」判定をすべきだ——「脳死」になる——、という救急医の提起(濱邊, 1993)も、「脳死」が、それ自体として成立するものではないことを示している。さらには、後で若干ふれるが、「脳死」の規定の内部には、この臓器移植にまつわる一切と関連はするが、相対的には区別されてもよい、より広い社会と文化の在り方も位置づけられる必要がある。

3　自然科学主義的・啓蒙主義的「脳死」論

臓器移植は、そもそもが、医療政策や臓器売買から生命の価値づけまでに至る、きわめて幅の広い社会的・文化的問題である。だから、臓器移植ひとつからしても、「脳死」が人の死だ、といった規定はむろんのこと、「脳死」という規定自体についても、これらが医学的死とか生物学的死だ、といった自然科学レベルでまず議論できる、という自然科学主義自体が、基本的に間違いである。つまり、「脳死」は、全脳の不可逆的機能停止という機能死であるのか、それとも脳血流の停止をもって判定される器質死であるのか、といった議論も、免疫系の主導性を無視した唯脳主義であるとか、大脳の働きいかんによって生と死を区分けする脳局在主義であり、植物状態の人や大脳に重大な欠損を持つ人への差別論になる、といった問題——これは重大問題だが、ここでは割愛——以前に、自然科学レベルで「脳死」規定が可能だとする、自然科学主義として問題なのである（吉藤・飯田, 1988）。

もっとも、脳死臨調をはじめ、現在進行形の機能死論に依拠する「脳死」論（臓器移植推進論）の大勢にたいして、器質死論が、内的意識の存在を無視する機能死の判定基準の難点を突いた点は、自然科学レベルでの「脳死」論内部において、「脳死」論の大勢に棹さした議論としては評価できる。ただし、器質死論が主張する脳血流停止の判定行為は、進行性脳不全の病態にとっては、蘇生方向を完全に否定するほどの侵襲性の高いものであり、したがって、器質死論も、事実上、自然科学レベルで「脳死体」を規定している自然科学主義に陥っている（立花, 1988）。

このように、自然科学主義が誤っていれば、「脳死＝個体死という医学的真実」についての社会的合意を、「得る」から「形成する」に転換した脳死臨調の発言、あるいはこの「医学的真実」が理解できないのは迷信に囚われた奴だ、という宮城音弥の発言（宮城, 1983［101］）に典型的に現れているような、自然科学主義を自明の前提とする啓蒙主義が正当であるわけがない。つまり、「科学的」には「脳死」が人間の死であるのは確実だから、無知蒙昧な輩の蒙を啓いて、この「科学的真理」を教えればよいのだ、といった啓蒙主義は基本的に間違っている（森岡, 1989）。啓蒙主義者の議論は、根本において転倒しており、ほんらいは彼らのいう社会的合意や無知蒙昧自身が、「脳死」

規定自体を構成しなくてはならない。

以上のような論点にたいしては、次のような反論があるかもしれない。たしかに、自然科学レベルでの死が人の死のすべてではなくても、「脳死」は、生物体としての人の内部で生じるのであり、臓器移植という、「脳死」状態の人の外側から始まる問題とは、相対的に区別できる。だから、社会的な死や人間関係における死の規定以前に、自然科学レベルでの「脳死」とこれによる人の死の規定は可能ではないか？　自然科学レベルでの死の規定一切を排除すれば、伝統的な心臓死(三兆候死)自身も不可能になるから、これはおかしいではないか？　といった反論である。

しかし、まず伝統的に心臓死といわれる事態やこれを人の死とすること自体も、実際には、自然科学レベルでのみ決っているわけではない。心臓死という臨終の宣告の後、冷たくなるなどの急速な体の変化、放置すれば腐敗が始まること、これらの庶民自身による実感、昔の墓場での蘇生と通夜などでの安置、医師の臨終宣告への信頼(社会的合意)などの社会的・文化的出来事によって、心臓死も構成されている(多田・河合, 1991)。そして、こうした構成が、地域的にも歴史的にも庶民の経験として蓄積され、いわゆる心臓死が人間の死である、という社会的・文化的な伝統が、すでに存在しているのである(日科, 1992)。

心臓死も、いわばその規定内部に社会と文化が内在している。この論点が不可思議に思えるとすれば、それは、人間を皮膚一枚で外界や他人から区切られた存在としてのみ見る自然科学主義的な人間把握に、現代人の多くが、あまりにも強く拘束され、社会的関係や文化的関係の内部にありながら、同時にこれらを内在させている人間の真の在り方が見失われているからである。逆方向からいえば、「脳死」とこれによる人の死の規定の目論見を真摯に検討すれば、この人間の真の在り方が表出せざるを得ない。だから、「脳死」は自然科学レベルでの一点として把握できる、と考える自然科学主義は、したがってまた自然科学主義を大前提にしている啓蒙主義は、全面的に動揺せざるを得ない、ということにもなる。

4 哲学主義的「脳死」論

ちなみに、人の死の法律的な規定(定義)が存在しないことが多い——日本には存在しない——のは、一面では、誰しもが納得できる社会的・文化的な死の伝統が、これまで存在してきたからであろう。しかし他面では、人の死がかの伝統を含めて、莫大な社会的・文化的通念として存在するものであるがゆえに、人の死を文言——いわんや、たんなる自然科学レベルの言葉——として規定することが、不可能であるからでもある。そして、人の生の端緒が「適当に」流動していることからも、人の生をめぐる一切、したがって死をめぐる一切の規定にとって、社会的・文化的内容が不可欠であることがわかる。

たとえば、受精卵を人の生の始まりとするのは、カトリックによる一つの文化的議論であって、自然科学的にいえば、受精卵の一部は母体と一緒になって胎盤を形成し——だから、絨毛検査は胎盤から胎児の組織を取る——、胎盤は後産で捨てられる。つまり、受精卵そのものをもってして、自然科学的に人の生の始まりと規定することはできない。また、比較的近年の優生保護法(現母体保護法)の改定(改悪)の動きの中で、人工妊娠中絶の可能な時期——つまり、刑法の堕胎罪が適用されない中絶の時期——が、妊娠二四週未満から二二週未満までに短縮されたが、中絶可能児は人の生ではない——だから殺人に問われない——のであるから、人の生の始まりが、法律的・社会的・文化的に規定されており、したがってまた、自然科学レベルからすれば、いわば「適当に」変更されたことになる。しかし、そのよしあしは別にして、人の生の端緒は、このような形でしか現実には存在できない。

人の生が、その端緒の現実からして、自然科学レベルだけによっては、いっさい規定できないのであるから、その終焉の規定にも、社会的・文化的内容が内在せざるをえないのは、当然なのである。しかしだからといって、一見現実を踏まえた議論のように見えるが、その実、講壇的な意味から一切でることのない「人文的な」哲学主義——これは、社会や文化の現実を真に踏まえる哲学ではない——の「脳死」論も、とても信頼するに足りるものではない。

つまり、「脳死」判定と臓器移植実施の判定との本質的相違や、「脳死」を人の死と規定することの原理論と称して、社会や文化の現実から離れた「正当化できる何か」や、エシックスやその論理的思考の固有性を持ち出す哲学学主義も、見かけ上での厳密で普遍的な議論にもかかわらず、きわめて問題が多い(Eid, 1985)。たとえば、「脳死」は臓器移植を正当化しない、という主張を柱に、延命処置停止を許容しうる「脳死」判定段階と臓器摘出処置を許容しうる「脳死」判定段階との違いを強調する議論についても(Gervais, 1986)、「脳死」判定自体が、臓器移植目的の価値判断とこれを推進する社会と文化によって、同じ進行性脳不全状態に「適当に」区切りをつけるものでしかないことからして、その立論の根本――「脳死」と臓器移植とを単純に対置していること――に疑義を抱かせるものである。「適当に」ということは、各国の「脳死」判定基準の不統一はもとより、最初の「脳死」判定を六時間後に再確認するという、厚生省基準における六時間の曖昧さにも見られることである――たぶん、これ以上の時間経過は新鮮な臓器を不可能にする、という思惑からくる曖昧さだが、ハーバート大学基準は二四時間後の再確認論だった。また、医師による「脳死」推定時刻をもってして、「脳死」が事実上成立する、という阪大の臓器移植事件の移植推進派医師の発言にも、かの「適当」さが見られる(技術と人間, 1991)。

また、かの原理論などは、現今の「脳死」が生物学的・機能主義的に死を判定の対象とみなした死の規定でしかないと批判しつつも、他者の死が他者の不在という無であることから、死の原理的規定として、その不可知性と――無は把握できないゆえ――、生者にとっての見えざる死をいう。しかしそこから、見えざる死としての死一般の徴《しるし》としての葬送があるのと同じように、「脳死」も死の徴たりうることが、また、葬送としての臓器移植の可能性が、人間のエートス次元に固有のエシックスの課題として説かれる(塚崎・加茂, 1989)。しかも、これらの可能性を現実化することが、死を判定の対象とする態度を放棄すべきだという主張と共に――「脳死」は死を判定の対象としなければ生じないことを忘れて――、また、臓器移植の現実に一切触れぬままに、である。

さらに、別の原理論は、定義や合意各々自体についての定義や合意は存在しない、といった超論理的論理を持ち出し、「脳死」についての人々の潜在的合意の顕在化こそが、議論の出発点だと説く。しかし、社会的・文化的に規定されるこの潜在意識の構造を問うことなきままに、こっそりと臓器移植いっさいとは別個に、「意識と生命の自発的な機能の不可逆的喪失」を「脳死」規定とし、これをかの潜在的合意としているのである(加藤, 1986)。こうした類の議論は、実際にはほとんど論点窃取に近い虚偽であるにもかかわらず、哲学的議論を装い、結論的には脳死臨調多数派などの体制迎合的「脳死」論をあっけらかんと主張している点で、きわめて問題が多い。以上は、哲学が哲学学主義に陥った現代の典型のひとつであろうが、けっきょくは「脳死」が、臓器移植とこれを推進する現実の社会と文化の在り方によって、どのようにして生みだされ、またどのような問題点を抱えているかといった点の、もっとも深刻な、また社会批判につながる論点が回避されている。そこには、世間の風潮や現実社会の問題に、いいかげんに関与して延命を図ろうとするだけで、自らの立ち居振舞いと言説の現実にたいする責任を、本当には持とうとしない、講壇的な哲学学主義の惨めさがある。だからこそ、自らが説く「脳死」という一点の本質論や原理論の端々から、全面的な動揺をきたす議論を行なう羽目に陥るのである(Winslade・Ross, 1986)。

5 博愛主義的「脳死」論

ところで、「脳死」の規定の内部に臓器移植があるにしても、一方に、なんらかの「脳死」判定以後は自らの臓器を他者の生に役立てることを希望するドナーがおり、他方に、その臓器提供とこれによる生の持続を希望するレシピエントがいる。そして、この両者の間で臓器移植が行なわれ、そのために「脳死」や「脳死体」が必要とされるならば、そうした臓器移植とこれに規定される

「脳死」は、人間の生命を賛美する博愛精神にあふれたすばらしいものではないか、という議論もあるだろう。たしかに、議論としてはそのようにいえる。

なお、「脳死」を人の死とすることに反対しながら、臓器移植は認めようとする傾向は、臓器移植容認の条件などに幅があるとはいえ、脳死臨調多数派に反対するさまざまな陣営においても強くなってきている。これらの議論の多くの最終的な拠り所も、博愛精神にあるとみて、さしつかえないように思われる。ちなみに、脳死臨調少数派は、こうした臓器移植を菩薩行とも表現した(梅原, 1992)。

しかし、上記の博愛精神にあふれた臓器移植論や「脳死」論と、臓器移植および「脳死」の現実とが、まったく異なることに気づかねばならない。留意すべきは、「脳死」論したがって臓器移植論は、臓器移植の現実の在り方の問題点から出発しなくてはならない、という点である。それゆえにまた、博愛精神にあふれた理想的な臓器移植論は、この現実問題の克服の議論抜きには、よくて画餅、下手をすれば、問題ある現実の隠蔽論でしかない、という点である。そして、この留意点を忘却すれば、博愛精神にあふれた臓器移植推進論は、歴史上の博愛精神がしばしば陥ったのと同じように、さしあたりは現実から乖離した空論を説くに留まるが、けっきょくは博愛精神を裏切る問題点に満ちた現実を肯定する、博愛主義に堕しかねないのである(梅原, 1992)。

ここでは、現実の臓器移植にまつわるすべてにふれることはできないが、一九六八年の和田心臓移植事件が、ドナーとレシピエント双方の二重殺人——溺死寸前の患者にたいする蘇生努力の放棄と移植不要患者への無謀な移植——の疑いを濃厚にもたれていること、一九八四年の筑波大膵腎同時移植事件では、ドナーとして「障害者」が選択され、移植についての本人の自発的意思をたしかめなかったことをはじめとして、殺人ではないか、と告発されていること等々を、忘れてはならない。さらには、一九九〇年阪大腎臓移植事件での、傷害事件の被害者からの臓器摘出の場合、移植用の臓器の保存が脳の蘇生努力を放棄する形で行なわれた可能性がきわめて強いことなど、日本における「脳死」が絡む臓器移植の現実は大問題を抱えているのである(技術と人間, 1991)。

しかも、心臓病学会が移植手術に関する技術的問題や衛生的問題から、現(一九九三年)段階での日本での臓器移植に反対していることをはじめ、脳外科や精神病などに関わる医学学会の多くが臓器移植に消極的である、という現実も臓器移植推進に不安を抱かせる(中山, 1992)。

また、臓器移植・「脳死」推進論者がいう移植先進国などの実態は、たとえばデンマークを除き、これらについて世論調査すら行なわれずに、実施に踏み切られたのである。さらに、アメリカ合衆国では、進行性脳不全状態での高額医療費が、ほとんど個人負担となること——国民皆保険制度がなく、進行性脳不全状態の治療に掛かる費用(一週間で、およそ一〇〇万円強)が個人負担となる——のほか、訴訟文化が行き渡っているにもかかわらず、州法での「脳死」法については、連邦裁判所への違憲審査申請が皆無であるほどに、脳死に対する社会的関心が低いことなどにより、臓器移植が進行しているのである(広井, 1992)。

日本でも、一九八四年に読売新聞社がスクープしたような臓器売買と、これを斡旋する業者が存在した(読売新聞, 1985)。これは、世界的には、第三世界の貧困層の臓器を、日本などの「先進国」の人間が買うことに通じており、金の力にまかせる臓器移植という現実がある。金力に関わっては、また医療政策、たとえば一九八二年の厚生省の国民医療費適正化総合対策本部設置や老人保健法に見られるように、医療費削減政策が、保険費払いが高額になる腎臓透析に代えて、より低額で私費払いを多くできる腎臓移植を推進している現実もある。それは、臓器移植推進が、国民皆保険の平等性を破壊する機能をはたすことを意味する。さらには、財力に応じた医療処置実施の露骨さを、多くの人が許容している能力主義の系としての生命の質(人格の価値)論(竹内,1987b)を最終根拠にして、隠蔽する問題もある。だから、レシピエント自身にも順位がつけられ、臓器移植推進を通じて、人の死をあてにする社会が、現在の能力主義社会を凌駕する勢いで進行しかねない(竹内,1993a)。

臓器移植の内容についても、移植手術自体よりも、術後の管理が臓器移植の内容を現実には大きく規定しており、しかもそれほど充実した生を保障しない問題がある。百歩譲って、生着率の悪さから移植手術を繰り返さなくてはならない問題を別にしても、腎臓移植の場合、一人月三〇万円程必要となる免疫抑制剤を打ちつづけなくてはならず、しかも、これが抵抗力を落とし、普通には軽度な感染症が死に結びつくだけでなく、サイクロスポリンのような強力な免疫抑制剤は、腎臓機能障害を惹起するのみならず発ガン性ももっている。腎臓透析患者の生存率に対する、腎臓移植による生存率の強調、とくに「脳死」腎の移植の生着率や生存率の高さの強調にしても、すべての世代を含む透析患者に比べて、移植手術適応患者が圧倒的に若年であることからしても、透析と移植との単純比較はできない。

自発的意思にもとづく臓器提供という点では、ドナーカードに記された移植への当人の意思を当該状態で確認しうるすべがない――自発的意思の未成立――、という問題を別にしても、救急医療の現場からは、家族にたいする臓器提供の要請や説得が、たとえ移植コーディネーターを同席させても、強要と紙一重であることが指摘されている(中島, 1985)。臓器移植や「脳死」を人間相互の関わり合いの場と規定して、臓器提供までの時間や看取りにおけるコミュニケーションを十分保障しようとしても(森岡, 1989)、この保障が、すでに見たような、脳の状態を悪化させる処置――これは移植目的の臓器保存の処置である――による長時間の脳不全状態の維持に依拠していれば、論外だろう。これらは、医療空間全体における医師側の専決体質に端を発し、「寝かされきり」患者をはじめとする「弱者」を、本当には擁護できない医療体制とつながっている問題である。それは、けっきょくは医療に関わる領域全体の権威主義が打破されなくては、臓器移植の場のみが博愛精神に満ちたものにはならない、ということでもある(民医連, 1992, 民医連, 1994)。

臓器移植の現実は、理想や菩薩行や博愛精神どころか、庶民や患者――とくに「弱者」――の人権無視、もしくは人権軽視を自明として行なわれがちなのである。博愛精神という一点によって臓器移植やこれによる「脳死」が把握できるとする博愛主義も、こうして、博愛精神を裏切る現実によって、全面的に動揺せざるを得ないのである。

6 「脳死」を真に把握しうる哲学を！

残念ながら今(一九九三年)の私には、「脳死」や「脳死体」を規定する議論を超えて、進行性脳不全状態をめぐる積極的な議論を展開することができない。しかし少なくとも、この積極的な議論は、把握すべき一点たる進行性脳不全状態をめぐって、全面的に動揺せざるを得ない可能性があることを踏まえ、この一点を、社会や文化全体に通じる真の全面展開への契機とするために、当該の一点の規定の内部に、あらかじめ社会的・文化的内容を、とりわけ臓器移植にまつわるすべてを取り入れなくてはならない。

そして、このことを促進するためには、一点把握全面動揺に陥り、総退場を迫られている自然科学主義、啓蒙主義、哲学学主義、博愛主義のすべてを払拭して、新たな理論を構築せねばならない。哲学を志す者からすれば、昨今のいわゆる「脳死」論のひとつの重要な帰結は、これらの払拭を可能にする新たな哲学の必要性が明示された点にあるように思われる。

第三章　死ぬ権利はまだ正当化できない

1　「死ぬ権利」論を反駁する手順

本章[*]の目的は、表題の〈死ぬ権利はまだ正当化できない〉という言説を、一定の大枠の中で、しかし相当に力のある根拠にもとづいて主張することにある。そして、その根拠を、大きくは「社会・文化の水平的展開」(第3節)、「倫理学的問いの在り方」(第4節)、「やむをえざる死」(第5節)、「リベラリズム的自己決定論」(第6節)、「生命自体の自己保存・自己存続志向」(第7節)、の五つの論点にそくして与える。論述自身は、「死ぬ権利」の正当化論の論拠に、逐一反論する形になっているが、この反論はまた、比較的大きな話題から、順次小さな話題へと順序だてられている。こうした反論の順序を通じて、現在(一九九九年)の「死ぬ権利」の正当化論の論拠が次第に狭められ、ついにはこの正当化論は、自らの成立基盤を失うにまでいたることが、示されるはずである。ただし、大枠を扱うこと、および紙数が膨大になり過ぎることとの関係で、詳細な論証については、その一部はいくつかの他の拙稿に譲り、また他の一部は、他日を期さざるをえない。

＊　本章は、「いのち――死生学の試み」をメインテーマに、一九九八年一〇月に開催された、第四回日

本臨床死生学会と第一七回日本医学哲学・倫理学会との合同大会(於、明海大学浦安キャンパス)の学際的シンポジウムI「死ぬ権利はあるか」に、哲学の立場からのシンポジストを要請された私の予稿集原稿(竹内, 1998a)と、当日報告、及び、当日知り得た知見に、大幅に加筆したものである(竹内, 1999c, 竹内, 1999e)。このシンポジウムには、他に、医師の立場から石谷邦彦氏(東札幌病院院長)、看護の立場から季羽倭文子氏(ホスピスケア研究会座長)、法学の立場から川口浩一氏(奈良産業大学教授)の三氏がシンポジストとして参加され、司会は、森下直貴氏(浜松医科大学教授・倫理学)と中神百合子氏(諏訪中央病院医師)が務められた。

2 「死ぬ権利」論の横行

近年、というよりもこの二〇年来延々と、といった方が正確だろうが、ターミナルケアや緩和医療という領域で、焦眉の課題としていわれてきたことがある。それは、〈患者による死の自己決定を前提にして、患者を「死なせること(letting die)」を認め得るか否か、端的には、「死を選択する権利」(以下、「死ぬ権利」と略記)は正当化し得るか否か〉という問いであり、この問いは、今日では、しばしば、実践的かつ切迫した問いとなっている、といわれる。実際、私も報告した今秋(一九九八年)のシンポジウム[*1]——第四回日本臨床死生学会と第一七回日本医学哲学・倫理学会との合同大会での学際的シンポジウムI「死ぬ権利はあるか」——も、こうした切迫感にもとづいて企画され、そのことは、当日の会場の雰囲気にも現れていた。それは、それぞれ含意は異なるが、日本では、安楽死・尊厳死・自然死の是非として、人口に膾炙《かいしや》している問いとも重なる。そして、いわゆる先進国レベルでは、いくつかの条件つきではあれ、「死ぬ権利」を正当化する傾向が強まっている[*2]。

*1　ただし、本章第6節でも問うように、死の自己決定という言説自体が、真に当人の「自己」決定といいうるか否かが大問題である。なお本章では、通常の権利と義務との相即性からすれば、この「死ぬ権利」と相即するはずの医師の自殺幇助義務の問題（三口, 1998）には、一一一頁の注1で簡単に触れる程度で割愛し、「死ぬ権利」を容認すれば、この義務は必然的に付随する、という前提に立って議論を進める。また、本章は、紙数の関係上、個人還元主義的誤謬自体から発する「死ぬ権利」の正当化論——端的には、ロック以来のパーソンやボディの自己所有権と自己処理権にもとづいて、生命の自己否定を基礎づける議論——自身は扱わず、個人還元主義を前提にしたとしても、「死ぬ権利」論は正当化し得ないことに焦点を絞る。

*2　もっとも、その他に、「死ぬ権利」を明示しない「死なせること」の容認・追認論は、本章第5節でふれる古代のプラトンなどによるものや、近世初期のモアなどの歴史的発言によるもの、また、ナチスによるものを除いても、従来から以下のものがある。二〇世紀に入って、アメリカ合衆国オハイオ州議会が、すでに一九〇六年に、激しい苦痛をともなう不治の病に侵された人すべてを死なせてよい、とする積極的安楽死法案を可決したことがある——ただし、米国連邦政府はこれを承認せず。また、優生思想の影響を受けて一九三五年にカレルが、愚鈍な者や役立たずの者を死なせるべきだ、と主張していた（カレル, 1980）。本章は、〈もし仮に、「死ぬ権利」論を論じるにあたって、こうした従来の主張による「死なせること」の正当化論とは有意の差がある主張として、ここ二十数年来の「死ぬ権利」にもとづく「死なせること」の主張がありうるとすれば、論じうることは何か〉という前提から議論を始める。ただし本章では、後述で論証するように、現在の「死ぬ権利」にもとづく死の選択論の多くも、激痛制

御の不備や優生思想など、死の選択を強要する現実の追認によって、結果的には従来の「死なせること」の正当化論に陥っている、ともとらえている。したがって結論的には、「死ぬ権利」にもとづいているからといって、そうした主張も、カレルのような従来の、また優生思想的な「死なせること」の正当化論と、さほど距離があるわけではない。このように考えるのは、大きくは、プラトン以来の優生思想が、現代でも根深く存続していることと関係しており、この観点からは、上記のオハイオ州の安楽死法案のみならず、ナチス以前のドイツ医学――民族衛生学――も、優生思想を内在させていたことになるからである。一九世紀末から二〇世紀初頭にかけての、先進国における優生思想の政策的普及については、これらが現代の遺伝子工学の進展ともつながっていることを明らかにした文献(ハワード・リフキン, 1979)全体を、また、プレッツを代表者とする一九世紀末のドイツ医学／民族衛生学が、ナチズムと同じ優生思想を持っていることを明らかにした文献(Proctor, 1988[10–45])を参照されたい。

日本でも、安楽死に関しては、現在、一定の要件を満たせば、たとえ積極的安楽死であったとしても不可罰の場合があるとするのが、刑法上の、ほとんどの学説および判例が採る立場である、とさえ言われる。[*1] もちろん、「安楽死」を刑法上不可罰にすることが、ただちに哲学的ないし倫理学的な、また日常意識的な「死ぬ権利」の正当化を意味するとは限らない。しかし、こうした刑法上での不可罰が、「死ぬ権利」の正当化の傾向を助長することはたしかであろう。そして、こうした傾向は、一九九五年三月二八日の横浜地裁の東海大安楽死事件判決を通じても、確認されるところなのである[*2](『判例時報』1995[39–40])。

＊1　前述のシンポジウムⅠ「死ぬ権利はあるか」における川口氏の報告、および川口浩一(川口, 1998

[24])による。なお、かの一定の要件とは、(ア)耐え難い激しい肉体的苦痛、(イ)死の不可避性・切迫性、(ウ)肉体的苦痛除去・緩和のために手段を尽くし、なお死の他に代替的手段がないこと、(エ)患者の意思表示(これを推定しうる家族の意思表示を含む)の存在、の四要件である。

＊2　しかし、上記シンポジウムⅠの報告および討論は、全体としては、こうした趨勢に反するものであり、「死ぬ権利」論に関する新たな――私からすれば当然の、だが「死ぬ権利」を正当化する論者からすれば「伝統的医療倫理」に固執しているにすぎないとされる(Rachels, 1986[2-8])――議論傾向を告げているように思われた。それは、一言でいえば、激痛や「死にたい」といった発言の内実を、かなり掘りさげることを通じて、「死ぬ権利」の正当性が主張される現実自体の問題性を浮彫りにし、英米豪圏では、七〇年代後半から主張されてきた「死ぬ権利」の正当化論の浅薄さを、白日の下にさらす議論であった。それはまた、本章第4節で述べるような、既存の倫理学的問いの問題性(竹内, 1997)を明示する議論であったともいえる。本章では、このシンポジウムの内容全般については割愛せざるを得ないが、若干ふれておく。ごく一部の「人の死ぬ権利を否定するなら、人の生きる義務を証明すべきで、これができないなら死ぬ権利を承認すべきだ」、といった発言を除き、会場の多くの発言、およびシンポジストの見解は、私ほど「死ぬ権利」を徹底して否定するものではないにせよ、また、緩和医療における鎮静(sedation)のなかに、「死ぬ権利」の容認につながる要素があるのか否かで若干の相違があった(石谷, 1998[18-19])にせよ、おおむね、本章で私が主張する内容と共鳴しうるような、現時点では「死ぬ権利」は承認し難いとするものであった。

「死ぬ権利」の正当化については、また、米国医師会＊(American Medical Association)が、すでに一九八二年に、次のように主張していた点には、十分留意すべきだろう。つまり、「家族ないし、患者を保護する責任のある人の希望や態度がどのようなものであるか」を重視して、「人道的な理由によって、十分情報を与えられた上での同意があれば、耐えがたい苦痛を軽減したり、末期の患者を死なせる目的で治療処置を停止したりするために、医療上必要とされることを医師は行なってよい」と宣言し、この宣言が、多くの「死ぬ権利」にもとづく「死なせること」の容認を励ますものになっていった、と考えられるからである。

＊ 以下の米国医師会の発言は、Rachels, 1986 [88–91, 166–170] からの重引による。

もっとも、一九七二年段階では、上記の米国医師会も、「ある人間の生命を他人が意図的に終結させること——安楽死——は、医療の専門家がおよそ支持できない事柄である」、と述べて、「死ぬ権利」にもとづいて死なせることを、第一義的には否定していた。たしかにそこでも、「延命のための特別な手段の使用を止めるかどうかを決めるのは、患者かその肉親、あるいはその両者である」と述べて、本人や家族のプライバシーないし自己決定権に死の決定を委ねてはいるが、その際にも「生物学的な死が差し迫っていることがだれの目にも明らかな場合」という強い限定をつけることに、むしろ重点があったのである。このように、七〇年代半ばまでは、否定ないし消極的にしか主張されなかった「死ぬ権利」とこれにもとづく「死なせること」の正当化論は、八〇年代にかけて大きく変化し[*1]、その後、現在に至るまで、社会的趨勢としては「死ぬ権利」の積極的な正当化論が根強くなっている、と思われる。[*2]

＊1 なお、一九七〇年代半ばから一九八〇年代半ばにかけて、いわゆる「重度障害嬰児」のインファン

ティサイド（嬰児殺）に関わる米国での裁判例を散見しても（丸山英，1986［212–214］）、同じく、「死ぬ権利」容認に向かって判決が大きく変化していることがわかる。七四年のフール事件判決では、「問題は、維持される生命の将来の質ではなく、治療が差し控えられた場合のほぼ確実な死の危険と比較されるところの、提案されている治療の医学的実行可能性である」として、事実上「死ぬ権利」は否定されている。しかし、七九年のシセロ事件の判決では、結果的には両親による治療拒否を認めない判決が下されたとはいえ、「有用で満たされた生活を送る合理的可能性」という生命の質を基準にした生死の決定が認められ、事実上「死ぬ権利」論に道を拓いている。さらに、八二年のベビー・ドゥ事件の判決は、表面的には、生命の質にもとづく生死の決定を避けながらも、「両親は子のために医学的に勧められた治療方針のひとつを選択する権利を持つ」として、当該嬰児の死を必然化する手術拒否をも、この治療方針の選択の内に含め、この選択を両親などの自己決定権にもとづくとして正当化している。それは、生命の質にもとづく「死ぬ権利」を隠蔽しながらも、その実施を権利論（嬰児本人の権利ではなく親の権利）として肯定したものである（竹内，1987b）。米国では、このドゥ事件判決の論理が、その後も支配的である。なお、ここで米国を取り上げたのは、事大主義的に米国に追随しているからではなく、裁判制度の違いのため、日本では、上記のような救命医療実施の可否に関する事前の裁判が存在しないからである。

＊2　本章では、「脳死」・臓器移植問題を本格的に論じる余裕がないが、「脳死」に絡んで、この「死ぬ権利」論は、たとえば「脳死を個体死としなくても脳死状態になった者の生命の維持についての自己決定権（尊厳死を選びとる権利）及び自らの臓器の処置についての自己決定権を承認することによって、今日の問題に対応できる」（平野，1994［54–55］）、といった形で主張される。ここには、死自体の問題を超えて、個人還元主義的発想が、きわめて強いことが示されている。さらに留意すべきは、この発言が、本章第6節でふれるように、自己決定論の難点として、権利論によって権利の実体に関する判断を隠蔽しながら、一つの方向にこの判断の内実を向けている点で、前注でふれた八二年のベビー・ドゥ事件の

判決と同じ論理構造を持っている、ということである。また、近代主義的な個人還元主義を否定したはずのフーコーでさえ、その末期に、死については、個人の「死ぬ権利」の積極的擁護にまわった点につき、拙稿「日常的抑圧を把握するための一視角」(竹内, 1995b[166–170])を参照。なお、私の「脳死」に関する総括的見解については、もちろん、現段階の「脳死」・臓器移植論を否定するものであるが、拙稿「「脳死」論の一つの帰結」(竹内, 1993b; 本書第2章)を参照されたい。

ところで、こうした「死ぬ権利」を正当化する論者、とりわけ、いわゆる生命倫理学者ないし生命倫理学に関与する論者は、[*1] その死が自己か他者かを問わず、[*2] また安楽死か尊厳死かを問わず、必ずといってよいほど、その正当化の根拠として次の点を挙げる。すなわち、医科学技術の「発展」によって、無意味で悲惨な、たんなる生物学的生の延長が可能になり、このことによって激痛に苛まれるだけの生が出現したり、死が不可逆で、なおかつ切迫している生が出現した。そうした生は、当人がけっして望まない生であり、このことを示す発言は現実に多々見出しうる、と。また、重症心身障害嬰児などの生について、その生は生きる本人にとって無意味で、意義の見出せないものになっている、と(シンガー, 1998[239])。こうした事柄を根拠にして、ここで述べたような生については、自己決定論的な「死ぬ権利」が正当化される、と主張するのである。もちろん、嬰児などに関しては、代理的な推定意思にもとづく「自己」決定でしかなく、親などによる代理的プライバシーという擬制に大きな問題がはらまれており、この点で、かの「死ぬ権利」の正当化論は、そもそも難点含みではある(竹内, 1987b[84])。しかし、上記の「死ぬ権利」の正当化論者は、この擬制の問題をスキップするか、他の論拠——たとえば、自己決定よりも、意義のない生の方の論拠がまさるなどとして――によって補えば、かの正当化論は正しい、と主張する。こうして、悲惨な生とか、無意味な生といった話をさんざん聞かされれば、たしかに「死ぬ権利」や「死なせること」を正当化する上記の議論は、日常意識にとっても、いかにも当然のごとく聞こえるかもしれない。ところが、少し考えればまた事実を知れば、こうした議論のみを根拠に、「死ぬ権利」などを主張するのは、当然どころかきわめて多くの欠陥を持っていることがわかる。

＊1　こうした、いわば優生思想に囚われた論者とその文献は、六〇年代後半から八〇年代半ばにかけて、H・T・エンゲルハートJr.(Engelhardt, 1968)、J・フレッチャー(Fletcher, 1973)、J・グラバー(Glover, 1977)、J・レイチェルズ(Rachels, 1986)などを嚆矢として、掃いて捨てるほど多数輩出されているが、それらの基本的把握に関しては、拙稿「ビオスの中のソキエタス」(竹内, 1987b[85–91])を参照されたい。最近の、比較的入手しやすいまとまったものとしては、シンガー『生と死の倫理』(シンガー, 1998)が代表的な文献であるが、その主張の論理と「倫理性」の基本は、八〇年代半ばまでに形成されたものとまったく同じである。なお日本でも、実質的にはこうした海外の論者と同一主張を抱いている論者は、当時から、宮野彬、太田典礼、植松正等々、これまた枚挙にいとまがないほど多数存在するが、その論調は、シンガーなどの米豪系の論者ほどには、激烈なイデオロギー性や政治性を示すものではない。こうした事態自身、分析すべき対象だが、そうした論調の根本には、広い意味での非政治性・非イデオロギー性の体裁をもってして、講壇的議論の証としながら、そうした態度自体が政治的・イデオロギー的性格を表示していることに、まったくといっていいほど無神経な、日本の講壇に根深く浸透している度し難い欠陥がある。

＊2　本章では割愛せざるを得ないが、「死ぬ権利」について、自己か他者かが問われるのは、ヤスパースやブーバーやジャンケレビッチなどの人称論的人間論にもとづいて、近年、一人称の死、二人称の死

および三人称の死を区別してとらえることが、生命倫理学においても注目されだしているからである。

3 「死ぬ権利」を助長する現実的基盤

というのも、前節で述べた「死ぬ権利」の正当化論が生まれるのは、裏を返せば、激痛や悲惨さのみの延長でしかない生を克服しえない現実や個々の事例を、また、重症心身障害ゆえに、その生の意義がとらえられないような現実や個々の事例を、無批判に前提するがゆえのことでしかないからである。今少しいえば、無意味で悲惨な、たんなる生物学的生といわれる生や、その意義がとらえられない重症心身障害者の生を、真に有意味で充実した生とするための、ケアやコミュニケーションをはじめとする諸技法、およびこれの前提となる社会・文化が、きわめて不十分な事実ないし現実を容認し、そうした容認と一体化したのが、かの「死ぬ権利」の正当化論なのである。つまり、かの正当化論は、そうした社会・文化という事実ないし現実が、無意味で悲惨で意義のない生を生みだしている、まさにその当の事例を真摯にとらえることをせず、「死ぬ権利」を正当化しているにすぎない。

死にもっとも近い「弱者」を嚆矢とする、さまざまな諸個人のときどきの生の状態を真に受容し、[*1] それらの生に真に適合して、そうしたすべての生を、真に有意味で充実した生としうる社会・文化の在り方は、イメージ的にはちょうど、階段やエスカレーターを素早く上昇することよりも、その各階のフロアーすべての充実を目指す「社会・文化の水平的展開」と呼びうるが、これがこれまであまりにもなおざりにされてきた。別角度からいえば、既存の社会・文化の多くは、「弱者」については、たんなる延命や悲惨で苦痛に満ちた生および差別される生に帰結するような在り方、また、「効率」や「利便」[*2]のみを追求して「健常者至上主義」的な「高度な」社会・文化の在り方をしてきたのであり、それは、階段やエスカレーターをひたすら素早く上昇することを目指す「社会・文化の垂直的発展」というイメージでとらえうる。

＊1　ここで念頭に置いている限りの受容論の基本的把握に関しては、拙稿「「弱さ」の受容文化・社会のために」(竹内, 1994)を参照されたい。なお、受容論を本格的に論じるには、ギリガン(Gilligan, 1982)を代表とする現在のケア論の主張を考慮せねばならず、本書では割愛せざるを得ない。なお、ギリガンの主張は、ロールズ的正義論に潜在している近代主義への偏向や現代社会の競争主義の核心を撃つ点できわめて有効であり、また現在、日本でも持て囃されてはいるが、その論理が、かつてのイリィッチのシャドーワーク論と同じく、家父長制もしくは女性差別主義に陥りかねない弱点を持つ。

＊2　なお、何をもってして効率や利便というかの把握、さらには有用性自体の把握は、たとえば「社会・文化の水平的展開」の進展次第で、おおいに変わりうるのであり(竹内, 1993a[163–173])、私は、効率や利便いっさいを否定しているわけではない。また、拙稿「功利主義の論理(上)——生命倫理学と教育的マルサス主義との関連で」(竹内, 1989a)および「「役にたつこと」=功利主義について——功利主義の論理(下)」(竹内, 1991)で、ほぼ確定してある功利性(有用性)の竹内なりの把握も参照されたい。

拙著『「弱者」の哲学』(竹内, 1993a[182–190])などでも示したので、詳しくはそちらを参照して欲しいが、「社会・文化の水平的展開」の不十分さについては、国家的制度から家族の在り方、さらには、諸個人のマンタリテにいたるまで、あらゆる領域について指摘されうる。それは、たとえば重症心身障害児のケアにあたる看護者の、「貴方たちのことがわからない私たちを叱ってください」といった発言の吟味からもとらえうる。つまり、重症心身障害児の生が意義のない無意味なものとなることの大きな要因として、次のようなことがあるからである。通常の言語的コミュニケーションやボディランゲージやノンバーバルコミュニケーション(ケンドン, 1981[28–51])のみならず、価値観や生自体についても、いわば「健常者」モデルを前提とするがゆえに、彼(彼女)らの欲求や意思や意図が了解不可能となり、その生の真の充実・充足も不可能となるにすぎない。そして、そうした「健常者」モデルを超えうるものへの志向、すなわち「能力」的に「弱者」とされる存在に適合したコミュニケーションをはじめとする諸技法への志向、つまりは「社会・文化の水平的展開」への志向が、あまりにもなおざりにされてきたがために、彼(彼女)らのことがわからず、またその生を真に有意味で有意義なものとすることができず、結果としてその生が無意味で意義のないものとしてしかとらえられない、という事情がある。ぎゃくに、こうした「社会・文化の水平的展開」が十分なされていれば、重症心身障害児の生は、「健常者」モデルにもとづくのとは異なるにせよ、その意味と意義を表示しうる生になりうるのであり、けっして単純に、「死ぬ権利」の正当化の標的などになりはしないのである。なお、もちろん上記の看護者は、こうした「水平的展開」に資するコミュニケーション技法を求め努力しているがゆえに、かの発言にいたるのであり、この点は忘却されてはならない、きわめて重要なことである。

そして留意すべきは、こうした「水平的展開」は、何もユートピア的な高度な技術によってしか実現できないことではなく、上記の看護者たちをはじめ、事例としては数多くはないにせよ、現代社会のなかで取り組まれてきた、という点である。こうしたことは、日本でもすでに、一九六八年に制作された日本で二番目の重症心身障害児施設「びわこ学園」の療育実践記録映画「夜明け前の子どもたち」以来、幾多の報告によって、知られているはずのことなのである。

たとえば、「脳性麻痺(重度、関節拘縮、股関節脱臼をともなう)、精神薄弱(重度)、視力障害(見えていない)、聴力障害(聞こえていない)、てんかん、……呼吸不全、虚弱……。つねに呼吸困難や感染による発熱、また調子が悪くなると嘔吐がおこる」など、生きつづけても、「まるで存在そのものが苦痛であるような姿」(高谷・吉田, 1983[14])の重症心身障害児(ただし君)に関する療育実践の例がある。「外界とのつながりが精神活動や身体運動や動作のレベルでできず、身体の状態そのもので反映しているとき、それは生理的レベルの反応ととらえることができるし、そこに快‐不快という「価値」を導入することによって、「主体」の世界を想定することができる」(高谷, 1983[73])、といった観点をも取り入れ、「ちょっとした印象の違いによって、生命を維持するために毎日たたかっている子から、保育者や看護婦はその「感情」や「意思」を引き出し、「対話」」(同[156])することを通じて、ただし君に対する工夫に満ちた介護・看護・療育上での取り組みを行なっている。その結果、「腕がゆったりと前にでて……、胸がひらき呼吸が楽そう」になり「ただし君のなごやかな日がつづくようになった」のみならず、ほほをかすかに緩ませて、「ただし君が笑っている！」(高谷・吉田, 1983[17–18])と看護者が声をあげるほどになったのである。*

＊　この実践について付言すれば、こうした世界は、「幻想や主観の世界ではありません。どこかを通りぬけると開けてくる人間の世界です。ではどうしたらそういう世界へ広がっていくのでしょうか。経験でしょうか。経験は必要です……。でも経験だけでは駄目なのです。重い障害をもった子どもたちを少しでも快適にすごさせてやりたいという思い、共感とそのためのさまざまな努力と工夫、学習、そして技術・知識・理論についての討議と修得がなされていって開けてくる」(高谷, 1983[157])。また、「ねたきり」についても、「つねに眠っているわけではない。「外界への心の窓」はどこかに開いている」という観点から、「ねた姿勢でさめている状態の多様性」を創りだすことを端緒とする「働きかけ」を、「健体児の発達過程の緻密な観察にもとづき、かつ健体児にたいする以上に、よりきめこまかな方法と、密度の濃い内容をもって」「療育者集団の長期にわたる自覚的・系統的な働きかけ」(清水, 1981[68-69])として行なっている。これは、たんなるカンとコツの世界でもなく、大きくいえば文化の展開と結びついた技法や科学による此岸の世界であり、重要な「社会・文化の水平的展開」の世界である。なお、本章で、こうした重症心身障害者に関わる重要な実践については、一九八〇年代半ばまでの文献しか取り上げていないのは、それ以降、重度重複障害を扱った優れたものがまったくないわけではないにせよ(白石・植田・さつき福祉会, 1998)、こうした類の文献が、量・質ともに貧弱になっているからである。この貧弱さがまた、現在における「死ぬ権利」論の横行と、「弱者」排除の傾向の実質的亢進を反映しているといえようが、この現実の根底には、大きくいえば現在の社会全般の新自由主義的再編成がある。付言すれば、一九九五年から九八年にかけても、上記の優れた実践例とは正反対の、障害者等の「弱者」を「食いもの」にする——知的障害を持った女性への、施設職員による性的虐待・暴行・年金着服等——福祉現場が、相次いで表面化している(毎日新聞, 1998)。「水平的展開」どころか、これに逆行する現実すらあるわけである。

たしかに、こうした取り組みを真に普遍化するにはいたっておらず、「水平的展開」がまだまだ不十分なのが現代社会である。しかし、だからといって「水平的展開」の不十分さの克服は、彼岸の徒花《あだばな》のような不可能事ではない。それは、ある意味では、それ自身が「社会・文化の水平的展開」の重要な一側面をなす、バリアフリーの街づくりの現実性と類比される事柄である。たしかに、地域によっては、あいも変わらない便利で早い交通網に還元される交流網の整備が、したがって「社会・文化の垂直的発展」が第一義となることが多いため、バリアフリーの街づくりも、これまた普遍化していない。また、部分的もしくは端緒的に留ることが多いため、バリアフリー的色彩の宣伝が先行して、かえって真のバリアフリーにとっては阻害的な役割をはたしかねないのが、巷のバリアフリーの街づくりである場合もあろう。* しかし、地方・地域ごとに大きな格差があり、したがって進んでいる地域などが現実に存在するという、その現実的進展自身は、バリアフリーの街づくりという、「社会・文化の水平的展開」とその此岸的現実性を示しているのである。これらは、既存の「垂直的発展」に対抗する点では、論理的には重症心身障害児にそくしたコミュニケーションなどの豊富化としての「水平的展開」の現実性と、同じことを意味している。なお、自明なことではあるが、「水平的展開」の拡大は、既存の「垂直的発展」を担保した科学・技術・文化等々を、いわば「まげ戻し」てとらえられることであり、それらの方向性と質、および既存の有用性や効用の転換(竹内, 1993a[162–173])を必要としているとはいえ、けっして反科学的・反文明的なものではない。

＊　たとえば、建物がバリアフリーになっても、アクセスがバリアだらけであることなど。自治体による

その典型例は、アクセス問題としては、高速道路料金やバス、タクシー運賃の障害者割引案内――ちなみに、これらの割引は、すでに、身体障害者手帳保持者に全国的に認められており、自治体によるバリアフリーの街づくり自体とは関係がない――を除けば、岐阜県内で、わずか五台のリフト付きの路線バスと、わずか七台の車椅子リフト・寝台車付きタクシーが、全二九二頁中、たった二頁を使って案内されているだけで、厚顔無恥にも、福祉ガイドブックと称するものを公刊する自治体の無責任さにも、見られる(岐阜県, 1997)。これと、先端的な一部都市のみの話だとはいえ、すでに一九八〇年代後半の米国バークレー市が、道路構造や地下鉄乗車システムをも含めた――ちなみに、バスの八〇パーセント強もリフト付きである――バリアフリーの街づくりを行なっていたことを比べると、その格差の凄さに驚かされる。しかし、こうしたことは、ぎゃくに、バリアフリーの街づくりの此岸的現実性を示す、恰好の事例であろう。バークレーについては、名古屋テレビ放送制作番組「車いすのアメリカ留学――障害者にやさしい町・バークレーへ」(一九九〇年八月三〇日放映)を参照のこと。

ところで、上記のような重症心身障害児の生以上に、「死ぬ権利」の正当化に直結していることが、激痛に関わる「社会・文化の水平的展開」の不十分さである。つまり、激痛に苦悩しているがゆえに、激痛除去の訴えとして、「死にたい」ともらす――ぎゃくにいえば、「死にたい」発言が、真に死にたいことを意味していない(季羽, 1998[23], 丸山富, 1983[57-61])――患者についても、激痛除去についての現実の「水平的展開」の不十分さが、指摘されねばならないのである。激痛除去は、末期ガン患者にとって焦眉の課題であるが、現在においても、激痛除去の技法やこれの実施施設の不備には甚だしいものがある。というのも、「現在ガンの治療に直接たずさわっている医師の中で、患者の最大唯一の苦痛である痛みに対して考慮を払いながら治療を行なっている医師は、非常に少ない」(砦田, 1983[115])という以前からもたびたびいわれている傾向は、以下にも示すように、現在もなお解消されていないからである。

周知のように、ガン患者などの激痛除去の手法としては、ペインクリニック*1として、神経ブロック*2があるほか、精神的ケアとも組合せながらの、かなり早い段階からの計画的なモルヒネ投与が、末期になっても、ほとんど痛みを発生させないことが知られている。しかし、実際には、「現在の医療の多くにあっては、末期ガン患者の激痛制御は放置されなくとも、死との取り引きとなり症状が進むにつれて効き目のうすくなるような形での麻薬投与に頼ることが多い」(竹内, 1988[151]；本書第1章[12])という現実は、それほど劇的には改善されていないのである。

＊1　日本でのペインクリニックは、一九六二年の東大医学部麻酔科が最初だとされているが、高度経済成長が始まっているこの時期が、「最初」だということ自体に、近現代社会が「垂直的発展」を偏重して「水平的展開」を放置してきたことが、典型的に現れていると思われる。

＊2　中空の細い針を体外から神経に向かって刺し、神経やその周辺に薬液を注入して神経刺激の伝導を遮断する方法のことだが、本書では神経ブロックについては、これ以上ふれられない。

というのもこの未改善が、ごく最近、前述したシンポジウムⅠ「死ぬ権利はあるか」で、明示されたからである。そこで、シンポジストの一人、石谷氏は、スライドによる解説を通じて、モルヒネ使用量の各都道府県別比率を取り上げ、驚くべき数値を示した。たとえば、人口五六八万人程度の北海道のモルヒネ使用量が全国の七パーセント強であったのに対して、人口一一五四万人程度の東京都のそれは、わずか三パーセントに留っている、というのである。* たしかに、この数値からだけでは、激痛制御の取り組みという、「水平的展開」に都道府県別に甚大な格差がある、とは断定できないかもしれない。そうした断定には、さらに、北海道と東京都との、ガン患者比率やその重症度比率など、さらに激痛ゆえに「死にたい」ともらすガン患者数比率などを、同時に明らかにする必要があるからである。しかし、たとえ断定できなくとも、上記のモルヒネ使用量の格差を示す数値からは、末期ガン患者の最大唯一の問題である激痛制御への取り組みが、都道府県ごとに非常に大きな差があることは推定できる。したがって、同じような末期ガン患者であっても、都道府県、あるいは医療施設次第で、痛みをほとんど感じない場合もあれば、激痛ゆえに死にたいと「死ぬ権利」を主張する——主張させられる——場合もある、ということも推定できる。

* なお、現在(一九九九年)、スライドで報告された内容のコピーの入手に努力している最中であり、これを入手次第、医療機関ごとの差異に関する新たな論点も付加して、別稿で「死ぬ権利」論について再論する予定である。

自明なことではあろうが、比較的早期段階からの激痛制御に取り組めば、必然的にモルヒネ使用量が増えるわけであり、これが少ないということは、激痛制御の取り組みがなおざりになっている、と考えざるをえないのである。北海道と東京都との激痛制御の取り組みの格差は、人口比を考えれば、四—五倍にのぼる可能性がある。こうした格差の結果として、激痛に苛まれて「死ぬ権利」を主張する患者が出現しているとすれば、こうした事態を追認ないし容認することになる「死ぬ権利」を正当化すること、さらには「死ぬ権利」の正当化の根拠に激痛を挙げることが、いかに問題含みなことであるかは、だれの目にも明らかであろう。激痛を根拠にして「死ぬ権利」を正当化する議論は、激痛制御の取り組みという、「水平的展開」が不十分な現実を免罪する、きわめて怠慢で転倒した議論なのであり、こんな議論を倫理学的議論だと考えること自身が転倒した考えだ、といわざるを得ない。

けっきょく、激痛制御の不十分さという現実が、当人に「死ぬ権利」を強要しているのであって、この事態は、「死ぬ権利」といえば、自死を選択した事態のように聞こえるかもしれない。だが、実相としては、かの不十分さという原因が、死を強要している事態なのであって、それはある種の他殺とさえいいうる事態なのである。[*1] しかも、すでにふれたように、モルヒネ使用による激痛制御の取り組みについては、北海道のように進んだ地域も存在するのであるから、既述の重症心身障害児についての「水平的展開」の場合とまったく同じように、激痛制御の取り組みは、ユートピアではないどころか、病院組織や自治体次第で——医療行政などのあり方次第でもある——、進展しうるし、させなくてはならないことである。だとすれば、「死ぬ権利」論を云々する前に、激痛制御の不十分さがもたらす他殺をなくす必要性のみならず、この必要の充足が現実的課題であることも、とらえられるはずである。これらを踏まえるならば、「死ぬ権利」に関する議論を、真の倫理学的議論にするためには、たとえば激痛制御の取り組みのための社会運動に寄与しうる議論こそ、きわめて重要であり、必須とすらいえるのである。[*2] にもかかわらず、こうした倫理学的議論に必須のことが忘却され、既述のような「死ぬ権利」の正当化論が横行するのは、なぜなのだろうか？　そこには、従来の倫理学をめぐる、単純だが根深い問題も潜んでいるように思われる。

＊1　前述のシンポジウムⅠ「死ぬ権利はあるか」では、この激痛制御の不十分さと共に、会場の複数の精神科医が、自らの数少ない調査の限りだという限定つきではあるが、末期ガン患者の九〇パーセント近くが、相当重いうつ状態に陥っており、このことが患者の自死への意思表明につながっている場合が多く、なおかつそうした事態にもかかわらず、末期ガン患者に精神科医が関与しうる医療施設自身が稀で、うつ状態へのケアが十分に取り組まれていない事実が報告された。このことも、「水平的展開」の未成熟として、またある種の他殺問題として、つまりは「死ぬ権利」が正当化され得ない事態として、とらえる必要がある。

＊2　本節で述べた激痛制御の取り組みに関する格差の問題は、また、植物状態患者の治療についてもいえることであり、この治療が進んだ医療施設では、一定数の植物状態の人が、通常の意味での社会復帰ができるほどであるが、こうした医療施設が「進んだ施設」として、テレビで特別報道されるという日本での現実にも、こうした医療施設が存在しながらも普遍化していないことが示されている。したがって、植物状態患者を「脳死」患者に類する者とみなして臓器移植のドナーとしていこうとする英国および米国の一部でうまれている傾向や、さらには、岩生女史が的確に批判しているような、日本尊厳死協会がリビング・ウィル次第で、六ヵ月以上の意識不明状態や現状回復不能な精神的無能力状態の人を、死の「選択」の条件としていることも(岩生, 1993[66–77])、正当化できることではない。

4　倫理学的問い全般からの論点

末期ガン患者に関しての「死ぬ権利」は、大きくは自殺ないし自死の権利に含まれるのであり、通常の自死(自殺)の権利が正当化できるか否か、という問いは、次節でもふれるように、プラトン以来、中世にも近世にもあった問いである。したがって、現代の「死ぬ権利」が正当化しうるか否かの問い自体は、歴史を省みれば、さほど珍しいものではない。しかし、古典近代以来、指摘されつづけているように、こうした正当化しうるか否か、という問いの立て方・定式自身が、すでに大きな難点を抱え込んでいる。このことを考える上で、一九世紀半ばのマルクスによるバウアー批判が参考になる。

マルクスは、バウアーのユダヤ人解放への問いが、人間的解放と政治的解放とを混同させた問いになっていると指摘しつつ、バウアーに対する批判を、「自らの課題に含まれていないような問題を提出し、自らの問題を解決してくれるわけでもないような課題を解く」類の問いへの批判としてまとめた。そして、「問いの定式化は、問いの解決である」(MEW. 1 [348–350, 385–388]) べきことを主張したが、こうしたマルクスによるバウアー批判の論理は、現在提起されている、多くの「死ぬ権利」は正当化しうるか否か、という問いについても、該当するように思われる。というのは、「死ぬ権利」を正当化しうるか否か、という多くの問いが、「死ぬ権利」を行使しうる——あるいはせざるをえない——事態を、事実上、「問題として提出せざるをえない」にもかかわらず、こうした事態としての問題を、「自らの課題」とはしていないからである。また、そのため、この事態としての問題を問わなければ、真にはその解答にはいたらない「死ぬ権利」を正当化しうるか否かという問いを、真には解決しえないような課題に置き換えてしまっているからである。それは、「死ぬ権利」の本質としての「死ぬ権利」を行使する——せざるをえない——事態を無視して、「死ぬ権利」の正当化の是非の諸条件を求めている点で、バウアーが、ユダヤ人の政治的解放を正当化する際に、「政治的解放それ自身の本質に基づかない諸条件をたてて」(a. a. O.[349, 388])、その正当化を図ろうとしたことと類比的なことなのである。

ひるがえって、「死なせること」の正当化の是非の議論について、ここ二十数年来の生命倫理学的な問いを省みると、[*1]「あえていえば」ダウン症候群や脊髄髄膜瘤程度についての「障害嬰児殺」にせよ、羊水検査や絨毛検査にもとづく人工妊娠中絶にせよ、また、「脳死」を個体死をみなすことにせよ、そのように生じている諸事態について、多くの場合、「なぜ、そうした諸事態が生じるのか?」という「なぜ」――この問いを、以下「なぜ①」とする――への問いが無視されたまま、「なぜ、そうした諸事態が正当化されうるか否か?」という「なぜ」――この問いを、以下「なぜ②」とする――ばかりが、問われてきた。[*2] それは、自殺一般に広げていうならば、「なぜ、自殺という事態が正当化されるか、あるいは正当化されないか?」という「なぜ②」のみが――もちろん、その根拠を与えることを含めての問いだが――、問われてきたといえる。しかし、自殺については、子どもの自死や拷問の末の自死のみならず、過労死に等しい自死等々を想起すれば、現代では、だれしもただちに考えるはずだと思われるが、「なぜ、自殺という事態が生じたのか?」という「なぜ①」をも同時に考えることが、当然だとされるであろう。そして、一方的に、「なぜ②」のみに回答することの不備を指摘するであろう。よしんば、たとえ「なぜ②」への回答として、その正当性を根拠づけることがあっても、その根拠づけは、少なくとも、「なぜ①」と「なぜ②」とを接続させた上での話であろう。これは当然のことではないか。

*1　この点につき、拙稿「ビオスの中のソキエタス」(竹内, 1987b) および「生命倫理学の一断面」(竹内, 1995c) を参照のこと。ただし、この問題は、たんに生命倫理学に限らず、従来の、とくに講壇的な倫理学的問い全般についてもいいうることなのだが、この点の詳論は、別稿に譲らざるを得ない。なお、日本では明示されていないが、米国の諸例から明らかになっているので周知のように、インファンティサイド(嬰児殺)数として、最も多いのは、次のダウン症候群と脊髄髄膜瘤を持つ「障害嬰児」にたいするものである。

*2　この二種類の「なぜ」に関わる問題については、私はすでに一九八七年段階から、現代の生命倫理学の基本的構造の問題として、提示してきた。拙稿「ビオスの中のソキエタス」(竹内, 1987b[82–83]) を参照されたい。

にもかかわらず、講壇的にかたよった生命倫理学の多くは、現在にいたるまでも、傾向的に、生じる事態そのものを自明の前提のごとくに扱った上で、この事態をなぜ正当化しうるか、また正当化し得ないか、という「なぜ②」に留り、そうした事態がなぜ生じるのか、という「なぜ①」を無視してきた。[*] こうした傾向ゆえにこそ、冒頭で述べたような、「死ぬ権利」の正当化論が、跳梁してきたともいえるのである。そして、こうした現在でも続いている傾向は、講壇的な生命倫理学にあっては、偶然的なものでも、ケアレスミスでもないことは、すでに八〇年代半ばに、生命倫理学を問うている法哲学者が、方法論次元の問題として、事実上「なぜ①」の探求を非難し、「なぜ②」の探求のみを賞揚していたことからもわかる。つまり、「なぜ②」の探求こそが、特定の見解に「肯定的あるいは否定的な評価を下す」「内在型」アプローチとして優れており、「なぜ①」のそれは、「道徳的論争を直接問題にするのではな」い「超越型」アプローチにすぎず、実践的ではないといわれていたからである(森村, 1986[108–110])。そして、この「内在型」アプローチへのかたよりは、別稿「生命倫理学の一断面」(竹内, 1995c[27–30])でも示唆したように、生命倫理を問う講壇の多数派の中で、現在でも存続しているのである。

＊「脳死」・臓器移植問題に限定されてはいるが、本章の観点からして、この「なぜ①」をも十分にとらえたがゆえに、日本における唯一とまではいえないだろうが、数少ない包括的で貴重な「脳死」・臓器移植問題の文献が、小松美彦『死は共鳴する——脳死・臓器移植の深みへ』(小松, 1996)である。ぜひ参照されたい。

「なぜ①」を捨て、「なぜ②」のみを問うべきだ、という主張はしかし、現実に生じる事態を動かし難い前提としているのであって、たしかに、もしかしたら、現実に迎合する実用主義的意味を持つかもしれない。しかし、この主張は、第3節でふれたように、たんに問題ある現実への迎合だという点で非難されるだけではなく、倫理学という学問の一つの根幹を、現実離れした空中楼閣に仕立て上げてしまう、という大きな罪を犯すことにもなるのである。というのは、この主張は、結論的には、「捨象により分析している気になり、対象から離れれば離れるほど、対象を見抜けると妄想する形而上学者」(MEW. 4[127, 131])の、反実践的結論に行き着く形而上学的な主張に留まるからである。

その理由の第一は、生じる事態が存在してはじめて、「なぜ②」が成り立ちうるのであるから、この点を無視し、「なぜ①」を放置して、「なぜ②」のみを問うことは、分析対象(生じる事態)の実相を捨象して、当の対象の正当化、もしくは非正当化の根拠を求めていることになるからである。たとえば、前節で見たような、激痛ゆえに「死ぬ権利」が主張されている事態が、その正当化／非正当化が問われている分析対象だとしよう。そうすれば、「なぜ②」のみを問うて「死ぬ権利」の正当化／非正当化を問う場合でも、激痛および激痛をもたらした要因を、正当化／非正当化の際には、相当真剣に探求しなければならないはずである。だが、「なぜ①」を問わなければ、この探求は、しないも同然となる。だから、そうした「なぜ②」のみへの問いは、現実離れした形而上学的な問い、としかいいようのないものになる可能性がきわめて大きいのである。これはぎゃくにいえば、「なぜ②」のみに答えようとしても、その回答も、「なぜ①」を問うなかで浮上せざる得ない生じる事態と、この事態を構成する、さまざまなその時代および現実を超越することはできない、ということでもある。

そして、この、時代および現実を超越することができない、ということが、「なぜ①」を捨てて、「なぜ②」のみを問うべきだ、という主張が形而上学的な問いに留りかねないことの、第二の理由となる。可能な限り、経験的現実に左右されずにこれを超越し、理性的(合理的)な原理ないし基準にもとづいて、生命倫理に関する問いの正当化と非正当化に根拠を与えようとしても、この問いを真摯に追求する正義論の実際には、この超越が不可能なことが、はっきりと現れているからである。たとえば、J・アウトカは、医療を受ける権利に関して、なぜ不平等は正当化し得ないのか——平等が正当化しうるのか——という「なぜ②」に根拠を与える議論のなかで、さしあたりは「コンセンサスの考えられる限りの社会学的決定要因を調査しようとしているのではな」く、「理性的な根拠にもとづいて、社会的なヘルスケアの目標を支持する形で、なるほどと思われる主張が提案できることを明らかにしたい」(アウトカ, 1988[310])、と述べ、社会学的な経験的現実を超越して、超経験的な理性的根拠を「なぜ②」の回答にしようとする。そして、功利主義的なこの権利の差別配分に対抗して、この権利の平等の正当化の根拠として、最終的には、アリストテレスの匡正《きょうせい》的正義にしたがい、超時代的・超現実的な「〈類似した事例にたいしては類似した取り扱いを〉という方式は、平等な受益という目標ときわめて一致した方向へ、現実の選択を導く指針である」(同[330])と述べはする。

しかし、こうした医療を受ける平等な権利の正当化論は、経験的現実に関するアウトカ自身の判断があってこそ、提起されているのであって、けっして、アリストテレス的匡正的正義の原則が、無媒介に適用されているわけではない。つまり彼女は、導入当初は数に限りのあった人工透析をだれが使用すべきかをめぐって、六〇年代初期の米国シアトルで、現実に生じた不平等な事態をも取り上げつつ、なぜ、医療を受ける権利に関する不平等が生じているのか、という「なぜ①」への回答として、功利主義的な医療資源配分の経験的現実を中心とする、「あからさまな社会的で経済的なもの」を明示し、その不平等性を提示している。その上で、この不平等な現実に対抗させる形で、「健康の危機は、たびたび、分け隔てなく、(功績という意味における)正義の人にも不正の人にも……、同じようにふりかかる」(アウトカ, 1988[315])、という、やはり同じく経験的現実を根拠にして、かのアリストテレス的な匡正的正義を提示し、これによって「なぜ①」に回答しているのである。*

＊　こうしたアウトカの議論は、超越的な「倫理学的原則」なるものを遵守する体裁をとりながらも、現実社会で横行している個人還元主義とリベラリズム右派もしくはリバタリアニズムに安易に依拠することの多い、アメリカやオーストラリア系の生命倫理学の中では比較的珍しく、そうした現実社会の諸議論への批判の倫理を内在させたものである。

ここでは詳論できないが、哲学的理論一般ですらも、経験的現実を超え得ない、ということは、そもそも、西欧哲学の祖とされ、善のイデアという超経験的な観念を主軸に自らの哲学を構想したとされているプラトン哲学についてすら、いいうる。というのも、プラトンの言辞にしたがえば、この善のイデアに依拠して構築されたことになる、その著『国家』における理想国家哲学——超経験的なもの——も、実際には、経験的で現実的なものでしかなかったからである。つまり、『国家』も、プラトンがアテナイでのポリス民主制や、民衆からまったく相手にされないという現実のなかで、「理想国家の青写真作りとそれを実現するための手段の考察が、政治的挫折者プラトンの私的政治となった」(関, 1982[210])事情を反映した著作でしかなかったのである。こうした、いわば哲学の経験的現実性ということは、レベルや領域こそ違え、現代でも散見されうる。このことはたとえば、ノーベル経済学賞を受賞することになった論者に、「現代の政治哲学と倫理学の根底的な再生が可能になったのは、ロールズの射程距離の長い理論のおかげによるところが多い」(セン, 1991[78])と激賞される現代リベラリズムの社会・政治哲学の代表者の一人、ロールズについても見られる。

カント主義と自然法の現代版という規範論——超経験的・超現実的な規範論——にもとづいて、

壮大な現代正義論を超越的に構築しようとした、といわれるロールズの正義論でさえ、すでにこの正義論の根幹をなす方法論次元が、超経験的には正当化し得ないことを、当のロールズ自身が認めているのである。ロールズの方法論は、反照的均衡論として総括されるが、それは「現在の環境からの不可欠な独立性」を保った、原理的でいわば超時代的・超経験的な正義の原理——無知のヴェールを代表とする原理——と、「アプリオリな原理への訴えの不必要」として総括されうる、日常経験および現実感覚から得られる正義の現実——マキシミン原理への支持の想定を代表とする現実——との、頻繁な往復運動を主眼とする方法である(Rawls, 1971[263])。しかし、この反照的均衡論の核心ですら、後にロールズ自身が哲学的リベラリズムと政治的リベラリズムとの差異に関わる問題として認めたように(Rawls, 1985b)、西欧的立憲体制とこれを成熟せしめた文化という、経験的現実に依存した。つまり、反照的均衡論も、経験的な善に依拠せざるをえないのであり、しかも、こうした経験的な善は、彼自身が大著『正義論』において、すでに善の希薄理論の中に取り入れていた内容(Rawls, 1971[396])となっていたのである。*

* 六〇年代半ば以降、種々の形で、方法論上、超越的議論および形式化論の度合いを強めてきたハーバーマスが、そうした傾向をいまだに残しながらも、近年、その方法論のなかに、西欧的立憲体制を前提とする一定の価値(善)を内在させ始めていること——正確には、この内在を漸く認めたというべきだろうが——には(ハーバーマス, 1996)、彼が、このロールズの善の希薄理論と、同じ傾向を歩んでいることが示されている。ただし、ロールズに比べるとひそかにであり、また方法論的な自覚がはるかに弱いと思われるが。別角度から見ると、こうした傾向自体にも、倫理学的な正当化問題をめぐる今日の講壇

の在り方の、きわめて興味深い例が現れている、ともいえる。

さて、「なぜ①」を捨てた上で、「なぜ②」のみを問うべきだ、という主張が形而上学的な問いに留りかねないことの、第三の、もっとも単純だが本質的な理由としては、次の点がある。これは、本章の主題に関わる「死ぬ権利」にそくしてみると、非常にはっきりする。というのは、「なぜ①」への回答次第では、かの正当化論者の意図する意味での、真の「死ぬ権利」を行使する現実自体が存在しなくなる、ということになるからである。それは、事実認定の議論としては、激痛制御に関する不備という現実を不問にしておいて、「死ぬ権利」は正当化され得ない、という既述の議論と同じではあるが、倫理学的問いの在り方の問題としては、新たな意味を持つ。というのも、なぜ「死ぬ権利」が正当化されるか、という「なぜ②」という問いは、なぜ「死ぬ権利」が生じているのかという「なぜ①」への回答次第では、完全に消滅してしまう可能性が、あるからである。少なくとも、自己決定論的な「死ぬ権利」の正当化論者の意図するレベルの問いとしては、「なぜ②」という問いが、まったく無意味なものになってしまう可能性が存在する。

もし、「死ぬ権利」の主張がなぜ生じるのか、という「なぜ①」への回答が、いわば「死にたい」発言の根拠になっている激痛制御の不備といった事実や、自殺に追い込む社会や文化の問題に求められるならば、その回答は、「死ぬ権利」をめぐる問いへの回答だというよりも、死なせる現実、さらにいえば、殺す現実をめぐる問いへの回答だということになる。そうした殺す社会や文化の問題は、具体的には、激痛除去の方法の未普及や未開発に留るものではなく、当然のことながら、貧困問題から差別問題まで、さらにはこれらの問題の心理的現象の問題も含むし、ガルトゥング的な社会構造的暴力による殺害といった現実をも含む。こうして、論理的にいえば、「なぜ①」への回答が、殺すという他殺に限りなく近い問題に求められることになる。つまり、「死ぬ権利」は正当化されるか否か、自殺は正当化されるか否か、という「なぜ②」に対して、自殺などは正当化しうると回答するならば、その回答は、他殺の正当化に限りなく近い回答になってしまうのである。このことは、「なぜ①」を無視して、「なぜ②」のみを問うことが、「死ぬ権利」の正当化を図る論者の意図からは、まったくズレた問いになることを意味し、けっきょく「なぜ②」のみを問うことが、空理空論という意味で、形而上学的な問いになる、ということを示している。大きくいえば、「死ぬ権利」についても、「権利は、社会の経済構造およびこれに制約される文化の発展より高度であることはけっしてできない」(MEW. 19[21, 211])という古典近代の発言が当てはまる、といいうる。

付言すれば、現代までの人類史においては、激痛除去の方法の未普及のみならず、上記の社会構造的暴力を典型とするような諸要因によって、「殺されること」に限りなく近い死が、「自殺」ないし「死ぬ権利」の主張という体裁をとらされている場合が圧倒的に多い。この点で、「死ぬ権利」に関して、「なぜ①」を無視して「なぜ②」のみを問うこと自体に、真摯な倫理学を裏切るマンタリテが介在している、とすらいいうるかもしれない。

5　やむをえざる死、歴史的産物としての死

以上のように述べたとしても、「なぜ②」の問いは、「今、ここ」における問いであり(Hegel, 3 [82–92, 95–108])、この意味で、「死ぬ権利」の正当化を求める必要がある、という主張はあろう。つまり既述のように、たとえば「今、ここ」の現実にあっては、ガン患者に対する激痛制御が不十分な現状が多いわけだから、そうした現状に照らすなら、激痛ゆえに死を選択することは、「死ぬ権利」の行使として、正当化されるべきではないか、といった問いである。しかし、ここで確認すべきことは、そうした「今、ここ」の出来事としての死及び死の選択の追認と、「死ぬ権利」に関する普遍的な倫理学的な正当化との間には、きわめて大きな次元の差がある点である。

実証主義が重視する感覚知にしたがって、「今、ここ」の現実を把握すれば、現実の真理、もしくは普遍性がとらえられる、と考えられがちであり、このことは、しばしば日常意識も支持することではある。だが、感覚知だけでなく、悟性や理性も加えてはじめて成立する本来のわれわれの意識全体と照らしてみれば、*1 感覚知による「今、ここ」という現実の把握だけでは、それは、継時的(歴史的)にも、共時的(構造的)にも、制限のある限定された現実をとらえているだけであって、変化の過程のうちにある歴史的現実および構造的現実をとらえたことにはならない。*2 したがって、現実が変化のなかに存在することを忘却するならば、現実はその名に値しない感覚的確信によってとらえられた、きわめて特殊で一面的な「現実」に成り下がるのである。たとえば、ヘーゲルは、

「今、ここ」の真理性が普遍的な真理であることをたしかめようとして、それらを紙に書きつけて真理だと主張しても、今という時刻は一瞬のうちに経過して「今」ではなくなり、ここという場も、振り向けば「ここ」ではなくなってしまい、書きつけた「真理は気がぬけたものとなっている」(Hegel, 3[84, 98])と述べ、感覚的確信が主張する真理のはかなさを指摘している。*3

*1　しかし、「今、ここ」に関する問いは、感覚的確信のレベルの話であって、このレベルの問いが正当化されうるとしても、それは、倫理学的問い一般の正当化にまでは、拡張され得ないことは、ヘーゲル『精神の現象学』が、すでに示唆している。

*2　『精神の現象学』のこの個所でのヘーゲルの主眼は、感覚知と本来の知性とを二分するという、意識の在り方自体を批判することにあるが、この点は割愛せざるを得ない。

*3　たとえば、厚生省基準等による「脳死」規定に対する大衆的批判もあって、「脳死」規定を前提にした臓器移植法が一九九七年まで成立しなかった日本であるからこそ、脳低温療法が開発・実用化され、これが従来の回復不可能点を、はるかに死に近い段階にまで高め、事実上の臨死状態患者の回復に道を拓いたこと(山口研, 1995[32–38])も、厚生省基準にもとづく「脳死」という、「今、ここ」を感覚知によってとらえることが、いかに危険な、また現実にたいする感覚的確信にすぎないか、ということを物語っている。

感覚知がとらえる「今、ここ」という現実は、たしかに存在し、この現実を無視はできないのもたしかである。しかし、このたしかさという感覚的確信は、変化の過程のなかにあるものとしてのみ、その真理性を主張しうるのであり、それ自体としては、普遍化しうる真理性を持つものではなない。だとすれば、真理たることを否定されざるを得ず、いわば歴史的・構造的断片にすぎない「今、ここ」が、普遍性を要するのが自明の倫理学的正当化を担えるとは、とてもいえないであろう。せいぜい、感覚知が把握する現実は、変化の過程を捨象せざるを得ない現実として制限があり、そうした現実を認めるとすれば、それは、制限された「やむをえざること」としての現実なのである。そして、「やむをえざること」の把握は、死の選択の追認を「やむをえざること」としている現実とは何か？という、事実上、上記の「なぜ①」への問いに接続することになる。つまりは、「なぜ②」という問いは、激痛ゆえに死の選択を迫られる、という感覚知がとらえる現実を踏まえたとしても、事実上、自立的には成立しないのであり、また、「やむをえざること」が倫理学的正当化の論拠にはなり得ないのである。

生命倫理学に関わる「やむをえざること」についての佐藤和夫氏の把握も、上記の論点を支持している。すなわち、「人がやむをえずぎりぎりの選択でやったものに対して、外部から道徳的な善悪の判定がいかなる意味で介入できるの……か」(佐藤和，1988［26］)と反語的だが、「やむをえざること」への道徳(倫理)性の介入が否定されるが、このことはぎゃくに、必然性の領域としての「やむをえざること」が、倫理学的正当化の典拠にはなり得ないことをも示唆しているのである。佐藤氏はまた、「やむをえざること」としての生死の決定に関しては、「親密な人間たちのコミュニケーションの可能性の保障を第一に考えるべき」(同［64］)だと述べ、「その保障をするのが社会の義務であって、そのことを抜きにして外側から生死の判定をしたり、善悪を論じることは……越権」(同上)だとする。「親密な人間たちのコミュニケーション」に、生死の決定を委ねることには相当の問題がある、と考えるべきだが、[*1] この点を不問にふすならば、上記の発言は、生死の決定を「やむをえざること」としている現実——社会がどの程度、親密圏のコミュニケーションの可能性を保障しているのかという現実——を鋭く突いている。

つまり、親密圏が生死の決定を行なうという「やむをえざること」自体は、感覚知がとらえる一時的な現実についての、感覚的確信でしかない。だが、これとは区別して、この「やむをえざること」を追認しながらも、この「やむをえざること」を、「やむをえざること」として構成する現実を、かの佐藤氏の発言は告発している。このように、「やむをえざること」としての死の追認が、「死ぬ権利」の権利論的な正当化という、普遍的な事柄とは非常に異なる点を確認することは、きわめて重要である。というのも、「弱者」の死の権利論的正当化は、現在でも事実上行なわれている「弱者」排除を強化するだけでなく、この「弱者」排除が連続的に亢進するという、滑り坂理論的現実(竹内, 1993a[63-74])が、けっして否定できないからである。[*2] そして、「弱者」の死の容認が権利論的に正当化されれば、それは滑り坂理論的現実自体をも、正当化することになりかねないからである。

＊1　詳論は割愛せざるを得ないが、親密圏自体が、滑り坂理論的に、「弱者」排除に傾いていることはしばしばあるからである(竹内, 1988[160-165]; 本書第1章)。

＊2　ただし、第3節で述べたような、「社会・文化の水平的展開」に向かう変革を目指す観点からすれば、たとえ、「やむをえざること」としてではあれ、このように死の選択を追認すれば、かの観点を否定するまでにいたらないとしても、かの観点の積極的推進には不利になることは避けられない。しかし、

ここでは権利上での正当化を認めうるか否かという点にたいして、さらにいえば、こうした正当化が「死ぬ権利」の立法措置につながるか否かという点にたいして、「やむをえざること」としての追認――しかも、「やむをえざること」を「やむをえざること」として構成している現実への問いとセットでの追認――自体は、「死ぬ権利」の立法措置には直結しないことに意味がある。このことは、たとえば超高齢者の末期医療から通常医療処置ですらも引き上げることを追認している現状が、だからといって、そうした末期状態の超高齢者にたいする「安楽死」の法制化に直結しているわけではない、ということと類比的なことである。

ところで、正式に「死ぬ権利」の正当化論だ、といいうるかについては疑問が残るにしても、死を正当化する歴史的・伝統的な発言によって、現在の「死ぬ権利」の正当化を根拠づけようとする議論も、しばしば見られるところである。たとえば、「中世においては、死が、「汝、死を想え」として、また、「死の芸術」として強調された。それより以前、古代では、プラトンが哲学を「死への練習である」と規定して死の意義を唱えた。こうした思想が、現代の論者により賞揚される……。曰く、死を生涯を賭けて磨き上げるべき対象として捉えた、死に関する立派な主張だ、曰く、現世の制限多き生に対して、自己自身に対する完璧な統制力を発揮しうる死の瞬間を見事に把握した思想だ、と」(竹内, 1993a[123])。しかしこのように、現在の「死ぬ権利」の正当化のために、いわば死を肯定する歴史的・伝統的な発言に依拠することには、大いに問題があるように思われる。というのも、そうした賞揚は、歴史的制約があるがゆえに、「やむをえざること」としてとらえられるべき「死の選択[*]」を、当の歴史的制約を一挙に超越して、普遍的な死の正当化論として、いわば美化していることになるからである。

＊　本章以下で述べる論者のほかに、筆者の知る限りでも、自殺を含めて「死の選択」を肯定した歴史上著名な論者は、ジョン・ダン、カント、ゲーテ、ニーチェ、ダーウィン、カミュなど、多数にのぼる。ただし、その場合の多くも、本章でふれるベーコンの場合と同じく、「進歩しなかった学問」としての「医学」に対する告発と一体となった主張が多い。この点でそうした主張が、たとえ治療至上主義的な近代主義的医学観に囚われていたとしても、たとえば医療の在り方を疑問視することなく、「脳死」という死を肯定する現代の議論――脳低温療法の可能性を、まったくといっていいほど無視して「脳死」規定を賞揚することに典型的に見られる――とは異なっていることに留意すべきだろう。

上記のプラトンの発言は、最高善にいたるための訓練として哲学を位置づけ、感覚や身体的・肉体的欲求いっさいから脱却せねば、真の哲学にはいたれないとする、プラトンの哲学観次元の話(中村行, 1998[23-25])であり、したがって、現在の「死ぬ権利」の正当化論とは、やや距離のある発言であるように思われるかもしれない。しかしこの発言は、プラトンの他方での発言、「身体の面で不健全な人々は死んで行くにまかせるだろう」(プラトン, 1979[239])という発言と、根幹においてはつながっている。というのも、プラトン哲学の中核を占める国家の青写真にあっては、哲人統治者のみが、理知を十全に働かせ得て、かの最高義――イデア界における至高の善――を把握しうる真の支配者であり、軍人にしろ農民にしろ職人にしろ、他の階層の人々は、この理知の部分が身体的・肉体的欲求によってくもらされた被支配層でしかないからである。しかも、そうした被支配層のなかでも、身体的・肉体的側面ですら毀損された不健全な人は、理知に最も縁遠いがゆえに、現世でのその生すら否定されるべき存在として規定されるからである。つまり、プラトンによって死ぬに任せるべきであると規定された人々、死を容認されるべき人々は、現世での生すら忌避された人々なのである。したがって、最高善の哲学についてにせよ、かの位階的秩序をその本質とする理想国家論についてにせよ、イデア界を至上視し、肉体につきまとわれた現世からの「脱出」に至上の価値を見出すがゆえに、プラトンの死の肯定論は、この現世の超越が当初から不可能な「弱者」を排除する思想である（竹内，1998c［143–145］）。こうしてみると、プラトンによる死の肯定論は、せいぜいプラトン思想の種々の意味での歴史的制約という「やむをえざること」のゆえに出来《しゅったい》した、「やむをえざること」としての死の肯定でしかあり得ない。したがって、こうした発言を、現代における「死の権利」の正当化の根拠として持ち出すことに、きわめて大きな問題がはらまれていることは、明らかだと思われる。

ある意味では、セネカが、死を生の完成を目指す最後の自由としてとらえ、同時に「肉体的に人手を煩わすようになったとき、自殺は宇宙の秩序、神の心との合致とし」（キルダ，1988［335］）た思想も、その根底においては、「やむをえざること」としての死の肯定以上の意味は持っていない。そもそも、死を肉体と魂との分離としてとらえたスコラ哲学全般がそうであるように、セネカも、自殺をいわば、問題多き現実から合理的脱出を求める自由として把握している。つまり、問題多き現実自体への諦念を前提にして、死を肯定しているにすぎない。しかも、そのように、諦念を持ってとらえられた現実とは、端的には、人手を借りて肉体の維持を図るような状況であり、この状況をただちに肉体と魂との分離（死）にふさわしい状況だとして、死を肯定しているにすぎない。いいかえれば、セネカが、死を生の完成を目指す最後の自由だと規定したのは、人手を借りる生への忌避感によることなのであり、こうした死の規定は、せいぜい歴史的制約をともなった「やむをえざること」としての死の肯定以上ではあり得ない。

語源的にも、また内容的にも、現在のユートピアの意味を創出したことで著名なトーマス・モアも、いわゆる安楽死の先駆け的主張者として、死の容認論者とされることが多い。しかし、彼のこの主張は、不治の病者に対する最後までの慰めといったケアを主張し、本人の意思に反して死に追い込むことを厳禁するのみならず、不治と苦痛に苛まれる病ゆえに、周囲が死を勧める場合ですら、その拒否に際しては、「看護のつとめをおろそかにすることもない」(モア, 1969[448])、とした上でのことである。* つまりそうした、いわば生への固執があっても、不治で苦痛に苛まれた「牢獄や拷問の責め」に等しい生についてのみ、その死が容認されているのであって、これも、「やむをえざること」としての死の容認以上のことではない。このモアの時代から約九〇年後のフランシス・ベーコンも、その著『学問の進歩』において、たしかに痛みと苦痛に苛まれる場合には、「あの安楽死こそはささやかな幸福である」(ベーコン, 1969[104])と述べはする。しかし、この主張の背後には、「医師たちが多くの疾患あるいは絶望的な疾患の研究をせずに、それらの疾患を不治のものと宣言することによっていわば怠慢を合法化し」「痛みと苦しみを軽くすることも医師の職務である」(同上)のにこれもはたしていない、という彼の断言がある。つまり、当時の医師および医学の怠慢さと無力さにたいする、強烈な告発と一体となった死の容認に留まる主張であり、苦痛除去への諦念を自明とした主張ではない。つまり、当時の医療の限界ゆえに、「やむをえざること」としての「安楽死」の容認なのである。

* モアは、不可抗力によって生じた「奇形や不具」を嘲笑することを賤しいこととするような、障害者差別禁止に通ずる発言をする一方で、老いすら克服の対象としての病と同一視し、他人にたいして重荷になった人の生を忌避する優生思想的発言もしている(モア, 1969[448-453])。現代からすれば、こうしたモアの優生思想を批判することは、もちろんありうるし必要でもあるが、その際にも、他方では当時のユートピア思想の「やむをえざる」歴史的限界を、同時に把握すべきである。とくに優生思想に関しては、現代においても、前述した米国医師会の発言のように、その唱導者たちが山のように存在するのであるから。

上記のプラトン、セネカ、モア、ベーコンの死に関する言説についても、解釈は多々あろうが、それらの死の容認の主張の根幹は、根本的には、現世の社会・文化のもとでの生の悲惨さからの、イデア界を含めた死の世界への逃避として、まとめられるであろう。[*1] つまり、身体的・肉体的欲求の難点にせよ、肉体の衰えにせよ、苦痛にせよ、種々の意味で現世の生が、かの論者たちによれば、あまりにも悲惨で耐え難いものであるがゆえに、「やむをえざること」として、死が容認されたにすぎず、生の尊重に類比しうる真の意味での死の尊重ではない。付言すれば、西欧キリスト教のもとでは、神に賦与された生の全面肯定が前提であったため、他方で、自殺者を「今一度死なせるほど」に死体に「鞭打つ」慣習が長く存続したという事実がある(モンテスキュー, 1972[156])。つまり、自殺が非常に忌避されていたわけであるが、[*2] この点を考えても、死の肯定、とくに自ら死を選択することは、上記の種々の理由によるものではあっても、「やむをえざること」以上のことではあり得なかったのである。したがって、上記の歴史的発言を援用しても、それが現在の「死ぬ権利」を正当化しうるとは、とてもいえない。

＊1　ただし、アウグスティヌス、ベルナルドゥス、ロタリウスなどの中世思想自体の中に、すでにルネサンスに連続する内容があったこと、つまり現世の人間の悲惨さゆえに、現世を蔑視し死を望む中世的な思想の裏に、非常に強烈な現世の人間の尊厳への希求と、現世の生の充実への汲み尽くせない渇望があったことは、現代の生命倫理を歴史的に問う場合にも、けっして忘れてはならない。以下を参照されたい。「中世の初めからすでに「世の蔑視」は「人間の尊厳」と盾の裏表のように密接に関連づけられて問題にされてきたのである。ルネサンスにおける「人間の尊厳」の問題にしても、同時に「世の蔑視」あるいは「人間の悲惨」の問題と何らかの仕方で関連していたことは、原典を忠実に読むことによって知られる」(佐藤三, 1981[88])。

＊2　モンテスキューが一七二一年に出版した『ペルシア人の手紙』のなかで、「ヨーロッパでは法は自殺者にたいして狂暴だ。死んだ者を、いわば、もう一度死なせるのだ。彼らは見苦しい姿で街じゅうを引きまわされ、汚名を着せられ、財産を没収される」(モンテスキュー, 1972[156])、と述べていることからしても、自ら死を選択することへの忌避が、きわめて強かったことがわかる。なおそれ以上に、西欧における自殺への忌避観の強烈さを示すこととして、一八一〇年の刑法典によって、すでに――しかし「ようやく」でもある――自殺を黙認するにいたったフランスですら、最近まで「自殺者はカトリックによる埋葬を拒否され」(キルダ, 1988[202])るなど、宗教的また道徳的な面での自殺にたいする恥辱感が存続していた。また、自殺者に関して、「イギリスでは、一八七〇年、財産没収が廃止され、一九六一年になってようやく自殺を犯罪とする法が廃止された」(同[336])にすぎないのである。

別角度からいえば、上記の歴史上での「やむをえざること」としての死の根底には、やはり、第3節で述べたような「社会・文化の垂直的発展」へのかたよりがあり、このことによって死に近い生が軽視され、死が容認されることになっている。したがって、こうした歴史的事態によって、現代の「死ぬ権利」を正当化することは、極論すれば、大量殺戮や餓死や子どもの自死に見られるような、最大の差別・抑圧としての死の肯定の一翼を担いかねない、とさえいえる。この点を省みて、さらに、老いすら抑圧する現状を踏まえるならば（森幹, 1989）、今後当分の人類社会においては、「死ぬ権利」を正当化したり、この権利を行使することは、自由意志による真の自己決定や当該者のためになる決定からはほど遠く、フーコー的な意味でいえば、死ぬ権利の行使を迫られ、死を選ばされる権利＝死なせる権力の作用でしかないと思われる（竹内, 1995b[163-167]）。そして、この作用のうちでは、「弱者」差別を自明とするような、通常の意味での功利主義や優生思想も働く*。喧伝される「死ぬ権利」は、憲法第一三条の幸福追求権の一端になり得ないのみならず、自己決定という衣の下で、この権利をパターナリスティックに強制したり、差別・抑圧としての死にたいする社会的感覚の鈍化を助長しかねないのである。この意味でも、死の容認はたとえ現前するにしても、権利論的にとらえられるべきことではなく、「やむをえざること」として、とらえられるべきなのである。

＊　たんに、個人主義的論理だけでなく、公共性ないし全体性の論理という側面をも持つ功利主義は、必ずしも優生思想などと直結しているわけではなく——太く接続している場合も、もちろんある——、生

命倫理と功利主義との関係は、それほど単純ではない。本章では割愛せざるを得ないが、生命倫理に関わる功利主義論として、拙稿「功利主義の論理(上)——生命倫理学と教育的マルサス主義との関連で」(竹内, 1989a) および「「役にたつこと」=功利主義について——功利主義の論理(下)」(竹内, 1991) を参照されたい。

なお、本章では詳論できないが、このような「やむをえざること」としての死の容認も、既存の多くの生命倫理学的議論と同じく、いわゆるパーソン論[*1]を前提にしている点で、すでに問題含みではある。さらにまた、このパーソン論以前に、人は社会・文化の中でのみ生きうることを、したがって、たんなる生物学的生は理論的抽象でしかないことを忘却しがちである。第3節でふれたように、生物学的には同じ重症心身障害者も、いかなる社会・文化や福祉のもとで生きるかにより、その生の充実度が大きく異なるので、生物学的生のみを云々する死の正当化は、一見科学的に見えても、非現実的なものなのである。[*2] 今少しいえば、「やむをえざること」として死を追認する議論も、既存の多くの議論と同じく、「死ぬ権利」や自殺の個別主体性、自分の生命といういのちの自己所有性や自己処理性、さらには、個人還元主義的な生命把握をあくまで前提した問いになっている。こうした個別主体性や個人還元主義を前提にした問い方自体に、すでに大きな問題が孕まれている点は、けっして忘れてはならない。[*3]

＊1　パーソン論は、共通して、生物学的な人と人格的な人等への人間の二分を前提にしており、そのなかでも、いくつかの文献 (Engelhardt, 1968, Engelhardt, 1982, Glover, 1977, Rachels, 1986, シンガー,

1998など)は、明確に、自己意識と一定の理性を持ち、道徳的判断・行為が可能な者のみをパーソンと認め、したがって、重度の知的障害者や植物状態の人のみならず、胎児、乳児をも、人ではあっても人格でない人とする。そのほか、トゥーリー、ブラントなどの論考も含めて、こうした差別的な議論にはいたらなくとも、かの人間の二分可能性を前提にするがゆえに、個別実体主義的な人間把握という誤謬につきまとわれ、生命の質と生命の尊厳との両立性や、種約基準への人格性の導入など興味深い論点を問うているものの、袋小路な隘路から脱出できないカイザーリクやファインバーグ(Feinberg, 1978)などのパーソン論もある。これらを含めたパーソン論の論理とその批判の基本については、拙稿「ビオスの中のソキエタス」(竹内, 1987b[90–93])、および拙著『「弱者」の哲学』(竹内, 1993a[106–114])を参照されたい。また、能力論を前面に出しているこれらとはやや観点が異なるが、「共鳴する死」という観点から、「死はある者が他界した時間的な点ではなく、またその者に閉じられた生理的過程にもなっていない」とし、「個人閉塞した死」の問題性を突く小松の論理も、きわめて重要なパーソン論批判となっている(小松, 1996[172–220])。

＊2　本章第3節で、若干ふれた「社会・文化の水平的展開」を、今一度省みられたい。

＊3　本章では、割愛せざるを得ないが、この難点を真に克服するためには、「能力の共同性」にまで立ち入って自己所有論を止揚する必要がある(竹内, 1993a[142–162])。

6　自己決定論の陥穽

以上の節で述べた点からすれば、「死ぬ権利」を自己決定論の一種、ないしリベラリズム的な個人の自由論のひとつとして、倫理学的に正当化することは、もはや成立し得ない。たしかにそれでも、「死ぬ権利」の行使を自己決定として正当化する論理を強引に主張する論者は存在し得ようし、現に存在している。そうした論者が正当化の根拠にしうる事柄があるとすれば、それは既述の「死ぬ権利」の正当化論の難点が、すべて克服されたと想定した上でのことでしかなくなるはずである。しかし、現段階ではそうした想定の上に立ったとしても、「死ぬ権利」の行使をリベラリズム的な自己決定として正当化することは、自己決定という名に値しない可能性が、きわめて高いのである。

まず第一に、自己決定による「死ぬ権利」行使の前提となる、情報および決定機会がきわめて限定されている、という問題がある。たとえば、通常の医療現場にあっては、当該医療施設などが、先に挙げたような激痛対策を十分に行なっている施設であるか否かが、まったくといっていいほど、知らされていない。これ自身、インフォームド・コンセントの未成熟の問題でもあるが、また、医師-患者関係における権威主義の存続の問題として、「社会・文化の水平的展開」の不十分さの問題でもある。いくら強固なリベラリストであっても、激痛対策に関する情報不足が前提になっているような「死ぬ権利」の行使を、リベラリズム的な自己決定権の行使だ、とは主張できないはずである。また、いつ終末期「医療」へ移行するのかが患者側に、ほとんど知らされていない、という厳然とした事実もある。

看護師橋岡まり子氏の報告によれば(橋岡, 1998[12–15])、阪大病院特殊救急部での「脳死」状態からの腎臓摘出事件(一九九〇年)でも、千里救命センターでの「脳死」といわれている状態からの多臓器・組織摘出事件(一九九三年)でも、患者家族側に知らされることなく、臓器保存のためのカテーテル処置という侵襲行為(死を早める行為)が、終末期「医療」として、「生きている」患者に行なわれた。こうしたカテーテル処置が死期を早める侵襲行為であることは、大阪弁護士会ですらが指摘したことであり、そうした侵襲行為が、いついかなる形で行なわれるのかが情報公開されなくて、自己決定論的な「死ぬ権利」の行使がありうるなどとは、とてもいえないはずである。*1 付言すれば、上記二事件などでは、臓器提供の承諾により、早期から治療と看護が手抜き状態にされ、その際、終末期「医療」への移行自身についての情報公開がまったくなく、医療側が勝手に終末期「医療」状態に患者を追い込んだ可能性がきわめて高い、という問題もある。*2 このような終末期「医療」への移行が、自己決定論的要素を決定的に欠いていることは、自明ではなかろうか？

*1　リビング・ウイルと呼ばれる事前の自己決定による「死ぬ権利」が、自己決定論者の賞揚する事態であるが、事前の情報不足という自己決定の前提が未成立なため、これは、自己決定とはいえないではないか、というのが論点である。もっとも、本章では、割愛せざるを得ないが、この事前情報がいかに完璧で、事前の自己決定論的な「死ぬ権利」の主張があっても、当該事態——「脳死」に近い状態など——で、当人が当初の自己決定と異なる内容を「内的意識」のレベルで持ちうる場合がありうるので、そもそもリビング・ウイルによって、自己決定論的「死ぬ権利」が正当化しうる、というのも疑わしい。

*2　具体的には、「関西医大では、〔医師側が〕勝手に終末期と称して治療レベルを落とし、熱のある術後二日目の被害者の検温を三時間おきの測定から六時間おきに変更しています。しかし、検温が六時間おきでも腎臓提供にまつわるデータの尿量や尿比重は三時間おきに計っていました……。脳死状態でなくても、血圧が低下すれば二—三時間後には心停止すると予測して臓器摘出のための準備が家族の知らされないところで進められるということです」(橋団, 1998[14])。

第二に、こうした自己決定の賞揚に際しては、既述のような、個人還元主義的な生命の質の判断が前提されているにもかかわらず、自己決定の名のもとに選択の自由が標榜され、この生命の質の判断自体が隠蔽される、という擬制の問題がある。こうした擬制は、大っぴらな生命の質の判断にもとづく以上に、滑り坂理論的現実に依拠して、隠微に「弱者」排除を亢進するがゆえに、現実には、リベラリズムが賞揚する他者危害原則*にすら抵触しており、リベラリズム自身の自己否定にもつながるものである(竹内,1997[66])。ちなみに、通常いわれているような、個人の生命の質の判断は、「社会・文化の水平的展開」次第で大きく異なるので、生命の質は、原理的にいって、個人還元主義的に問われるべき筋のものではない(竹内,1993a[173-190])。たとえば、「寝かされきり」となる高齢者も、福祉国家が大きければ我が家で生活できる事態を、さらには既述のような脳低温療法が、既存の回復不可能点を大幅に変更した事態を考えられたい。こうした事態を隠蔽するような、自己決定の名のもとでの自由という擬制も、たしかに個人の自己決定という名を冠してはいる。しかし、そこでは当該個人の生自体の誤った判断——個人還元主義的な生命の質の判断——が前提にされ、しかもこの誤った前提が隠蔽されているため、自己決定の「自己」が崩壊しており、なおかつこの崩壊も認識されないままになっている。このように崩壊した「自己」を放置したままの自己決定が、その名に値しないのは自明ではなかろうか?

* 他者危害(否定)原則とは、J・S・ミルの『自由論』以来唱導され、現代日本の自由主義万能論者や、いわゆる左翼的陣営からも生まれているその追随者——これらが、福祉国家を重要視するロールズを代

表とするリベラリストとは非常に異なることに留意すべきである——によって、「自由主義の考え方は、現実に世界でもっとも現実的な倫理基準」(加藤, 1993[111])として解説される次の五原則の二番目である。「①判断力のある大人なら、②自分の生命、身体、財産にかんして、③他人に危害を及ぼさない限り、④たとえその決定が当人にとって不利益なことでも、⑤自己決定の権限をもつ」(同上)。しかし、こうした論者自身が、「他者危害の原則は、厳密には存在しないアトム・モデルに依存している」(同[106])にすぎない、と告白しているように、直接的ないし対個人的危害を否定するだけの危害論自身が、難点含みなのである。危害原則に関わる本文でのリベラリズムの自己否定という指摘は、この難点をとらえてのことである。なお、これらの論点を含めて、現代日本における自由主義万能論の代表的論理に対する批判の大枠として、拙稿「流行の倫理学を考える——自由主義につきまとう疑義」(竹内, 1997)を参照されたい。

たしかに、以上のように、「死ぬ権利」行使を、自己決定として規定することの難点が指摘されたとしても、自己決定論的色彩に依拠した現状追認はありうる。実際、情報不足などの種々の制約はあっても、「死ぬ権利」を行使する現実は存在しているのだから、「死を選択した患者を死ぬに任せ」て良いか否か、という問題はもはや古くさいとする議論はある(Fletcher, 1973)。それは、「死ぬ権利」を正当化する現状追認論であり、現実問題としてはこの現状追認も当分は存続するだろう。しかし、これはもはや自己決定論的な「死ぬ権利」の正当化などといえる代物ではない。というのも、それは「死ぬ権利」の行使という現実について、現実の内実にまで立ち入らず*、またこの現実の論理を検証せずに、倫理学的な正当化に関わる論点すべてをスキップしうると発想する、きわめて怠慢な真正の実証主義＝現実肯定主義でしかないからである。こうした見解は、既述の死を選ばされる権力が横行する状況の反映、あるいは死なせる現実の追認として把握すべきである。

＊　この内実に立ち入った検討が、本章の第2節であった。

このように、自己決定論的な「死ぬ権利」の正当化は、自己決定という名に値しない可能性がきわめて大きい。しかし、ぎゃくに自己決定の前提となる情報が十分に与えられ、「自己」の崩壊とその放置も克服され、また、真正の実証主義も否定されうるなど、自己決定をめぐる上記の難点がすべて解消されれば、自己決定論的色彩にもとづく「死ぬ権利」は正当化しうるのだろうか？

残念ながら、そうした難点すべてが解消されたとしても、「死ぬ権利」は正当化できない。ここでは議論を簡便にするために、患者の「死ぬ権利」の行使の実際を考えると、けっして無視できない医師などによる死の幇助の義務の刑法上での問題と、これにともなう難点は、[*1]「死ぬ権利」の論理自体とは、若干距離のあることとして脇に置いておくことにする。しかし、そうした付帯条件をつけても、なお「死ぬ権利」の行使にともなって問わざるを得ない行為結果の責任に関して、自己決定論的な「死ぬ権利」の論理自体に、大きな瑕疵《かし》があるのである。[*2]通常の自己決定権の行使については、行為に関する制御能力が当該者にあると想定できれば、行為結果は行為前の予想に反する場合もあるにせよ、行為前に一定確定しうる。そうであるがゆえに、当該の行為者に、結果の真の責任を帰すことができる。いいかえれば、自らの行為がもたらす結果が、事前に十分に予想し確定しうるものであれば、行為に際して、行為の結果に対する責任についての判断が可能になり、この判断を踏まえての行為については、行為結果の責任の所在を自己に帰すことは妥当だ、ということである。それは、消極的発言ながら、「私に真実の責任があるのは、ただ、眼前にある現存在〔行為の結果〕が私の知の中にあった限りのことである」(Hegel, 7[217, 319])、とヘーゲルが述べていたことでもある。このヘーゲルの言は、通常の自己決定権が成立すれば、行為の結果自体は行為の主体たる当該者が対象化しうるということを意味してもいる。

＊1　医師などによる死の幇助の義務の刑法上での問題と、これにともなう難点とは、「死ぬ権利」が正当化されれば、自殺の責任阻却説――自殺は違法だが自己責任がない――が否定されるだけでなく、適法行為説――自殺を阻止する行為が違法となる――をも超えて、通常の権利－義務関係と同じく、すべての医師は患者の「死ぬ権利」、さらには自殺を実現する必然的な義務を負うことになる。しかし、現状では、この点に関する刑法学説上での一致がないことを典型に、「死ぬ権利」を、そこまでの義務を医師に課する権利としてとらえることには、多大の躊躇があるようである(川口, 1998, および同氏の六五頁の注1記載のシンポジウム報告)。

＊2　この想定は、比較的単純に、個人の作為や不作為と個人責任とを結合する伝統的・常識的な、またヴェーバー的な、責任倫理論における個人責任論とは異なり、「当事者が制御できる事柄に対してのみ当事者に責任を負わせる」(Ripstein, 1994[5])議論を踏まえてのことである。なお、本章以下における、この行為結果の責任に関する議論の大枠は、拙稿「リベラリズム哲学における「責任」概念の転換」(竹内, 1995a)で、すでに提示した。ただし、この拙稿は本章で前提にしている個人責任概念自体を転換させ、共同責任概念の提起が必要であることを、近年の米国のリベラリズム哲学の展開をフォローしながら主張している。本章での責任概念の議論は、あくまで、リベラリズム的で個人主義的な自己決定論を認めたとしても、自己決定論的な「死ぬ権利」は正当化し得ない、という筋の上でのみなされている。

責任概念を考えると、生命倫理学全般に関して、個人主義的な自己決定論が成立し難くなることについては、拙稿「責任概念の転換と生命倫理」(竹内, 1996b)を参照されたい。

しかし、死と死にいたる行為に関しては、その行為がいくら自己の行為であったとしても、行為結果たる死という生の非存在——いくら利益になると喧伝されても——という範疇は、生きつづけるという生の存在——いくら悲惨とはいえ——という範疇を超えている。いいかえれば、「死ぬ権利」の行使に先立って、生の存在と生の非存在とを比較しようとしても、比較という土俵自体が成立しないのである。たとえ悲惨であるにせよ、そもそも生きつづけなければ、その悲惨な生が存在しないので、「生命自体の非存在と現実の生命の悲惨さとの比較の基礎がない」(Clouser, 1977[57])、ともいいうる。さらに、サルトル的な、不条理なものとしての死の把握にまでいたるべきか否かはともかく、そもそも「死とは、何らかの物質現象に対して、われわれ〔という個人を超えたもの〕が与える言わば巨視的な概念であり、綜合的な概念である」(村上, 1985[281])。死という生の非存在という次元と、生の一部としての各種の行為の目的、及び行為結果の次元との間には、深淵ともいえるほどの格差がある。

そうであるがゆえに、臨死状態からの帰還者*を除けば、行為前どころか、あらゆる生者は、行為の結果としての死(生の非存在)を想定し得ない。したがって、「死ぬ権利」の行使については、行為主体は、死んで存在しなくなるがゆえに、行為主体にその行為の結果(死)の責任を帰すわけにはいかないのである。さらに、死んでしまえば、そもそも行為の結果たる死を対象化する主体が存在しなくなるため、行為の結果としての死の責任の所在は雲散霧消してしまう。このように、自己決定論的な「死ぬ権利」を行使するという行為は、その結果の責任の所在も不明な行為なのである。結果の責任も曖昧な行為が、きわめて正当化しにくいのは自明であろう。とくに、いくら自己決定論的色彩を強調したとしても、既述の死を選ばされる状況が否定し得ないとすれば、こうした自己決定論的な死は、いわゆる滑り坂理論的問題や「弱者」排除問題に接続しかねないのであり、その責任を不問にふすことはできない。このように、自己決定論的な「死ぬ権利」の論理自体には、「死ぬ権利」の行使にともなう行為の結果の責任に関して、致命的な欠陥があるわけである。

＊　臨死状態とは、臨床医などが「死亡」を宣告するにいたるほど、外界にたいする反応いっさいが失われてはいても、内的意識が存在している状態であるので、臨死状態の経験によって、死があらかじめ把握できるか否かは非常に微妙である。なお、臨死問題の研究が不活発な日本と比べると、米国では、八〇年代以降、これが、きわめて盛んである(サイボム, 1986)。

付言すれば、自己決定論的色彩にもとづく「死ぬ権利」の論理を正当化しようとする者は、こうした責任問題および死を選ばされる状況を踏まえて、当該者の死の責任がどこに帰属するのかを明確にしなくてはならないが、この課題をはたしうる見込みは、きわめて薄いのである。なお、この点では死にいたる当該者が「傷つき易い弱者」であり、死という結果にたいする責任が、「傷つき易さ」ゆえに生じる点をとらえる必要がある。詳論は別稿「リベラリズム哲学における「責任」概念の転換」(竹内, 1995a[264–267])に譲らざるを得ないが、結論的には、この「傷つき易さ」自体が、

「傷つき易くない」われわれ他者と当該者との関係性として同定されるのであるから、死という当該者の行為結果の責任は、われわれ他者自身にあるともいえる(Goodin, 1985[775-785])。

7　生命自体の自己保存・自己存続志向

少なくとも現時点では、「死ぬ権利」は「やむをえざること」として追認せざる場合があるにしても、けっして倫理学的に正当化できるものではない。このように、「死ぬ権利」の正当化を否定する議論は、別角度からいえば、「たとえ、いかに悪い状態であっても、生を欲することは非合理ではないのであって、このことが合理性に関するわれわれの概念を変更するかもしれない」(Clouser, 1977[59])という主張と重なる。もちろん、この主張は、既述の「社会・文化の水平的展開」への展望とともに語られるべき主張である。というのも、この展望を持つことにより、はじめて常識的には「悪い状態の生」を欲することとして「非合理」に見えること自身も、「社会・文化の水平的展開」次第で改善されることが明らかになるからであり、このことを通じて「合理性概念」が変更され、「生を欲すること」が、真にまっとうなことになりうるからである。

たしかに、「死ぬ権利」の正当化を、本章で指摘してきたほど徹底して否定すれば、ぎゃくにそれは、度を越した生への固執論ではないか、という批判が生じる可能性はあるだろう。[*1] しかし、ここで考えるべきは、人間の「生命自体の自己保存・自己存続志向」が、これを阻害する社会的・文化的諸要因が存在しなければ、生物学的還元主義としてではなく、なおかつ生命自体にそくして想定しうるということである。[*2] また、この想定に立つ限り、生命体としての人間が死ぬことを欲したり、自殺を望ましいモラルとすることはありえない、ということである。というのも、「生命自体の自己保存・自己存続志向」を論証しうることとして、少なくとも次の三点が確認しうるからである――なお、これらの三点とも、「生命自体の自己保存・自己存続志向」とその把握自体が、純粋に生物学的なものではなく、医療技術やコミュニケーション技法などを含む社会・文化に媒介されていることを踏まえて、はじめていいうることである。

＊1　実際、前述のシンポジウムⅠ「死ぬ権利はあるか」における筆者の報告と討論に対して、会場の哲学研究者から、〈それほどまでに「死ぬ権利」の正当化を否定するなら、「生きる義務」を正当化せよ〉という主旨の非難が浴びせられた。本節以下は、「生きる義務」ではなく、「生きようと欲する事実」を提示することによる、この非難への反論でもある（竹内, 1999d）。
＊2　既述のように、人は社会・文化の中でのみ生きうるのであり、したがってたんなる生物学的生は理論的抽象でしかないからである。

第一に、人はいわゆる「脳死」状態における脳圧が高い状態でも、生命を保存しようとして、低代謝水準によって微小脳血流循環を維持しようとする、という厳然たる事実がある。第二に、臨死状態のみならず、「脳死」状態の人でさえ、したがって植物状態の人においてはなおさら、現在までの社会・文化の在り方からすれば、外からは把握し得ないにもかかわらず、生を欲する内的意識が存在しつづけている可能性がありうる点である（立花, 1986［142–155］）。第三に、重症心身障害者の眼振や筋緊張自体が、生きる欲求を示すコミュニケーション能力の開示として把握されることがある（向井, 1986［108–110］, 高谷, 1983［157］）。「死ぬ権利」を正当化しようとするなら、こうした事実をくつがえすにたる証拠を提示する必要があるわけだが、管見の限り、こうした証拠を示した「死ぬ権利」論は存在しない。

もっともかなり譲歩して、通常の自殺も含め、「死ぬ権利」の行使が、いわば真の自由となりうる一定の条件があることを認めるならば、その条件とは本章でふれてきた「社会・文化の水平的展開」の完成だ、ということになる。だがこれは、今のところは存在しないし、今後当分の将来社会において望めることでもない。現時点での、この条件の現存を提起することは、まったくのユートピアに留るか、既述のように、他殺を自殺と称する現状の固定の支持を意味しよう。しかし、それでも万が一、将来展望として、「死ぬ権利」の行使を真の自由の証としうるような、「社会・文化の水平的展開」の完成がありうるとすれば、その際には、(a)「他殺」といった差別的・抑圧的な死につながる死いっさいが除去されながら、同時に人間の「生命自体の自己保存・自己存続志向」が社会的・文化的に変革されて、真の意味での自由な死を志向するようになるか、それともぎゃくに、(b)人間の「生命自体の自己保存・自己存続志向」を、社会的・文化的に真にまっとうすることが実現されることにより、*「死ぬ権利」の行使を自由の証として認めながらも、実際には、死ぬ権利、自殺、自殺のモラル等々の事態や言説や発想いっさいが除去されてしまうか、のどちらかであろう。そしてたしかに、この(a)という事態は、一方では、「より死に近い人のケアが徹底して営まれてこそ、はじめて死の受容ないし死の思索が真に意味あるものとなる」（竹内, 1993a［131］）という観点からは、承認しうることではある。しかし他方では、差別・抑圧をもたらすことなく、生物でもある人間の生命の自己保存志向を変革しうるほどの、社会・文化の在り方がはたしてありうるのか、という疑念を払拭することができない。この点では、(a)は、その実現がきわめて難しいユートピアに留る可能性が大きいといわざるをえない。

＊　もちろん、この「真にまっとうすること」は、「社会・文化の水平的展開」と真にマッチした人間の長寿化を認めはするが、たとえばフランス唯物論者のコンドルセやヴォルテールが展望したような、近代主義的に強化された無病や長寿を意味するものではない。

むしろ、さしあたりは、かの(b)の事態を目指し、「社会・文化の水平的展開」の拡大を通じて「弱者」の生活の質が高まれば、たとえ「死ぬ権利」を承認しても、この権利の行使自身は、「弱者」やその代理者の側で自発的に控えられることになる、という見通しが重要であるように思われる。また、「傷つき易い弱者」の生が「傷つき易くない」われわれの責任において充足される、という自覚が肝要であるように思われる。たしかに、この充足にいたるまでは、既成の事実が示すように、自死や死なせることが、なんらかの形で実行されざるを得ないのが現実ではあろう。しかし、繰り返しになるが、こうした現実は、差別・抑圧としての死を自明視する現実でもあり、「死ぬ権利」を正当化しうる現実ではなく、「やむをえざること」として追認されることはあっても、同時に「社会・文化の水平的展開」の不十分さの告発を通じて克服されるべき現実でもある。

そしてもし、「死ぬ権利」が真に正当化されうるとすれば、これまた繰り返しになるが、それは、死にもっとも近い「弱者」の生にたいしても、その必要度は減らないさまざまなケア(Ramsey, 1978[145-161][201])が徹底するほどに、*「社会・文化の水平的展開」が充実し、そうした生をも真に尊重して——そのカテゴライズは難しいが、現状がそうでないことはたしかである——、はじめて可能となることである。そこではじめて、一部で喧伝されるような、生の一部として見なされうる死が実現するといえようが、人類がそこにいたるまでに達成すべき課題は山積している。そして、そうした課題をとらえる場合、「死ぬ権利」の行使を含めて、当該行為を個人の行為として確定するためには、的確な情報供与をはじめ、諸条件の実現を可能とする一定の社会的・制度的システムが必要である点(Rawls, 1971[103])を再度確認すべきであろう。

* 保守的とされることの多いカトリックのラムゼーが、このように、「社会・文化の水平的展開」に近い内容を支持する議論を展開する一方で、「死ぬ権利」を正当化しようとする、エンゲルハート、フレッチャー、グラバー、レイチェルズといった論者の多くが、プロテスタントであるという事実を、ヴェーバー的把握に照らして、つまり資本主義的近代を推し進めた重要要因のひとつとしてのプロテスタティズムに照らして考えるだけでも、「社会・文化の垂直的発展」にかたよった近代主義の克服の複雑さと困難さがある程度はわかる。

現段階で死の思索などに肩入れするつもりなら、それ以前に、少なくとも以下に示すモンテーニュ作として伝えられる箴言とその現代的意味を真に了解すべきであろう。というのは、本章全体から推察されるように、「死ぬ権利」を正当化する現在までの生命倫理学的議論の大半は、下記の

「全体から死だけを切り離す間違い」を犯している可能性が、きわめて高いからである。この可能性が高くなるのは、そうした議論がさまざまな困難を抱えた現在のライフ(生・生活・人生)全体に、真摯にまた全面的に向き合うことを避け、部分的もしくは一面的なライフ――新自由主義的/市民主義的/新中間層的なライフ――に安住したり迎合したりしながら、けっきょくは知識の切り売りと問題多き学界や世間の評判のなかで、右顧左眄しながらうごめいているにすぎないからだと思われる。

「もしわれわれがいかに生きるかを心得ていないのであれば、われわれにどう死ぬべきかを教えても、事の終わりだけをつけ焼刃で不自然に飾りたてることになり、〔生涯〕全体から死だけを切り離すという間違ったことにしかならない」*(モンテーニュ作箴言、サルダ, 1988[90]の重引)。

* 死にゆく人々についての詳細な観察を記したキューブラー・ロスの著作(ロス, 1975)には独自の意味があるが、それも「やむをえざる死」という範疇の事柄であり、けっして「死ぬ権利」の正当化に根拠を与えるものではない。

II　能力の共同性論のために

第四章　病気と障害から能力問題を考える

1　能力主義をとらえる視角

いじめは、公教育体系のうちでの差別や抑圧の典型的現象でもあるが、この深刻ないじめの問題に関して、いじめられる理由の多くは、「力が弱い」「動作が鈍い」という事柄である。[*1] このことは、教育という営みの根源にたいして、きわめて重大な課題を提起しているように思われる。その課題とは、抽象的なヒューマニズムや安易な人間尊厳論に依拠しないのであれば、[*2] いわゆる「能力主義」とともに、これとは相対的に位相を異にするところの、その最広義の意味での諸個人の活動力一般としての能力[*3]――俗にいわれる生命力などから、知的能力までを含む能力全般――と、能力「差」そのものを考えざるを得ない、ということである。

＊1　『毎日新聞』一九八五年六月一日付朝刊掲載の都教委調査を見よ。

＊2　誤解を避けるためにいっておけば、私はヒューマニズムや人間の尊厳の内実を、より豊かなものにしたいと考えている。

＊3　これは、能力概念の不当な拡大との非難を受けよう。しかし、そうした非難をする人たちの能力論は、たとえば、いわゆる知的能力と乳幼児期における吸引力や咀嚼力との密接な関連を不問にふしたタ

ブーに満ちた能力論でしかない。このタブーに無自覚なまま、能力を全面的に定義しようとすると、たとえばやや古いが、次のような混乱に満ちたものとなる。「人間がその心と身体で、特定のなにごとかを自分で思うようになしとげることのできる力、そしてそのことで社会がそのねうちを認める結果が生み出される身に具っている力を、私たちは能力とよぶ」(勝田, 1964[45-46])。これが混乱しているというのは、人間個人がなしとげる力ではあっても、社会がそのねうちを認めるとは限らない点をとらえていないからである。つまり、社会がそのねうちを認める能力と、人間個人がなしとげる力とが等置されない点に無自覚であるからだが、さらには個人の能力それ自身のうちに、社会的・文化的なものが内在する点を把握せず、社会や文化を人間を評価する側にのみ置き、けっきょくは人間と社会とを分断してしまっているからである。

いわゆる「能力主義」とは、[*]一般的には資本主義的・管理社会的な競争原理の中核をなす、支配のための原理であり、人間の差別・選別・序列化の近代的原理である。それはまた、現代日本に特有なものとしては、一九六三年の経済審議会答申や一九六六年の中央教育審議会答申などによって、公教育体系のうちで確立されてきたものである。現在(一九八五年現在)では、以前に比べて、よりいっそう国民に内面化した形で強化されているこの「能力主義」が、財界をはじめとする権力者側の労働政策の教育政策への転用であること、現存支配秩序の維持強化のための、「ハイタレント」から「ロウタレント」にいたるまでの「人的資源」の効率的選別の体系であること、さらには、支配や差別・抑圧を、「能力差」にもとづく「正当な」事態として国民に強要するものであることなどは周知のところであろう。

＊「能力主義」批判につき、おのおの傾向を異にするが、堀尾輝久『現代日本の教育思想』(堀尾, 1979)、持田栄一『教育変革への視座』(持田, 1977)、山科三郎『現代教育のイデオロギー構造』(山科, 1973)などを参照。

こうした「能力主義」にたいして、これを批判する側は、批判の根本を「能力主義」が諸個人の活動力一般としての能力＝多様な発達可能態を、資本の要求する学力・知識力・技術力などの「能力」や、遺伝決定論的にとらえられた「能力」に歪曲・限定している点に置いてきた。したがって、「能力主義」批判の基本的構図は、「自然的」差異を含む多様な発達可能態の外側に「能力主義」を想定することにより成り立っていた、と考えられる。いいかえれば、「自然的」差異を含む多様な発達可能態＝能力自体が、差別・抑圧に連接する、という視点を含んでいなかったと思われる。＊

＊　だから、「能力主義」を典型とする社会的不平等や差別と「自然的」差異とが、互いに強め合っていることの認識はあっても、「そこから、一方において、公正原則(人為的・社会的不平等と自然的不平等の比が等しい＝配分的正義)を暫定原則として要求すると同時に……社会的・自然的環境の不平等をなくすことに、常に努力を傾注する」(堀尾, 1979[248])という提案に留り、「障害者」などが自然的不平等なまま差別・抑圧なく生きることへの視角が弱くなる。公正原則の貫徹や社会的・自然的環境の不平等の廃棄の主張は、「障害」ゆえの差別・抑圧への批判にとっては、止揚の対象として位置づけられるべきである。

ところが、「いじめ」をその典型とするような差別・抑圧現象が示していることは、「力の弱さ」

や「動作の鈍さ」——日常意識的には、否定的にしかとらえられていないにせよ——といった、ほんらいは「自然的」差異に含まれてよいはずの事柄が、差別・抑圧に直結している、ということなのである。なるほど、これら差別・抑圧は、「自然的」差異という領域にまで、「能力主義」やその系でもある管理主義・権威主義・規格化主義が貫徹した事態としてとらえられる。しかしそうだとすれば、なおさらこの事態の廃棄をめざすには、「自然的」差異を含む発達可能態=能力の外側に、「能力主義」を置くことから出発する立論ではなく、ちょくせつ能力と「能力主義」との連接の様相から出発する立論が必要だろう。

なぜなら、上記の「能力主義」の貫徹は、能力のたんなる外皮にとどまることはないからである。*その際に留意すべきことは、第一に、先の「弱さ」や「鈍さ」といった表現が端的に示しているように、「自然的」差異自身がすでに序列化されており、この意味で「自然的」差異が、これを含む発達可能態における能力「差」——その「下位」ランクは能力「不全」——として現れている、ということである。第二に、この序列化という「評価」を規定する尺度が、日常意識的には普遍的に承認されている「健康」・「健常」・「普通」といった価値であり、かならずしも「能力主義」によるものとはいえない、ということである。

* この議論は、教育学的には、社会化過程としての教育規定と、能力の全面発達としての教育規定との対立を曖昧にし、「教育固有の目的」を否定するものとして非難されよう。しかし、この二つの規定の相互媒介を前提にしたうえで、かの対立もとらえるべきだし、「教育固有の目的」という抽象が成立するエレメントへの反省も必要であろう。

このような能力「差」として現れる「自然的」差異が、「能力主義」と連接しているとすれば、能力「差」、さらには能力「不全」と、権利や人間の尊厳の主体・人格性や人間性などとして了解され、また諸個人の固有性ともみなされる社会的諸関係の凝集としての平等であるべき人間存在――日常意識的にも、少なくとも理念的には人間存在の平等性は承認されていよう*――とが、いかなる関連において把握されるかは、「いじめ」の問題のみならず、「障害者」差別や「弱者」切り捨てなど、「能力主義」と能力「差」とが連接していると考えざるをえない諸問題を明示するうえにおいて、大きな意味をもつと思われる。なぜなら、これらの諸問題において、「能力主義」と「自然的」差異・能力「差」とが究極的に連接する場であり、また諸個人における差別・抑圧関係を析出しうる中心的かつ根源的規定こそ、上記の人間存在だからである。

＊　こうした人間存在の平等性の把握は、古くは「彼〔労働者〕の労働能力、彼の人格の自由な所有者」(MEW. 23[182, 220])、「平等な権利は……労働者の不平等な天分を……暗黙のうちに承認している。だからそれは、内容からすればすべての権利と同じく不平等の権利である」(MEW. 19[21, 20–21])ということの了解との関連で、よりいっそう明確にされなくてはならないが、さしあたりここでは、日常意識における差別や不平等への反対の基底には、人間存在の平等性への志向が存在している事実に依拠する。

私見の限りで極端化していえば、これまでの「能力主義」批判の多くは、一方では、「自然的」差異を含む発達可能態の多様性と、その一面的計測の不可能性を強調するあまり、また、抑圧的な社会関係やこれにもとづく虚偽意識が、あまりに能力「差」を拡大している現実を直視する――これらのこと自体、きわめて大切であるが――あまり、活動力一般としての能力の「差」、という把握自体を拒絶する傾向をもっていた。しかし他方で、能力それ自体の発達については、「能力主義」とは連接しないものとし、いわばこれを先験的な至上価値とする傾向をもっていたように思われる。そのため一方で、能力の発達と人格の解放との内的結合を自明視する「障害児」教育論が典型的に示すように[*1]、事実上、人間存在と能力の発達との無媒介的結合を前提にする――一面でのその重要性は疑えないにしても――諸議論が頻出する。しかし他方で、「障害者」などに関して、いかんともし難い能力「不全」をもたらす「障害」に直面すると、人格と能力とは関係がない、といった形で人間存在と「障害」とは切断され、抽象的なヒューマニズムによる平等な人間存在擁護論が登場することになる。[*2] いずれの場合でも、人間存在と能力「差」・能力「不全」との関連自体を固有に問う視角は理論化されにくく、したがって「能力主義」と能力「差」との連接の様相がとらえにくくなる。

＊1　たとえば、全国障害者問題研究会『「発達保障論」の成果と課題』(全障研、1978[15])を参照。なお、ここでの理論は、人間存在の平等性の根拠をすべての人の発達のすじ道が同一であることに求め、これを科学的な根拠としている。しかし、この点によって人間存在の平等性が根拠づけられるとするのは、〝発達の速度〟の違いが人間存在の平等性を否定しうる、とする論に対抗できない自然科学主義的偏向であろう。これに関しては、津田道夫・斎藤光正『障害者教育と「共生・共有」論批判』(津田・斎藤、1981[218])を参照。人間存在の平等性の根拠自身は、あくまで社会的諸関係のうちに探られるべきであ

る。

＊２　たとえば、一方で人間存在と能力とを無媒介に結合する議論をたてておいて、他方で「たとえ能力差はあっても人間として平等だ」といういい方をした場合、その「たとえ……でも」という言表が、人間存在の平等性への視角を付加的なものとし、したがって平等性に関する真の理論課題設定を妨げることになる点に留意すべきである。なお、さらに注意すべきであるのは、一九六三年の経済審答申ですら、「人はただ人であるということだけで無差別に尊重される」という抽象的ヒューマニズムを述べていることである。

本章は、およそ以上の問題意識から、教育において最も深刻な形で表面化する能力の問題を考えるための予備的考察であり、人間存在と能力「差」との関連を、「病気」・「障害」という事柄にそくしてとらえようとするものである。日常意識的には、「正常」からの隔たりとして了解されている「病気」[*1]や「障害」を主題とする理由は、二つある。第一に、日常意識においては、能力における「自然的」差異や能力「差」を最もプリミティヴな形でもたらすものが、「病気」や「障害」だからであり、この点で私自身、人間存在と能力「差」との関係は、まずもって「病気」や「障害」の問題から問われるべきだ、と考えているからである。第二に、現在までの人間社会のような「健常者」中心の社会にあっては、能力をはかる尺度自体が「健常者」を基準に定立されるが、そうした尺度によっては、「下位」に位置づけられる「病者」や「障害者」の存在は、「健常者」内における「自然的」差異や能力「差」と連接した「能力主義」イデオロギーの下方移譲の対象となり、このことが「能力主義」的秩序の根底からの安定に、大きな役割をはたしていると考えるからである。[*2]

＊1　disease, illness, injury, disorder, affliction などの諸区別には立ち入らず、本章では malady＝「病気」と大雑把にとらえておく。
＊2　本章は「悩み」としての、いわば実存的な「病気」に立ち入ることができていないので本質的な限界をもつ。この点については、さしあたり、得永幸子『「病い」の存在論』(得永, 1984)を見よ。

2　三つの病気観＊

＊「病気」や「障害」について、そのイデオロギー的問題を抹消しようとする試みは(ソンタグ, 1978)、「科学」の名のもとで、非現実を志向することになろう。

病気観や障害観を焦点とするのは、いうまでもなく、諸学——たとえば医学——の知見はかならずイデオロギー的効果をともない、同じ「病気」も病気観によって人間存在との関わり方が異なるからである。ところで、病気観や障害観は、それらの基本的方向性において正反対である二つのグループに区分される。一方は、人類史における普遍的害悪として「病気」や「障害」をとらえ、これらを治療ないし除去することを基調とするものであり、他方は、「病者」や「障害者」の存在を前提にすることを基調とするものである。前者は、病因——病原——発症などの発生・成立機序及び治療といった「病気」や「障害」にたいする、いわば現象過程論的視角から、とくに、医学・医療史に関わって提起される。後者は、「病気」や「障害」にたいする、いわば存在論的視角から提起されるものであり、これまでは「障害者」問題の中心課題を「障害」からの解放にではなく、差別からの解放におく「障害者」解放運動の主張[*1]や、「病気」を別の生を生きなおす契機とみなす文化人類学の主張[*2]などによって代表されてきた。「障害」を不治の「病気」とみる日常意識にしたがって[*3]、本章では、まず本節で病気観を中心にしてこれを現象過程論的視角からあつかい、第３節で、病気観をめぐる若干の問題を提示したのち、第４節で、障害観を存在論的視角からあつかう。

＊1　たとえば、全面的には賛同し難いが、全国障害者解放連絡会議『障害者解放運動の現在』(全障連, 1982)を見よ。

＊2　たとえば、山口昌男「病いの宇宙誌」(山口昌, 1978)を見よ。この種の論者の問題は、「重度障害者」への視座を完全に欠落させた地平で「病い」を語ることにある。

＊3　この見方にのみ留るのは、発達との関連で問題が多いこと(田中, 1980［150以下］)のほか、社会保障的観点からしても疑問視せざるをえないこと(上田, 1981)などを、筆者は知らないわけではないが、本章ではその軽減があった場合でも、相対的には「不治」に留らざるをえない「障害」を考えている。

人間存在と「病気」や「障害」との関連を考えるに際して、いまひとつ留意すべきことがある。それは、人間存在と人間の自然性との関連である。ロックやルソーが人間の自由や平等を、「自然的」差異を前提にしたうえで、道徳や法といった社会関係概念のもとでとらえたように、本章でいう人間存在も、社会関係を根拠にする規定であり、人間の自然性とは無関与に与えられる社会的・精神的規定である。しかし、そうした人間存在は、やはりデカルト以来の思想家たちが、自由や平等さらには理性といった社会的・精神的規定はすべての人において自然上(生まれつき)等しい、としたことに現れているように、人間の自然性へと歩み出たものとしてとらえざるを得ない。ヘーゲル的にいえば、精神性・社会性としての人間存在は、自然性という人間定在へと移行せざるを得ない。このことはぎゃくにいえば、人間存在の理解に、人間の自然性に関する事柄が介入するということである。この点で、人間個人の自然性や、一度はこれに固着したものとしてとらえざるを得ない「病気」や「障害」の理解は、人間存在の理解＝人間観をも左右するのである。

(1) 特定病因論的病気観*

* 医学・医療(史)の個々については逐一引用しないが、主として以下の文献を参考にした。ズヴァー『医学革命』(ズヴァー, 1984)、川喜田愛郎『近代医学の史的基盤』(川喜田, 1977)、シュライオック『近代医学の発達』(シュライオック, 1974)、立川昭二『病気の社会史』(立川, 1971)、デュボス『健康という幻想』(デュボス, 1977)、イリィッチ『脱病院化社会』(イリィッチ, 1980)、川上武・増子忠道編著『思想としての医学』(川上・増子, 1979)、ディクソン『近代医学の壁――魔弾の効用を超えて』(ディクソン, 1981)。

民族的要因による偏差を度外視すれば、現代日本における病気観の支配的傾向のひとつは、いぜんとして、医学史上の特定病因論に結びついた病気観である。コッホやパストゥールの名に代表される特定病因論は、思想的には、近代合理主義的機械論や要素主義を体現したものではあるが、一九世紀末からの、伝染病を中心とする感染症などにたいする細菌学や血清学の発展を背景に確立されてきたといえる。その特徴は、およそ次のようにまとめられる。

(a)　人間の身体的な内的自立性と外界の自立性とを、対抗関係のうちにとらえることを前提とし、病原を無視する形で、病因を、外界に存在し自然科学的に把握されうる微生物などに求める因果決定論である。

(b)　一七世紀のシデナム以来の疾病分類論の継承と、病理解剖学から病理細胞学への発展とがともない、病状による病気の系統的分類と、人間の自然的(形態的・機能的・生理的)同一性の確定とがあいまって、「病者」ならびに病気やその治療の無差別同一性・匿名性が主張される。

(c)　人体のホメオスタシスと「病気」との関係への視点が弱いため、「病気」およびその発症が、たとえば病因たる細菌と生理学的生体との局在的反応・局在的故障とみられ、それゆえ、

(d)　「病気」の治療も、魔法の弾丸とも呼ばれた抗生物質などの外からの力によって、特定病因のみを除去するという形で、局在的・外在的に観念される。

したがって、特定病因論的病気観は、第一に、病因や「病気」の治療の自然科学主義的把握や人体にとっての外在的・匿名的把握により、「病気」の社会科学的把握への視角を閉ざしている反面、原理的には「病気」を人間個人の自然性へ還元したり、ましてや人間存在へ還元したりして問うことはない。つまり、「病気」の個人責任論を否定する。*

＊　通常、近代医学=特定病因論は、個人責任論だといわれるが、それは、ドイツにその出生証明をもつ特定病因論的医学が、「ビスマルク的疾病観」(中川, 1969[67])に主導されて、労働者階級の体制内化のための社会政策の一環に組みこまれたことによるものであり、特定病因論的病気観自体によるものではない、と考える。

第二に、人間の自然的同一性の主張と「病気」の諸個人にとっての無差別同一性・匿名性の主張によって、人間存在の平等性を支持する。

第三に、「病気」やその治療の局在論的主張は、いわば実体としての人間の自然性にたいして、その偶有としての「病気」およびその治療を提起することになり、したがって人間の自然性によって支持された平等な人間存在にとって、「病気」はその勝義の意味における本質的なことではなくなる。こうして、「病気」はあくまで人間個人に固着した「病気」ではあるが、人間存在にとっては副次的なものであり、したがってこの病気観からは、「病気」ゆえの能力「不全」――この「病気」ゆえの能力「不全」という日常意識的把握が問題であることは第4節でふれるが――を、無媒介に人間存在と結合して、人間存在を規定する傾向は原理的には生じない。日常意識的にありていにいえば、「病気」ゆえの能力「不全」や能力「差」を、「病者」の人間存在の「不全」や「差」へと連動させたり、人間存在の平等性を否定したりすることはない、ということである。このこと自身、多くの「病気」について日常意識が承認するところでもあろう。

こうした特定病因論的病気観によって提出される人間存在と「病気」との関連をとらえるイデオロギーは、後述するような「病気」と人間存在とを無媒介に結合するイデオロギー――〈「病気」である人〉――と対照をなすものとして、〈「病気」をもつ人〉というイデオロギーとして表現されると思われる。この「……をもつ」という表現は、「病気」の人間存在への無媒介な結合を否定しつつ、「病気」の個人への固着という、不可避の事柄を表すものであり、人間存在と「病気」ゆえの能力「不全」とを分離的に関係させるという、媒介的結合のための表現である。

だが、この〈「病気」をもつ人〉の母体である特定病因論は、これが一九世紀後半から二〇世紀初頭にかけて成立しかけた時に、すでに事実によって反駁されていた。多くの統計的事実が示すように、結核・コレラ・赤痢などの感染症は、特定病因論による「病気」の把握や抗生物質などによる治療法の普及以前に、大半は沈静化していたし、また特定病因論をその核とする近代医学の発達と「病気」の様相の変化とは、直接には無関与だったからである。現在では、この事実に加え、特定病因論的病気観は二つの異なる病気観によっても反駁されている。それらは、社会医学的病気観と分子生物学的遺伝学的病気観とみなしうるが、ともに、萌芽的には古代の医聖ヒポクラテスの病気観に含まれていた。*

＊　ヒポクラテス的病気観は、①「病気」を因果決定論的にとらえず、相互規定的にとらえる。そのため、②「病気」は諸個人ごとに異なる、いわば心身医学的な内部環境・体質のホメオスタシスの崩れそのものとなる。③この崩れは、また気候から食物にいたる外部環境と内部環境との調和的関係の崩れでもあり、さらにこの関係において成立する住居から食生活にいたる生活のあり方や社会関係の問題でもある。したがって、④「病気」の諸個人間における無差別同一性は考えられず、⑤治療も、一方で諸個人の体質に焦点をあわせ、他方で食生活の改善などに期待し、究極的には諸個人ごとに異なる、いわゆる自然治癒力に重きをおくものである。

(2)　社会医学的病気観

社会医学的病気観とは、上記のヒポクラテス的病気観の社会関係的側面を拡大・深化した病気観であるといってよい。明確な形での社会医学は、一八四八年二月革命の精神を医学に生かすことを主張したゲランが、公衆衛生と福祉的医学と法医学とを結合したことに始まる。また、たんなる著名な細胞病理学者にとどまらず、やはり一八四八年三月革命に関わって医学革命を追求し、人類学としての医学を提起したヴィルヒョウが、シレジア地方の急性伝染病状況の大規模な調査によって、「病気」を社会的諸条件の結果としたことも、社会医学の誕生を告げていた。さらには、コッホやパストゥールの反対者であったペッテンコーファーが、自らを生体実験に供することによって、結核菌の保有と結核という「病気」との相違——感染と発症との相違——を示して、特定病因論に反論した時の底流には、社会医学的病気観があったといえる。

社会医学的病気観の中核は、一言でいえば、「病気」それ自体を、社会的諸関係の所産とみるところにある。つまり、「病気」は、たとえ感染症であるにしても、外界における単一の病原菌と人間生体との関連を基点にしてとらえられるものではない。「病気」は、第一義的には、当人の栄養・疲労・労働・貧困はもとより、住居や公衆衛生をはじめとする生活全般の状況や諸文化の程度、さらには社会制度や階級などといった、もっと広い意味での社会的諸関係に規定されるものとなる。

社会医学的病気観は、感染症などの問題を離れても、現代では労災などによる「傷病」や、各種公害による胎児までもまきこんだ「病気」や「障害」の把握の根底を支えているのみならず、高血圧症や糖尿病、心臓疾患などが現代「文明病」としてとらえられる場合には、大きな役割をはたしているといってよい。さらに、イリィッチなどのいう医療体系による医原病や、生活の疾病化に帰因する「病気」の把握にもつながっている。こうしたことから、この病気観が提起する「治療」に関する方向も、勝義の意味での「病気」の医学的・臨床的治療というよりは、社会的規定としての「病気」を社会的に葬り、予防するという点から、諸個人の生活全般から社会制度、社会的諸関係全般にいたるまでの変革に関わる事柄に向くことになる。*

＊　社会医学を、特定病因論の臨床的破碇のうえにのみ位置づけ、ゲランなどの試みを医学的とはいえないとする（ガルドストン, 1973）のは、社会医学の本質を見落とすものである。

以上からすれば、先の特定病因論的病気観は、「病気」をもたらす社会問題や政治的状況を隠蔽したうえで、実験室的に作成した問題——端的には単一病原菌による「病気」の発症——にたいして、強引な自然科学主義的解答を与えたにすぎない。したがってまた、「病気」の個人責任論や個人還元論を排するなど、きわめて積極的な内容をもっていたはずの上記の〈「病気」をもつ人〉というイデオロギーも、諸個人に固着した「病気」という、それだけではいわば仮象に等しい「病気」把握にとどまった限りでのイデオロギーだ、ということになる（にもかかわらず〈「病気」をもつ人〉というイデオロギーは大切なのである——後述）。

これにたいして、社会医学的病気観は、たんに「病気」の個人責任論を否定するばかりではなく、より進んで、「病気」や「病気」による能力「不全」の社会的責任を明確にし、社会保障などによる「病気」の治療を諸個人の権利へと高めるのに力があったといえる。しかし、現代の問題はこの先にある。つまり、「病気」や「障害」は、いかに疎外された社会の、疎外された社会的規定としてとらえられたとしても、同時に人間個人の自然性に固着したものでありつづける。この点で「病者」や「障害者」個人については、疎外克服の目標であり社会保障的観点の基盤でもある「健康者」・「健常者」との対置で、〈「病気」・「障害(者)」である人〉というイデオロギーが必然的に醸成される。というのも、疎外された社会的規定としての「病気」や「障害」による生存権の侵害・人間性の破壊、といった表現に典型的だが、人間存在と「病気」および「病気」ゆえの能力「不全」とを無媒介に結合し、人間存在の平等性が「病気」や「障害」によって社会的に否定されていることの確認が、かの疎外克服にとって、きわめて重要になるからである。そして〈「病気」・「障害(者)」である人〉というイデオロギーに体現された疎外の極致・陰惨な差別・抑圧という事態を転回点にして、体制変革にまでつながる病気＝疎外の克服の方向性が確立される。この方向性自体、きわめて正当である。

しかし、もしこの正当な方向性が〈「病気」・「障害(者)」である人〉というイデオロギーを抱え込みつづけるとすれば、この場合、「病者」や「障害者」の人間存在に関して、自然発生的にすべての人との平等性という了解が生じるわけではない。* その際、たとえ一般的に当為としての人間存在の平等性が主張されたにしても、それは通常、「病気」や「障害」およびこれらゆえの能力「不全」から切断された抽象的ヒューマニズム以上のものではなくなる。抽象的ヒューマニズムは、具体的形態をもち得ないから、「障害」の軽減等の具体的内容が問われる場合には、その具体性に振り回され、極端な場合にはロボトミー的な「障害」の軽減ですら肯定する「ヒューマニズム」＝反ヒューマニズムに転化する。だから、たとえば抽象的ヒューマニズムのみを原理とする社会保障や教育的営みは、容易にいわゆる「能力主義」や差別・選別イデオロギーに連接し、恩恵的なものにでも、社会効用論的なものにでもなり、隔離を原則とする処遇ですらが、分離は平等に反しないとばかりにヒューマニズムの名のもとで正当化される。

＊　ここから、公害病患者にたいする補償を、犠牲にたいするものとみる日常意識のうちに、患者を対等の人間存在と認めない傾向が伏在することにもなる。最首悟『生あるものは皆この海に染まり』(最首, 1984[257以下]) の指摘を参照。

社会医学的病気観にのみ拠る限り、人間存在の平等性の擁護はアポリアに陥らざるを得ないと思われる。

(3)　分子生物学的遺伝学的病気観

社会医学的病気観とならんで、やはり特定病因論的病気観に痛打を与えているこの病気観のひとつの方向は、メチニコフなどが先鞭をつけた免疫学の発展からでてくる。免疫学によれば、感染症すら〝抗生物質が治療する〟のではなく、抗生物質が一助となるのは事実にしても、個々人の免疫システムが作動して、抗原を抗体によって排除することこそが治療である。しかも、免疫学は治療に関わるだけでなく、ガンや糖尿病などの現代病は免疫システムそのものの欠陥によって発生するという見解をも示しつつある。たとえば、臓器移植のための人為的な免疫抑制処置により発ガン率が高くなることなどから、日常的に発生するガン細胞を排除しえない免疫システムの持ち主がガン患者になるとか、糖尿病は、ほんらいは異物に対して作動するはずの免疫システムが、本人の膵臓細胞にたいする抗体を作りだしたことによる自己免疫病であるとか、といったように。分子生物学的遺伝学的病気観のもうひとつの方向は、第一の方向の根底をも含む内容をもっており、一九五三年のワトソンとクリックによるDNAの構造の発見や、一九七三年のコーエンやボイヤーによるDNA組み換え実験の成功といった、生命の根源をなすものに関する知見の飛躍的拡大とともに出てきた。それは、出生あたり六パーセントにおよぶ遺伝子にかかわる「病気」*が、遺伝子病、配偶子病、胎芽病などに明確に区分されて把握されたことに代表される。たとえば、一九五六年に四六本であることが確認された遺伝子の担い手たる染色体に関して、現在(一九八五年)では検査をすれば三ヵ月の胎児から約一〇〇種類の遺伝子にかかわる「病気」の可能性を予測できるほか、染色体上の遺伝子の位置決定(染色体地図の作成)の進展とあいまって、染色体の特定部分の異常とその表現型の異常=「病気」との因果関係も明らかになりつつある(外村, 1979[321以下])。

* いうまでもなく、遺伝子にかかわる「病気」と、いわゆる「遺伝病」は同じではない。

分子生物学的遺伝学的病気観は、ヒポクラテス的病気観における体質とか自然治癒力などの曖昧な概念が、生体の構造・ホメオスタシスの最深部にまでいたる把握にとってかわられ、「病気」の把握が、遺伝子や免疫システムといった生体の深層の「異常」に等しくなるところにその根幹をもつ。その特徴は、第一に、病因よりも病原が問われ、これが「病者」個人の自然性に内在するものとされる。また「病気」の治療についても、ヒポクラテス的病気観における自然治癒力自体を回復させるところに求められるから、これすらはたせない「病者」については、個人の自然性が、いわば治療を拒否したものとさえみなされる。これらの点で、きわめて強固な「病気」の個人責任論、個人還元論が生じてくる。

第二に、たしかに、人間の自然的同一性を、特定病因論のレベルをはるかに超えて詳細に確定していることが前提されているとはいえ、このことがかえって一度「病気」が把握された場合には、人間の自然的同一性を否定することにつながり、「病者」の人間存在の平等性を人間の自然性に仮託することができないばかりか、ぎゃくに自然的非同一性から人間存在の不平等性が導出されかねない。

第三に、遺伝子レベルで確定される「病気」は、もはや局在的故障ではなく、いわば実体としての人間の自然性の本質的規定となる。たとえば、染色体異常による「重度の知恵遅れ」のように、遺伝子レベルでの「病気」が知情意全体にわたる「異常」――能力「不全」――に直結していると、「病気」、さらには「障害」は、人間存在自体の本質となる。

こうして分子生物学的遺伝学的病気観は、特定病因論的病気観の場合とは反対に、「病気」や「病気」による能力「不全」が、無媒介に人間存在を規定する傾向を、したがって能力「不全」が人間存在の平等性を否定する傾向を原理的にはらむことになる。この傾向から生じる人間存在と「病気」との関係をとらえるイデオロギーは、社会医学的病気観の場合とは位相を異にするとはいえ、同じく〈「病気」・「障害(者)」である人〉として表現されると思われる。ただし、既述の社会医学的病気観と異なるところは、分子生物学的遺伝学的病気観における〈「病気」である人〉というイデオロギーが、その強固な「病気」の個人責任論・個人還元論ゆえに、能力「不全」による人間存在の平等性の否定に関して、いっさい社会を問うことなく、「病者」や「障害者」個人のあらゆるレベルでの、いわば〝抹殺〟によって、この事態を解消——解決ではない——しようとする点にある。

たとえば、遺伝子や脳細胞などに関わる「病気」のように、診断と治療との乖離がはなはだしい場合、遺伝子工学的発想に典型的に現れることだが、不治の「病気」であるにもかかわらず、治療すべきだ、という治療幻想が振りまかれることにより、また「病気」がさまざまな意味で重度であることともあいまって、不治の「病者」諸個人を生存に値しないものとみなす傾向が助長され、ときには〝殺人〟もが正当化される。そしてこの傾向が、羊水検査にもとづく堕胎に代表される発生予防、いわゆる遺伝病者は子どもを産むべきではないという日常意識、さらには優生保護法(一九九六年の改正で母体保護法)の存在を自明視するイデオロギーなどによって増幅され、「病者」や「障害者」を排除する「健常者」幻想の中での「人間存在の平等性」が謳歌されることになる。

3　病気観の位相

もとより、既述の三つの病気観のうちどれかが、日常意識において決定的であるということはない。諸個人おのおのにおいても、三つの病気観とこれらにもとづく人間存在と「病気」および「病気」による能力「不全」との関連のとらえ方は、各種諸事情により錯綜したり矛盾したり並存したたりしている。もっとも大勢としては、〈「病気」をもつ人〉より〈「病気」である人〉の方が強くなりつつあると思われるが、それでも、不治の「病気」としての「障害」とは区別された「病気」については、〈「病気」をもつ人〉というイデオロギーが、特定病因論の該当する領域の問題に留らず、人間存在と「病気」による能力「不全」とを無媒介に結合する傾向を防いでいるように思われる。

ところが現在では、さらに、〈「病気」をもつ人〉を着実に崩しながら、〈「病気」・「障害(者)」である人〉をよりいっそう強化する新たな問題が生じている。それは、社会医学的病気観と分子生物学的遺伝学的病気観との「健康」概念を介した奇妙な、しかしある意味では必然的な結合という問題である。極端かつ有名な例のひとつは、ノーベル賞受賞の物理化学者、ライナス・ポーリングである(パッカード, 1978[408以下])。彼は、かたや反原発論者・エコロジストとして現体制批判の先鋭な論陣をはりつつ、かたや劣性遺伝子をはじめとする遺伝特性を各人が刺青《いれずみ》にして額に明示すべきだ——遺伝子レベルでの「欠陥」を発現させた「異常児」を求める「バカげた」欲求は何人《なんぴと》ももたないという想定の下で——という提案をしているのである。生後数日間の検査期間を経て後、「重度障害」の可能性がない場合にはじめて赤ん坊を人間として認めよう、といった議論[*1]をも背景にしているポーリングの主張が恐ろしいのは、「健常者」幻想に埋れた日常意識がこの主張を、「障害」および「障害者」をなくそうという志向と、「障害」したがって「障害者」を生む抑圧的な社会を変革しようという志向とを首尾一貫させた優れた主張だ、として受容することである。そして、これほど極端な形ではないにせよ、ポーリング的志向は、自らの生活の見直しから出発して社会体制や工業文明のあり方に異議申し立てをしてゆく、現代の社会変革にとってきわめて重要な、エコロジーに結びついた諸運動・市民運動のうちに、七〇年代後半以降、人間観レベルで伏在し始めているのである。*2

＊1　この議論がポーリングやワトソンたちばかりでなく、イリィッチによってもなされていること(国際シンポ, 1982[106])に留意すべきである。〝自律的な能力〟を基盤にすえたがゆえに、すぐれた医学(療)批判者たり得るイリィッチにおいては、そうであるがゆえに、ぎゃくに「障害者」への視座が弱くなっている。

＊2　この問題にいちはやくとりくんでいる、すぐれた運動グループとして、DNA問題研究会がある(DNA問研, 1984参照)。

こうした志向を、その創設者ゴールトン以来の、またアメリカで育った優生学――ナチスは優生学の実施手法をアメリカから学んだ――にもとづくものとみることは、さしあたりは正しい。しかし、こうした志向が、かならずしも優生学的とはいいきれない「健康」概念の厳密化という、日常意識にはきわめて好ましい事柄とともに、もたらされていることに留意しなくてはならない。つまり次のような事態がある。社会医学的病気観が「病気」=社会的規定によって「病気」に関わる、したがってまた「健康」に関わる社会領域を飛躍的に拡大した。他方で、分子生物学的遺伝学的病気観が遺伝子レベルに代表されるような、人間の自然性の最深部にいたるまでの「欠陥」を解明して「病気」に関わる、したがってまた、「健康」に関わる人間の自然性の領域を飛躍的に拡大した。この双方が、「健康」が最終的には個々人に固着したものとして問われざるをえないという点に依拠して、相互補完的に結合する。こうして「健康」概念は、その外延が縮小され内包が拡大されて個人レベルの問題として厳密化されるのである(Zola, 1972)。こうした厳密化は、ポーリング的志向を基盤にしていくえにも階層化された「健康」概念を生みだし、また〈「病気」・「障害(者)」である人〉というイデオロギーをいっそう強化することになる。

上記の市民運動や、浅薄な形では健康法ブームなどを介して、日常意識に浸透してきている「健康」概念の厳密化は、さしあたり望ましい善ではある。しかし、地獄への道は善意で敷きつめられているのであって、この善の徹底化は、優生学と紙一重ともなり、最も「弱い」、つまり能力「不全」の著しい生命のみならず、厳密化された「健康」概念にもとる者をも、人間存在にふさわしからぬものとみなして排除する、という悪に転化しかねないのである。この点では、そもそも「健康」概念自体が、その根底において直接的に社会的で相対的な「能力」概念であることを忘れてはならない。「健康」とはギリシア時代では享受「能力」の、中世では信仰「能力」の別名であったが(ブロッホ, 1982[29])、資本主義社会では、なによりもまず、抑圧的な社会的諸関係のなかでの生計維持のための労働「能力」にほかならず、したがってかの「能力主義」に直接連接する危うさをもつものなのである。上記の「健康」概念の厳密化は、この点への反省を欠如したまま、「健康」を無色透明な、社会における至上価値とすることになるがゆえに問題なのである。*

＊　この問題を「先駆的」に示しているのが、「社会的によく生きること」まで「健康」のうちに含めたWHOの健康規定である。

4　二つの障害観

(1)　〈「障害(者)」である人〉から〈「障害」をもつ人〉へ

すでに障害観についても若干ふれてきたが、「障害」の原因について無関与に立論され、また「障害」の現存を前提にしている「障害」の存在論的把握からすれば、本来〈「障害(者)」である人〉というイデオロギーは、「障害者」個人をまるごとその多様性において、他の人々と平等な人間・共同存在として受容するために貢献するはずである。しかし、このことが現実化するには、現在の社会はあまりに抑圧的でありすぎるし、われわれの文化はあまりに貧しい。今なお、〈「障害(者)」である人〉というイデオロギーは、既述の「健康」概念の厳密化等ともあいまって、「障害」や能力「不全」を、人間存在の平等性の否定という方向で人間存在に無媒介に結合し、したがって「障害者」の人間存在を能力、さらには異形などといった点から劣等視し、差別・抑圧する——かつこれらを自明視する——ために強大な力を持っている、といわねばならない。

その具体的事例は、枚挙にいとまがないが、たとえば「精神障害者」についてその事実上の強制入院を規定した「精神衛生法」から、「障害者」をその誕生以前に否定する優生保護法に至る各種法的差別*、「障害児」を殺した親への施設不足を理由にした〝同情〟の論理(横塚, 1983)、就労や就学の諸機会における「障害者」排除、施設隔離をその典型とする劣等処遇を介在させた「回復」的処遇(岡部, 1978)と、これを支える「障害者」問題に関する家族責任原理、さらには、「知恵遅れ」

の人々に向かって、われわれは〝手(足)はないけど普通の人間だ〟という身体「障害者」の発言――これ自身の必然性は了解すべきだが――に潜んでいる「障害者」内にまでもちこまれた差別の構造等々。

＊　最近問題になっている保安処分のほか、「労働安全衛生法」や「最低賃金法」などによっても「障害者」は差別されつづけているが、さらに「母子保健法」が「障害児」管理を通じての差別に力をもちつつある。これについては、福島みどり「ふりわけられる子どもたち」(福島, 1983)を見よ。

しかし、一九八一年に始まる一〇年間の国際障害者年を前にして、国連諸機関から提出された諸文書のなかには、それらをいっそう深化させることにより、上記の〈「障害(者)」である人〉というイデオロギーを否定し、〈「障害」をもつ人〉というイデオロギーを提唱していると解釈されうる個所がある。そのひとつであるＯＥＣＤ文書ではこういわれる。「障害をもつ人(a person with a disability)は、異なった種類の市民でなくて、特別なニーズをもつ普通の市民(an ordinary citizen with special needs)である」(CERI, 1981[19])。さしあたり、この障害(disability)は、日常意識における「障害」=生理的・肉体的損傷とこれによる能力「不全」として、したがって障害をもつ人(a person with a disability)は「障害者」として考えられてよい。

そのうえで、上記文言を背後で支えているイデオロギーをとらえると、第一にこの文言はその前段によって、「障害者」をその「障害」ゆえに異なった市民としてとらえることに反対して、「障害者」とその他の人々との同一性を主張しているわけだが、この同一性を析出しうる根拠を考えるならば、それは、本章が前提している意味での、人間存在の平等性ということになると思われる。第二に、その後段はこの人間存在の平等性を抽象的なものに終らせないために、「特別なニーズ」という「障害」ゆえの能力「不全」にもとづくものを、平等な人間存在に分離的に関係させる──an ordinary citizen with special needs、特に *with* はこのことを表現している──内容となっている。

また、このOECD文書を「さらに超えている」、「国際障害者年行動計画」ではこういわれる。「障害者(Disabled persons)は、コミュニティの他の人々とは異なるニーズを持つ特別な集団(a special group with needs different from the rest of the community)として考えられるべきではなく、彼らの普通の人間的ニーズを満たすことにおける、特別の困難を持つ普通の市民(ordinary citizens with special difficulties)として考えるべきである」(国際障害者年, 1983[215])。「さらに超えている」ということの意味は、次の点にある。

つまりOECD文書では、「障害者」が「障害」ゆえのニーズというレベルで特別視されており、したがっていまだなお、「障害者」とその他の人々との同一性の根拠としての人間存在の平等性を支持する領域が狭かった。これに対して、「行動計画」では、このニーズレベルにおいても、かの同一性──これは「彼ら(障害者)の普通の人間的ニーズ」という表現に示されている──が主張されることによって、人間存在の平等性を支持する領域が拡大されているからである。そして「行動計画」は、「障害」ゆえの能力「不全」いっさいをニーズ自身に関わる問題とせず、誤解を怖れずにあえていえば、「障害者」個人の人間存在にとって、たんにすべての人々と同一なニーズの一部を満たすための困難にすぎない問題*——後にみるように、能力「不全」自体が、直接社会に関わる事柄でもあるので、余計に「障害者」個人の人間存在にとって、「たんに……すぎない」問題であるが——とする。このことによって、OECD文書以上に、人間存在と「障害」とを無媒介に結合することを排除し、したがってよりいっそう、〈「障害」をもつ人〉というイデオロギーを強固なものにしている、と思われるのである。

＊　あえてこういうのは、「不全」でない能力によるニーズ(欲求)の充足という面では、「障害者」は存在しないことに留意したいからである。

(2)　能力「不全」自体の関係性——小括をかねて

すでに示唆してきたところであるが、本章全体を通じて、「病気」についても「障害」についても、主として〈である〉を否定し、〈をもつ〉を肯定すべきことを主張してきた。繰り返しになるが、とりわけこの主張を必要としている障害観に関していえば、〈「障害(者)」である人〉というイデオロギーを否定するのは、人間存在と「障害」および「障害」ゆえの能力「不全」とを無媒介に結合することによって、平等であるべき人間存在を序列化・差別・抑圧する事態を、またこの事態を自明視する傾向を否定するためである。*と同時に〈「障害」をもつ人〉というイデオロギーを肯定するのは、人間存在と「障害」および「障害」ゆえの能力「不全」とを分離的に関係させることによって、一方で「障害」に関するいっさいを人間存在の平等性の否定の根拠にすることに反対するためであり、他方で人間存在の平等性を抽象化させず、個人に固着したものとしての「障害」ゆえの能力「不全」という不可避の事柄を踏まえて、人間存在の平等性を具体的に擁護するためである。医療的な、社会福祉的な、また教育的な営みなどいっさいの「障害者」に関わる営為は、この〈「障害」をもつ人〉というイデオロギーを前提にしなければ、表面的に「能力主義」に反対するものであったとしても、本章第2節(2)の末尾で示唆したように、その内奥においては「能力主義」に連接することになる、と思われるのである。

* ただし、社会医学的病気観が提出する〈「病気」・「障害(者)」である人〉というイデオロギーの積極的意味をいかに媒介するかという問題がいぜんとして残る。この問題を詰めるなら、一度は「公害反対運動と障害者運動{「障害」の存在を前提にした運動}はどこで共通の根をもちうるか」(最首, 1984[75])という問い――私は、この論者の諸主張すべてに賛成ではないが――にいたらざるを得ないのであり、この問いを避けうるとする理論は、タブーに満ちたものか、抽象的なヒューマニズムに依拠するものになろう。

ところで、とりわけて「障害児」教育をはじめとする、「障害者」に関わる社会的営為についてであるが、より一般的な障害観に関してもいまひとつ、能力「不全」及び能力「差」自体の関係性が考えられなくてはならない。ここでのこの問題は、直接には、「能力主義」的社会による能力「差」の拡大などの問題ではなくて、この問題以上に根源的で、日常意識が自明の事柄とし、また論述の都合上、本章でもこれまで前提としてきたところの、個人に固着したものとしての「障害」ゆえの能力「不全」・能力「差」というとらえ方の問題であり、このとらえ方が自明視され得ないという問題である。*

＊　〝障害〟に応じた教育〟や〝発達保障のための教育〟も、隔離処遇を否定する展望等をもち得ないならば、人間存在の平等性を抽象化した教育になってしまう。別角度からいえば、「飛び級」や「能力別学級編成」を批判する論調が、養護学校や特殊学級の存在を自明視しがちであることの問題がある。

この問題に関しても、先の「行動計画」は示唆的な文言を含んでおり、そこでは、

(a)　個人の質である損傷と、この損傷にもとづく機能的制限である能力不全と、能力不全の社会的結果であるハンディキャップとの間には区別がある。"… there is a distinction between an impairment which is a quality of the individual, a disability which is a functional restriction due to that impairment and handicaps which are social consequences of the disability."

（国際障害者年, 1983[25]）

と述べて、通常「障害」として一括されるものが、損傷(an impairment)、能力「不全」(a disability)、不利(handicaps)の三つに区分されるものの総体であることを、明確にしている。さらに他の所では、この能力「不全」を中心に「障害」をあつかって、

(b)　能力不全は、本来、個人の問題ではなくて、個人と環境との関係の問題であり、社会全体にかかわる。"disability is not primarily a problem of the individual but a relationship between the individual and the environment and concerns society as a whole."

（国際障害者年, 1983 [224]）

と述べている。つまり、能力「不全」自体を、より社会関係的なものとしてとらえることを提起し、事実上、(a)における個人に固着したものとしての「損傷にもとづく機能的制限」という能力「不全」のとらえ方を、したがって「障害」（＝損傷）ゆえの能力「不全」というとらえ方を、個人還元主義的なものとして否定しているのである。* この(b)が示している能力「不全」のとらえ方をより根源的に表現すれば、〈（個人の）損傷と社会との相互関係自体としての能力不全〉というイデオロギーになると思われるが、このイデオロギーを深化させることは、きわめて重要である。

＊ 宣伝的文書という意味あいの濃い文書が、この考えで一貫しているわけではない。

たとえば、視力や聴力という能力の「不全の問題」に関して、同じく社会的生産物である眼鏡と補聴器との精度・取得・普及の度合いの違いや、それらの着装にたいする日常意識の対応の違いなどによって、一方の視力に関しての軽度な肉体的損傷については、能力「不全」などないがごとき様相である。これにたいして、他方の聴力に関する肉体的損傷については補聴器があるにもかかわらず、能力「不全」が表面化するという違いがある。また、切断などによる肢体不自由という能力「不全」にしても、たしかに孤立的な個としてのみ「障害者」を見る限りは、移動をはじめとする機能上の能力「不全」は当人に帰せられる損傷ゆえのこととなろう。しかし、そうした能力「不全」は、「障害者」をより「健常者」に近づけうる義足などがないことや、車椅子での移動を「健常者」の移動と同じように可能にする社会的諸条件の不備、およびこの不備を自明視する日常意識などとの関係において、はじめて能力「不全」として特定されうるのである。さらには、「重度の知恵遅れ」という能力「不全」についても、それは「障害者」の、例えば非言語的・身体的コミュニケーションを了解するには、社会全体の文化がその質・方向性一切において、いまだ貧困であることとの関係において能力「不全」なのである。*

* 「重度障害者」とのかかわりを考える時には特に、文化の方向性の貧困さについて考えさせられる。「重度障害者」についての好編として、高谷清・吉田一法『重症児のいのちと心』(高谷・吉田, 1983)を見よ。

日常意識からすれば、この最後の事例に、そのユートピア性が最も表出するように見える〈損傷と社会との相互関係自体としての能力不全〉というイデオロギー[*1]は、しかしながら少なくとも観点としては、「障害児」教育やいわゆる「リハビリ」[*2]などの、能力を直接の対象とするいっさいの営為の前提とされなくてはならない。

*1　詳しくは、別稿で検討する予定であるが、この〈損傷と社会との相互関係自体としての能力不全〉という規定は、たんにリハビリなどに関連して、個人の能力障害に対置される社会環境(上田, 1981[230])を意味するものではなく、また、個人の可逆操作力(=人格の発達力)に対置された可逆操作関係(田中, 1980[179])を意味するものでもない。諸個人の一般的活動力としての能力について、その自然的差異をこえて〝諸個人の能力「不全」〟がいわれうるのは、個人の自然性に固着したものとしての損

傷という関係項と社会・文化などという関係項との相互関係自体が実体化する際に——「評価」はこの実体を支える——、同時に関係項も自立化するがゆえのことだと考えるからである。

＊2　近年、「リハビリテーション」という語に、ラテン語の語源や、宗教上の破門の取りけしなどの意味から「障害者」の人権の〝回復〟という内容を与えて、たんなる医療技術を超えるものとして、「リハビリ」を位置づけようとする傾向が強い。このことは、「障害者」の人権を侵害している現実への批判という点では積極的な意味をもつかもしれないが、個人の肉体的な機能回復という意味をもちつづける「リハビリ」によって、同時に人権の〝回復〟が図られることにより、逆に「障害」ゆえに人権が侵されるということを自明視し、本章でみた〈「障害(者)」である人〉というイデオロギーを自明なものとする傾向を助長することになる。

というのは、この前提がなければ、たとえば社会適応論的「障害児」教育——これは「障害児」教育における「能力主義」であり、これが論外であることはいうまでもない——ではなくて、個々人の欲求にもとづいて、獲得のための真の能力の発達をめざす「障害児」教育が唱導されたとしても、次の問題に対処せざるを得ないからである。つまり、タブラ・ラーサとしての能力からではなく、いやおうなく個人に固着した損傷から出発せざるを得ない「障害児」教育は、損傷をもたぬ「健常児」個人の能力——年齢相応に社会に適応した能力——との比較を介在させざるを得ない。そして、このことによって、「障害児」個人に還元された能力「不全」の軽減などに固執する「障害児」教育とならざるを得ない。その結果、現存社会の諸関係や文化のあり方を自明視する社会適応論＝「能力主義」に連接しかねず、したがってまた、能力「差」による差別・抑圧を支えることになりかねない。こうしたことは、また真に人間存在の平等性を擁護しうる立論ならば、「障害者の人格が稀薄なようにみえるのは、じつは障害者をとりまく社会関係じたいが「稀薄」であることに他ならない」(川合, 1982[254])という観点を前提にして、能力の問題へも接近しなくてはならない、ということを示唆してもいよう。

5　〈障害＝損傷と社会との相互関係自体としての能力不全〉と〈「障害」をもつ人〉

結論的に本章の主張をまとめれば、いかなる「重度障害者」に関しても、強固な〈障害＝損傷と社会との相互関係自体としての能力不全〉というイデオロギーに媒介された、〈「障害」をもつ人〉というイデオロギーが貫徹しうるか否かが、「病者」や「障害者」などの「弱者」の問題をとらえるうえでの分水嶺である、ということになろう。もっとも、この二つのイデオロギーの徹底化は、個人の自然性に固着した「病気」や障害＝損傷というマテリアリスティッシュなもの(唯物論的なもの)に、直接対峙しつづけなくてはならないがゆえに、日常意識にとってはイデアリスムス(観念論)として現れる。ここに、マテリアリスティッシュな日常意識にとっての最大の難関がある。しかし、以上の限りでのイデアリスムスを保持しない限り、われわれ自身が、能力「差」をからめとる「能力主義」を根底において支えることになり、能力「差」による差別・抑圧の一翼を担うことにもなりかねないと思われる。*

＊　予備的考察にすぎない本章では、人間観に関して、あえて主体性や能動性を背景においたままにしておいた。その理由は、真に平等論を内在させた能動的人間観を構想するためには、差別・抑圧からの自由・解放＝平等論を先行させるべきだと考えるからであり、また主体性や能動性の方向性の確定の難しさを感じているからである。

第五章　身体は私的所有物か

——身体と能力をめぐる私有と共同性——

1　身体をめぐる哲学と社会科学

身体は、「生きられる真の身体」ではなく、精神のための手段と化し、科学技術的な冷たい視線の対象に堕し、病んだ社会に制度化されて病んでいる……。ようするに、身体の疎外については、すでに多くの哲学的・思想的発言がある。同時に、疎外の克服に向けての身体や感性の復権が、自然の復権とあわせて、反理性や反知性の立場から感性知や知性的感性の立場にまでいたる、さまざまなヴァリエーションを見せつつ主張された。それらのなかには、安易な身体などの復権論と現在以上の身体の疎外との接合の問題に留意し、疎外のなかに生きる身体の意味をとらえた慎重な議論もあった。[*1] しかし、これまでの身体論の多くは、疎外されざる身体、ないしは「真の身体論」と、疎外された身体ないし身体論とを分断してきたと思われる。ましてや、疎外された身体や身体論という、否定的内容自体にはらまれる肯定的内容[*2]を重視して展開された身体論は、ほとんど存在しなかったのではなかろうか。こうした展開の仕方が、なぜ必要なのかの一端は、本章の以下で示唆するつもりだが、「真の身体論」が自らを誇示し得るとすれば、そこには疎外された身体などの認識はもとより、疎外を克服した身体などの認識にも留らず、さらには「真の身体論」としての自らの成立基盤への論及が含まれるべきであろう。というのも、疎外の克服に関して、真の身体像のみを提起することの啓蒙主義的な非現実性を考慮すべきだからである。そして、これまでの哲学的・思想的な身体論のこうした問題点は、それらと社会科学的議論との媒介のなさと、密接に関連しているように思われる。

＊1　諸議論につきやや古いが、菅孝行『関係としての身体』(菅, 1981)、および同『身体論』(菅, 1983)を参照。

＊2　周知の、マルクス『資本論』第二版後記の弁証法の規定、すなわち「弁証法は、現状の肯定的理解の内に同時にまたその否定、その必然的没落の理解を含み、一切の生成した形態を運動の流れの中でとらえ、したがってその過ぎ去る側面からとらえ、何にも動かされることなく、その本質上批判的であり、革命的である」(MEW. 23[28, 23])を想起のこと。

とりわけ、身体論と私的所有論との媒介がなかったのは問題ではなかろうか。たしかに、「身体の所有(持つこと)」にふれた身体論もあった。しかしその場合、所有を否定的にのみ、とらえすぎていたように思われる。たとえば身体のみならず、およそいっさいの事柄に関して、所有する(持つ)存在様式を非難し、「持つ存在様式は、主体と客体との生きた、生産的な過程によって確立されるのではない。それは客体と主体の双方を物にする。その関係は死んだ関係であり、生きた関係ではない」(フロム, 1977[113])とすらいわれた。もっとも、そうした私的所有論批判にもとづく身体論自身はきわめて重要である。このことは、「私たちは身体を持つのではなく、身体を主体となし、身体そのものとして生きている」という身体把握にもとづいて、さらに次のようにいわれた。「私がそれを主体として生き、活動する身体は、働きにおいて世界に向って、とくに他者との関係のうちに開かれる。そのかぎり、活動する主体としての身体とは、皮膚によって閉ざされた生理的な身体ではなく、その境界をこえた範囲の拡がりをもっている」(中村雄, 1977[98–99])。つまり、いわば身体の共同性を含意する、疎外されざる真の身体像の提起である。*

＊　また、フロムの啓蒙主義的・道徳主義的な疎外の止揚論(フロム, 1977[225–250])も見よ。

しかし「真の身体論」は、疎外された身体像から疎外されざる身体像にいたりうる一定の道筋はいかに、という困難だが重要な課題にも答えるべきである。たしかに、生理的身体の境界を越えた共同的な身体を把握し、これを実態化するには困難な課題がある。つまり、共同的な真の身体像が成立するには、活動する主体としての身体への他者との関係自体の内在や、自己の活動自身の関係自体としての存在などが、明白な「事実」として把握される必要があるが、このことはいわゆる哲学的な沈思黙考のレベルで、「機械論的な身体観のまなざしの囚われから脱け出しさえすれば」(中村雄, 1977[99])、可能になることではない。なぜなら、能力主義をはじめとする社会的・文化的様相は、身体を自己一身の個体に限定し、したがって活動の主体(=身体)自体を個別実体的なものに限定することを自明としているからである。こうした能力主義的状況の克服の展望や、共同性を活動自体や諸能力のレベルにまで深化・拡大する展望と一緒にならなければ、「真の身体論」自体も画餅になりかねない。*

＊ いいかえれば、実際は「身体的差異に対する直接の差別も、身体的差異それ自体に向けられたり、そこから発しているのではなく、身体的差異という観念を借りている」(国庭, 1984[131])からである。

以下で述べるように、身体の私的所有論は、その否定的内容がはらむ肯定的内容によって、上記の展望に一定の示唆を与えるように思われる。すでに社会科学的議論、とりわけ資本主義の解剖学を新たな社会主義論へと媒介する議論においては、私的所有論が「所有＝自己固有のもの」という観点から、個体的所有の再建論へと接続されたこともあった(平田, 1969[138])。「自己固有のもの」として身体を位置づける私的所有論は、「真の身体論」にとっても無視しえない。なぜなら、もしこの「自己固有のもの＝所有」としての身体の把握と、上記の共同性としての身体の把握が真に媒介できれば、身体論の領域から、人間観一般における個別性と普遍性との統一的把握につながる原理的論点すら提起できるからである。

本章は、おおよそ以上の問題意識にそって、私がテーマとしている平等論構築の一助として(拙著『現代平等論ガイド』(竹内, 1999a)、『平等論哲学への道程』(竹内, 2001a)、それぞれの前書きと後書きを参照されたい)、私的所有論のある側面を媒介に、身体の問題の一端を考えようとするものだが、問題意識としていまひとつ、平等を否定する差別との関連で身体に言及しておきたい。およそ人間を問う際には、精神や心や理性などに比べて、個別実体としての身体が、最も「自然的なもの」として把握される。そして、このことと関連して、差別が最も自明で日常的になるのは、「自然的差異」が、したがって個別実体としての身体が、差別の根拠として装われる場合である。この点は、優生思想と関わってすでに指摘したが（竹内, 1987a［499–503］, 竹内, 1988［156–164］；本書第1章）、ルソーの思想などを含む、女性抑圧や女性劣位の思想の多くについてもいえる（金井, 1985）。たとえば、女の頭蓋が男よりも小さければ、脳の容量が男より少ないとして女を劣位化し、ぎゃくに女の頭蓋が男よりも大きければ、頭身上、男より子どもに近いとして、やはり女を劣位化する、といったことなどが、一九世紀まで存続した（荻野, 1990［29–36］）。したがって、差別批判としての平等論は、身体が差別の根拠とされる事態も問う必要があるのだが、この点に関しても、後述のように身体の私的所有論が一定の有効性をもつように思われる。

2　私的所有の対象としての身体

マルクス主義においてすら、平等論が不活性なので（竹内, 1992b）、身体論が取りあげるほどの平等論がいまだ存在しない、というべきかもしれない。だが平等にふれたこれまでの身体論の多くは、私的所有にもとづく市民社会や近代的な人間主義を、身体の疎外を正当化するにすぎないとし、当初から身体論と平等論との連携を拒否してきたように思われる。*

＊　所論の震源はフーコーだが、日本では、たとえば岡庭昇『身体と差別』（岡庭, 1984［56］）を参照。

しかし、たとえば古典近代の市民社会論者J・ロックの私的所有論が、単純な私有財産制擁護に尽きるものではなく——解釈次第でもあるが——、パーソンとしての身体の私的所有を位置づけ、*そこから労働全収益論的な人間主義を説いて、人間の平等に関して一定の方向性を与えた点は見逃しえない。「地とすべての下級の被造物が万人の共有のものであっても、しかも人は誰でも自分自身の一身については所有権をもっている。これには彼以外の何人も、なんらの権利を有しないものである。彼の身体の労働、彼の手の働きは、まさしく彼のものであるといってよい」(Locke, 1967 [304–305, 32–33])。この発言は、まずは身体の所有→労働の所有→生産物(財産)の所有という図式によって、財産の封建的で特権的な所有の不当性を主張している。しかし、さらに「同じ種、同じ級の被造物は、生れながら無差別にすべて同じ自然の利益を享受し、同じ能力を用い得るのであるから、……互いに平等であって、従属や服従があるべきではない」(ibid.[287, 10])、という主張と接続していることによって、平等な(同じ能力の)被造物であることから帰結する「平等な私的所有主体」の提示につながっている。この平等な主体の把握が、現代に生活する——沈思黙考するのではなく——すべての人にとって一定の意義をもつことは明らかだろう。

＊「彼らの生命自由および資産、すなわち総括的に私が所有と呼ぼうとするものの相互的維持……」(Locke, 1967 [368, 127])。「所有権とここでいうのは、他の場所でと同様、人間が自分自身の財物に対してばかりでなく、一身についてもっている所有権を指すものと理解されなければならぬ」(ibid.,[401, 176])。

留意すべきは、このロックから約一〇〇年後のフランス革命時のシェイエスにも、一見するとロックと同様の私的所有論があり、自己の人身の私的所有者としての権利上の平等主体が想定されていることである。シェイエスによれば、「彼〔人間個人〕の人身の所有は、諸権利の中での第一のものである。この始原的権利から、行為の所有と労働の所有が派生する。なぜならば、労働は、彼の能力の有効な使用にほかならないからである。労働は、明らかに、人身と行為の所有から生ずる。外在的事物の所有または物的所有は、同様に、人的所有の延長であり、拡大であるにほかならない」(稲本, 1968[110])。そして、この主張は「自然における手段の不平等と権利の平等を対応させ、権利における平等を確立することに法律の必要かつ充分な意義(後見的権威)を見出すシェイエス等の平等の立場」(同[122])と相補的である。

もちろん、シェイエスの立論の根底には、平等のたんなる権利上の形式的平等への限定と、身体をはじめとする必要充足手段の所有における不平等の積極的承認があった(ルフェーヴル, 1975[244])。しかも、身体という「自然」が担保する能力の差を私有財産によって測り、これにもとづく制限選挙制度を導入して、けっきょくは「自然」という擬制によって私有財産制度を正当化し、実質的平等を否定する論理があった(安藤, 1988)。また、先のロックの場合も、「正常な身体」の範囲でのみ平等を考えているにすぎず、「白痴や心身欠損者」が平等の範囲から除かれることは、医者でもあったロックによって明言されている。

しかし、身体や労働の私的所有論において注目すべきことの第一は、労働主体を含む身体の私的所有主体が、所有対象たる身体自体や労働と明確に区別され、たとえ抽象的な権利概念にすぎないにしろ、前者の私的所有主体が、平等な人間主体として定立された点である。[*1] いいかえれば、所有対象の側に、諸個人に属する差異とその可能性のあるもの一切を転移し、所有主体の側には同一性のみが残るようにして、同一性概念を含まなければ不可能な平等思想を成立させた点である。ロックの場合、シェイエスと比較して、より被造物としての自然性に依拠して、この平等主体が定立された。しかし同時に、この自然性を代表する一身の私的所有主体が考えられていたことは明白であり、この私的所有主体のうちに、自然性に担保された平等が内面化している面があるにしても、平等な私的所有主体自体は、身体や労働などからも区別され、観念的なものとしてとらえられている。[*2] この平等な主体は、なるほど「真の身体論」からすれば、諸個人に固有の身体が私有財産制度によって疎外されることと引き換えに登場した、抽象的な平等主体にすぎない。[*3] また、この平等な主体は、所有抜きには人間存在に言及すらできなくなった事態の反映にすぎない(MEW. E[540, 151–152], フロム, 1977[103–108])、ということにはなるだろう。

＊1 抽象的で観念的だとはいえ、この所有問題を媒介した平等主体の定立は、道徳主義的な抽象的ヒューマニズムの説く平等論よりは具体的ではある。

＊2 「自然性」への依拠による平等の主張自体が、一つのイデオロギーである。

＊3 疎外された身体と抽象的な平等主体との同時成立という論点自体は、「近代の合理的精神が個々人に固有の身体を疎外したということは、近代国家が個々人の抽象的ではあれ基本的人権を内なる支えとすることによって、自らを宗教から切り離しそれを自己の存立の正当性としないものだということと同義」(三橋, 1973[189])だ、という主張と共通する。

しかし、古典近代においては、抽象的で観念的なものであったにせよ、ともかくも後代の反差別論（平等論）としても、一定の意味をもつ平等主体が定立されたのである。[*1] 抽象的で観念的な平等な私的所有主体を成立させる労働や身体の私的所有論に関しては、第二に、土地所有問題と関わって、次の点に注意すべきである。ロックが労働の生産力にたいして、土地を中心とする外的自然の生産力を、きわめて低く評価したことは、[*2] まずは封建的（世襲的）で特権的な土地所有論にたいする批判を意味するが、今少し考えるべき論点も含んでいる。シェイエスとも共通するが、これらには、「土地所有を他の財産所有と同一の原理に従わせ、そのことによって……土地を商品流通一般の法則に委ね」（稲本, 1968［137］）る発想、つまり、土地も同一の交換価値の担い手にすぎない、という発想が反映している。この発想は、商品交換に媒介された身体↓労働↓財産という図式と合致しており、こうして土地を代表とする外的世界も身体もが、私的所有の対象＝交換価値の担い手としては、同一レベルのものとなる。いわば、土地という特権的な所有対象の消滅により、同一レベルの私的所有主体によって所有される対象と、やはり同一レベルの当の平等な私的所有主体とに、世界が分割される。

＊1　こうした古典近代の平等思想と、伝統的な民衆思想ないし伝統的なコミュニズムに含まれている平等思想との関連問題に言及すべきであるが、割愛せざるをえない。

＊2　「その（生産物の）百分の九十九までは、全く労働に帰せらるべき」（Locke, 1967［314, 46］）だと述べる。「ゴータ綱領」に対するマルクスの批判などと比較すると、自然の生産力への正当な評価を忘却した、このロックの主張の歴史的意味と限界はより鮮明になる。

所有対象が、身体から外的自然にまでおよぶいっさいのものであれば、これは資本や労働も含み、他方、私的所有主体としては、資本の所有者も労働の所有者も、平等な主体として位置づけられることになる。もちろんこのことは、労働者における、いわゆる労働の二重性や自由の問題から、分業と階級の問題にまでいたる諸問題をはらんでおり、したがってまたもや、平等主体の観念性や擬制性が問題にはなる。しかし、既述の論理にあっては、身体からはじまり、私的所有主体以外のいっさいが、私的所有主体とその平等性を屹立させ際立たせることになる。この平等な私的所有主体は、デカルト的な純粋思惟実体や、ヘーゲル的な「単純な無限性へ高められた人格」などに通じており、身体のみならず外的自然を含む具体的な諸規定や諸制限に対置された抽象的なものとして、その無規定性ゆえの無限性や普遍性を示しもする[*](Hegel, 7[93, 230–231])。

＊　なお、この本章の論立ては、「精神と身体は、この〈具体的な生としての精神とも身体ともつかない〉独特の構造の抽象化された一局面」(市川, 1975[25])だ、という主張とはある意味では共通する。

身体や労働の私的所有論に関しては、第三に、私的所有者が文字通り、共同体や共有のものを「奪われた所有者」として成立した[*1]、という事情に注意すべきである。たとえば、直接には「こうした固有に奪われた所有者〈私的 privat 所有者〉そのものが存在するのは、彼らが……、共有地の利用から排除され、これを奪われている priviert 限りのことである」[*2](Marx, 1857[383, 416–417])といわれる。共有のものを「奪われた所有者」が「私的所有者」である、ということは一般には、共有のものなどは奪われても、最低限身体や労働だけは、「自己固有のもの＝所有」であるので、たとえば自己労働にもとづく生産物に関しては、自らの意思以外のいっさいの作用を否定しうる主体を意味する。この点は、次節で述べるように無視し得ないが、既述のように、生産物(財産)はもとより、労働や身体自身もが、私的所有の対象でありながら、交換価値の担い手でもある面からすれば、事柄は異なってくる。というのも、交換価値の担い手としては、労働や身体自身が、価値法則に支配された非自己的なものとならざるを得ないからである。

＊1　仏語の priver(奪う)→privé(その過去分詞)＝形容詞＝独語の privat(私的)ということから、日本語の通常の語感とは大いに異なるが、「私的」＝「奪われた」という意味になるということである。

＊2　主旨は異なるが、ここでのいわば、「奪われた」と「私的」との等置の議論は、平田清明『市民社会と社会主義』(平田, 1969[142以下])に示唆を得ている。

つまり、「奪われた」のは共同体や共有のものにとどまらず、抽象的で平等な私的所有主体以外のいっさいにおよぶ。しかも、奪われた共同体や共有のもの自身が、原理的には、種々の私的所有の対象ではあるが、交換価値の担い手として価値法則に支配され、本来的な姿をとどめていない。だから、この「奪われた所有者」は、本当のところは自己的・個別実体的な対象──能力、身体、労働、生産物などを含む──に関わることもできない。この限りでは、「奪われた所有者」としての私的所有者自体は、なんら共同性に関与できないだけでなく、ある意味では、完全に解体された共同的なもの──個別実体的なもの──にも関与し得ない。けっきょく、共同体や共有のものを「奪われた」ということは、身体をも奪われた私的所有主体という主体的(主観的)世界と、価値法則に支配された交換価値の担い手という客観的世界をもたらすのである。本章にあっては、とりわけ私的所有主体から「奪われている」がゆえに、もはや個別実体的なものではなくなった身体が重要である。主体的に生きることを「奪われた」身体——疎外された身体の極致——は、いわば「無主のものとしての身体」なのであり、私的所有の対象としての身体は、逆説的にも、「無主の身体」となる。

3　私的所有における分離と共同性

身体の私的所有論によって、身体は物のような所有対象となる——身体の疎外——が、こうしたことにより、私的所有主体が差異ある身体と分離され、抽象的で観念的ではあるが、平等な主体として定立される、これが前節の主旨である。その含意は、まずは疎外をもたらす私的所有自体のなかに、差別批判とくに能力を含む身体を差別の正当な根拠とすることへの批判を見る点にある。比喩的にいえば、観念上にせよ、所有する(持つ)にすぎないものは、当の主体や個人自体ではなく、主体などから分離する(持たない)こともできるので、主体などを差別する根拠にならない、というわけである。「彼は……障害を持つ(にすぎない)」という私的所有論に依拠した表現が、障害者差別を否定するニュアンスを濃くする点を想起されたい(竹内, 1987a[511–514], 竹内, 1985[91–93]；本書第4章)。だがさらに、私的所有主体からの身体の分離論としての私的所有論は、以下のように、身体を個人の枠づけから解放するがゆえに、身体の共同性論の展開をも可能にする。しかも、この身体の共同性論は、啓蒙主義的な共同性論ではなく、身体を疎外する私的所有によりそい、疎外された身体の内側から、ある種内在的に導出されるのである。

この点に言及するためにも、今ひとつ、近現代社会が自明のものとしてきた能力主義との関連で、身体の私的所有論にふれておきたい。これは、諸個人の「自己固有のもの＝所有」としての身体を示すことにつながるからである。商品社会や資本主義、ないしコミュニズムの低次段階の原理としての能力主義という論点は、割愛せざるを得ないが、それらに共通する能力主義が、諸個人の能力の自己責任を強調するのは明白である。この諸個人の自己責任追及は、能力は個別実体的な生理的身体に内在する、と見る能力観に依拠している。しかし、見てきた私的所有論からすれば、能力も所有対象にすぎず、平等な私的所有主体とは分離されうるはずである。もっとも、他方で、諸個人の「自己固有のもの＝所有」として、能力や身体を把握する私的所有論の意義も疑えない。近現代社会では、形式的で建前的にせよ、ほとんどの差別禁止が提示されたが、この私的所有論をテコに、「能力による差別」だけは自明視されてきた。[*] つまり、「自己固有のもの」としての身体や能力の把握は、可能態としては諸個人の固有性の豊饒化といった方向性を示しつつも、現実態としては能力や身体と私的所有主体を内包する諸個人とを直結し、自己固有ゆえの自己責任追及という方向性において、能力主義を促進するように否定的に作用してきたのである。

＊　「能力による差別」を自明視する当初の典型として、「人間および市民の諸権利宣言」第六条（古茂田，1988）を参照。

ところで、広義の意味での「……を持つ」という私的所有概念には、所有主体と所有対象との媒介的(分離的)結合という意味がある(竹内, 1985[91-93];本書第4章, 竹内, 1987a[511-514])。この点は、「……である」が、主語と補語との無媒介的(直接的)結合のみを意味する点と対比すれば、一目瞭然であろう。たとえば、既述のように、「彼は……障害を持つ」という表現が、障害を当の彼から分離しうる外面的部分として観念させるのにたいして、「彼は……障害である」という表現では、当の彼全体が障害におおわれ、彼=障害(者)といった無媒介的結合が観念される。しかも、「……を持つ」は、たんに分離的側面を表すのみならず、持つ側面としては、所有主体と所有対象との結合的側面をも表し、このことが、自己固有の内面的なものを把握する所有概念の位置づけをも可能にするのである。すでに、ヘーゲルは、知識、能力のみならず、肉体や生命(身体)もが、所有対象たる物件と同時に自己固有の内面的なものである、という矛盾を不可避とし、この両者をあわせもつ分離的結合として、所有概念を把握していた。さらに、能力や身体を自由な精神に固有のものだとして非物件として把握するか、所有対象一般と同様な物件として把握するかの、二者択一的な悟性的な発想を批判している(Hegel, 7[104-107, 238-239])。

所有概念にたいするヘーゲル的で複眼的な接近は現代でも重要であり、上記の分離的結合が示す関係規定を、かつて私は、抽象的なヒューマニズムや坊主主義的道徳主義と、身体や能力の自己責任性を強調する能力主義の双方を批判する意図をもって、平等な人間存在と能力との「弱い結び目」とも表現した(竹内, 1987a)。この「弱い結び目」という関係規定が身体の共同性論の展開に関連している、というのが本章の以下での論点である。

一方で、結合(弱い結び目)の側面によって、身体があくまで私的所有主体である平等な人間存在に属し、可能態の問題としては、主体の自己固有のものとしての身体像へもつながってゆく。私的所有概念にあっては、この結合の側面を保ちながらも、他方での分離(弱い結び目)の側面が、既述の差別の根拠としての身体という把握を否定する。この点に加えて、能力や身体が、私的所有主体、さらには諸個人おのおのから分離しているにもかかわらず、いやむしろ分離しているがゆえに、厳然と存在する能力や身体の共同的な存在様相を告げることにもなる。というのも、まず前節で見たように、こうした「分離している」能力や身体は、「奪われた」存在として、交換価値の担い手として、価値法則に支配され、この限りでは個別実体ではなく、私的所有主体や諸個人には属さない「無主の身体」だったからである。

この交換価値の担い手として、価値法則に支配された「無主の身体」は、まずは「交換可能な匿名性によって日常性を生きる〈身体〉*」(三橋, 1973[178])であり、マルクス的にいえば、物象化した身体である。しかし、ここに「登場する身体は、かけがえのない主体を宿する身体ではな」く、「同じように服を着る〈身体〉であり、同じようにめざめる〈身体〉であ」(同上)ることにとどまらない。交換価値の担い手としては、身体は、諸個人間の諸関係自体が内在化した身体だからである。つまり、かの分離的結合という把握からすれば、たとえこの諸関係自体が疎外された資本主義的諸関係であっても、「無主の身体」は、個別実体的な生理的身体であることを超え、しかも可能態としては、私的所有主体やこれを内包する諸個人に属してもいる。

＊　これは、またコシーク『具体的なものの弁証法』(コシーク, 1969[90以下])と共通する。

さらに、詳論は割愛せざるを得ないが、交換価値の担い手たりうる身体は、同時に一定の使用価値の実現者でもあり、[＊1]こうした身体や能力の使用価値ないし有用性も、ほんらい諸個人に内属しているレベルにはない。この身体は、諸個人自体から分離した諸個人間の関係自体というレベルにおいて、付言すれば、社会的・文化的関係自体——物との関係の介在も含めて——と、そこに成立する一定の共同性として実現する。[＊2]けっきょく能力や身体も、たんなる感覚知覚的意味を超えた「現実の社会的存在」であるから、可能態としては主体や個人と結合しながらも、たとえ価値法則に支配され疎外されたものではあっても、関係自体ないし共同性自体として存在せざるを得ない。原理的には、社会の「外」では、能力や身体の存在自体が不可能である以上、もっとも現実的な存在は社会的存在であり、生理的身体自体などは、この社会的存在からの抽象なのである。生理的身体から出発すれば、社会的存在にいたらないのは、抽象物だけから具体性を求めること一般が不可能なように、当然のことである。[＊3]

＊1　使用価値の交換価値による媒介ということでもあるが、さしあたり、真田哲也「マルクスの実体概念と物象化論」(眞田, 1985)を参照。
＊2　使用価値や有用性が、関係自体や共同性として成立する点につき、拙稿「ヘーゲルの有用性論」(竹内, 1989b[22–23])を参照。
＊3　これは、可能的錯綜体としての身体の提示など、たいへん優れた、市川浩『精神としての身体』(市

三, 1975)についても言える。たとえば，「市川さんは……，生理心理学的な処理が優先するためか，社会の科学が扱っているような，社会存在の論理がなかなか出てこない」(宮三, 1977[173])という市川当人も認める批判を見よ。

もっとも，そうした事情があるだけに，上記の使用価値などの実現における関係性は，人間の真の豊饒性を示す真の共同性であるとは限らない。諸個人のつながり——他人との身体的接触から分業などまでさまざま——が，他者にたいする恐怖や威嚇として身体に内在したり，仕事における生産力としての身体や能力(関係態)が諸個人を疎外するとか，さらには排除する共同性の問題などがあるからである。別角度からは，共同性として成立する有用性や使用価値自体が，分裂的要因をはらんでおり，それゆえに有用性などが非共同的で孤立的なものとなり，使用価値の相対性が現象する，ということでもある(竹内, 1989b[24-25])。それは，身体が個別実体的な生理的身体に還元され，既述の能力主義を下支えする自己責任論的な身体観や能力観を生ぜしめる事態でもある。しかし，この疎外された関係性や共同性は，抽象的なたんなる共同性理念や啓蒙主義的な身体観の変更などによっては，克服され得ない。疎外された関係性の内容や排除する共同性のあり方などを，具体的に変革することが展望され，目指すべき関係性や真の共同性としての有用性・使用価値が展望されてはじめて，この克服への一歩が印されるのである。

皮膚によって閉ざされない生理的境界を越えて広がった身体，つまり共同性としての身体を真に実現するには，以上のような疎外され分裂を生み出す使用価値や共同性のあり方を廃棄し，使用価値や有用性レベルでの抑圧や排除を廃棄する展望と合体されるべきである。そして、この身体の共同性の実現こそが、以前にはたんなる可能性にとどまっていた真に自己固有のものとしての身体の実現にもつながるように思われる。自己固有の身体なることが真にいえるには、能力主義や抑圧や差別等々の廃棄によって、真の意味での共同性を実現することが必要であり、この共同性こそが、たんなる可能態としての自己固有の身体を、現実態に転化させうるからである。* ちなみに、私的所有論という社会科学との媒介を要する使用価値、有用性、共同性などの議論を軽視し、なおかつ啓蒙主義をも拒否して、自己「固有の身体そのものをそのままに復権しよう」と試みるなら、それは、「身体に宿る力を信奉し、その力を発揮させる」主張となる。そして、そうした主張は、けっきょくは「身体に宿る力とは何か。一つには、それ自身で発揮される破壊力=暴力であり、一つは、両性によって発揮される生殖力である」(三橋, 1973[200])という、もろもろ当然の理由から、きわめて問題の多い結論にいたると思われる。

* 平田清明(平田, 1969)が強調したような、個体的所有論――私的所有論とはまったく異なる――も、このレベルにまで共同性が展開されてこそ、はじめてその実現が展望できる、と思われる。

4 身体の共同性論の射程

皮膚によって閉ざされない生理的境界を越えて広がった身体、つまり、共同性としての身体の把握には社会科学は必要でない、という見解もあろう。この見解に立つ身体の共同性論の基本には、次の二つのタイプがあるように思われる。ひとつは、日本でしばしば引用されるメルロ＝ポンティの、乳幼児と母親との関係に示される身体の共同性、つまりこの両者の間の匿名の集合や未分化の共同性を、個人としての分化以前の本源的なものとする議論である(メルロ＝ポンティ, 1966)。いまひとつは、触覚における触る－触られる関係の原初的一体性に、身体の共同性の原型を見出し、両者の一体化からの分化(分離ではない)を二次的とみる議論である(中村雄, 1977, 市川, 1975)。この二つの議論は、一見したところは、社会的諸関係抜きでも成立しているかのように思える。

だが、前者のメルロ＝ポンティの議論は、全面的にワロンに依拠しており、ワロン自身は、母子関係自体のなかに、一種の社会性を把握し、身体に内閉した対自的関係自体の内に、すでに社会的諸関係がある、としている(ワロン, 1980)。詳論は割愛せざるをえないが、けっきょくは社会的・文化的要因がはらまれているからこそ、身体の共同性が可能になるのである。だから、メルロ＝ポンティの議論を社会的・文化的要因抜きに賞揚するのは、根拠のない抽象によって、普遍性を求める悪しき哲学主義ではなかろうか。たしかに、ワロンのいう母子関係のなかの社会性は、交換価値やこれに媒介された使用価値に依拠する商品交換や資本主義にもとづく社会性などとは、ただちには合致しないかもしれない。しかし、母子関係といえども、交換価値と無関係であるわけではない。

たとえば、近年徐々に知られてきた教育的マルサス主義が(沢山, 1990, 竹内, 1990)、子産み子育ての端緒にすら介在している点を考えればよい。教育的マルサス主義には、能力主義と重なる側面があり、この側面に支配された子産み子育てにあっては、すでに妊娠時からワロン的な社会性は壊され、胎児すらも第一義的にはソウシャル・エレベーター上における操作対象と見られ、真の意味での母子間共同性などが成立しないからである。いいかえれば、ワロン的な意味での母子間共同性自体が、一面では、教育的マルサス主義における能力主義的側面を捨象しつつ、他面では、常識化している母性本能論などに依拠して、教育的マルサス主義にも含まれ、現実に存在しもする交換価値などに依拠した社会性における一定の共同性を抽出しているともいえる。

二つめの触覚などの身体の共同性に関しては、原初的感覚ともされる触る‐触られる関係が考察の対象とされうる基盤を問うべきである。たとえば、日常生活を営む〝手〟は、まずは、使用価値などの実現に向けて、触っている諸対象を動かし作り変えるなどして、生活のために作用している。したがって、触る手と触られる手との共同的な関係を、あらためて考察の対象とするには、それなりに、生活のために作用するのではない手を見出す「一定の余裕」、アーレントにしたがえば、「日常生活から一時的に退却して」可能となる哲学的時間が必要である(アーレント, 1994, とくに第1部)。この余裕は、使用価値などの実現に向けて一定の共同性が成立して、生活が安定するがゆえに可能になる。くわえて、生理的身体を超えて、左右両手の共同的関係を把握するためには、共同性が端的に成立している領域、つまりは「相互依存性の体系」(ヘーゲル)としての使用価値などの領域が参照される必要がある。つまるところ、左右両手の共同的関係の把握は、使用価値などの実現の問題と密接不可分なのである。もともと、身体論一般に関しては、身体が皮膚一枚で他者の身体や諸対象と切断され、確固とした個別実体的で生理的な存在である点を踏まえたうえで、かの身体の共同性をとらえる必要がある。それには、少なくとも交換価値や使用価値に関わる社会的・文化的諸要因を、身体論の本質としてとらえる必要がある。

また、生理的身体像を真に克服し、身体の共同性を真に論じるのであれば、それは、遺伝病という、大問題をはらむ遺伝子次元にまで拡大されるべきである。* というのも、そうでない限り、生理的身体像が残り、そのぶん身体の共同性論にタブーが残るからである。ちなみに現代遺伝学などからすれば、だれしもが変異遺伝子数個をもち、表面化しないレベルで、先天「異常」に共通にかかわっているだけでなく、遺伝子突然変異による遺伝病者の存在は、人類全体にとって「有用性」の高いものであり、ありていにいえば、遺伝病者が、いわゆる健常者の生存を根底で支えている(武井, 1981)。この点で、遺伝病者と健常者とは、遺伝子次元で、すでに共同的な関係のうちにある。だが、この次元での身体の共同性の把握は、人間の社会と文化が作り出した共同性を、皮膚一枚で他者と切断される個別実体的で生理的な身体にまで貫徹させることによって、はじめて成立する。この遺伝子次元での身体の共同性論は、遺伝病の使用価値の改造、遺伝病者との現実生活における共同性の構築を通じて、能力主義を批判する平等論としても、大きな意味をもつであろう。

＊　既存の身体の共同性論が、生理的身体の極限ともいえる遺伝問題にまで立ち入ることができていないことと、その社会科学的発想の弱さとは、表裏一体のことだと思われる。ただし、ここでは単に遺伝子にかかわるだけの「病気」は除いて考えている。

したがって、社会科学を踏まえた真の哲学的な身体論の成果は巨大なものであろう。だが、本章で検討したことからすれば、そうした身体論にいたるには、今なお、相当の努力が必要になるように思われる。

第六章　能力にもとづく差別を廃棄するために

――近代主義と向き合う――

1　能力上での「弱者」差別の存在

本章では、「弱者」の尊厳は、能力にもとづく差別によって侵されている、という前提のもとに、テーマ「人間の尊厳とその侵犯」に接近したい。[*1] すでに示唆したが、ここでの「弱者」とは、病気や障害や高齢を典型とする諸要因によって、なんらかの能力――生命力から知性にまでいたる能力――のうえでの「弱者」になる／される人々である。[*2] もっとも、能力主義を踏まえ、また特定の能力基準により細分化すれば、多くの場面で能力差が生じて「弱者」も無数に生じ、「弱者」差別もきわめて多様となる。だから、「弱者」や差別も、簡単には同定できないかもしれない。しかし、多くの直観はすでにとらえていようが、おそらく現在のみならず、今後当分の将来社会においても、能力上での「弱者」の差別の廃棄をめざすことには、相当な意味があるはずである。

＊1　この「人間の尊厳とその侵犯」は、日本哲学会第五七回大会シンポジウム（一九九八年五月）のテーマである。本章は、もともと、このシンポジストを要請された私――他のシンポジストは、鷲田清一氏

(大阪大学)と大越愛子氏(近畿大学)——の報告原稿として、執筆したものである。

＊2 「障害を逆に個性に転化していく」(大田, 1983[167])、という障害＝個性論は、これを可能にするには、いまだユートピアに留る社会と文化が必要なので、ここでは採らない。また、障害の三区分(impairment, disability, handicap)にもとづく厳密な議論(竹内, 1985[91-95]；本書第4章)も、ability, talent, power, capacity などの能力概念の区分に関わる議論も、さらには偏見の問題も割愛せざるを得ない。

なお、具体的な「弱者」差別について、私の念頭にあるのは、以下のようなことである。特別養護老人ホームの代用品となる老人病棟の入所者は、長年生活する場であるにもかかわらず、なぜ、四・三平方メートルのベッド＋αという差別的処遇を受けるのか？ なぜ、「障害者」は、働き活動する場すら少なく、しばしば「在宅」状態に追込まれるのか？　なぜ、「障害胎児」は、安易に人工妊娠中絶されるのか？　なぜ、入院した病人は、プライバシーのカケラもなく排泄異臭と隣り合わせの雑居部屋に甘んじなくてはならないのか？ 等々。

2 市民社会期の「能力」による差別の歴史的位置

差別・抑圧への性向は、最も普遍的に、人間に配分された人間社会の原理だとされることがある(メンミ, 1971[24])。だが、差別を人間の尊厳の侵犯としてとらえ、この事態の廃棄を考えるなら、そうした普遍性の指摘に留ることはできない。なかでも、最広義の能力上での「弱さ」を根拠にした、配分・処遇上での差別——能力にもとづく差別——については、独自に省みるべきだろう。* この差別は、古典近代の市民社会期に、歴史の前面に出てきたが、そこには、考慮すべき事情があるからである。この点で、周知のフランス革命時の公文書「人間および市民の諸権利宣言」第六条後半は、能力にもとづく差別をとらえるうえで、歴史的に、また現在(一九九八年)でも示唆に富む。そこでは、「すべての市民は、この法律の目から見ると平等であるから、各々の能力に従って、徳と才能における差異以外の何らの差別もなく、あらゆる高位、地位、公職に就くことが等しく許される」(古茂田, 1988[106])といわれた。たしかに、実際にはシェイエスによるこの条文の解釈を通じて、財産が能力を測る尺度とされ、財産次第で、選挙権をもつ能動市民と選挙権なしの受動市民とが差別され(ルフェーヴル, 1975[257])、また、女性やユダヤ人や植民地奴隷は、人間という範疇からも排除されていた。だが、抽象原理としては、かの条文は血統・性別・地縁・民族などの生まれや身分制といった、能力以外の基準にもとづく人間の差別を消極的に、だが、明確に否定したのである。もちろん、同時に「市民」および「商品」という尺度が支配的となり、それまでの身分制のもとでは保持されやすかった次元での、人間のアイデンティティも解体されたが。

＊　私は以前、能力にもとづく差別の論理を、詳細に検討したことがある(竹内, 1987a[491–508])。

しかし、生まれではなく個人の能力次第という原理が、近代社会の成立においてもった意義は、だれしも否定しないだろう。それは、かの「人間および市民の諸権利宣言」第六条が、フランス革命におよそ一〇〇年先立つ、ロック的な私的所有論の公的認知でもあったと推定されるだけに、なおさらである。周知のように、ロックは、生命および身体の私的所有を端緒に、労働能力の私的所有にもとづく財産の私的所有を正当化する原理によって、労働能力差にもとづかない封建的な所有制に批判をくわえ、新たな社会編成原理を説いた（Locke, 1967［303–320, 31–55］）。この点で、封建的な所有制を清算するために、能力（労働能力）にもとづく差別は、不可欠であった。*だから、近現代社会は、能力にもとづく差別を許容する以上に、積極的に肯定する社会でもある、といわざるを得ない。たしかに、ロックには、「同じ種、同じ級の被造物は、生れながら無差別にすべて同じ自然の利益を享受し、同じ能力を用い得るのであるから」（ibid.［287, 10］）というある種の平等主義的要素があった。だが、現実に存在する能力差にたいする、このロックの言の無力さと、能力にもとづく差別の自明視は、近現代社会が承認してきた事実であろう。

＊　ただし、実際には生まれが環境要因と連動して能力差を生む場合も多く、話は単純ではない。本章では、能力にもとづく差別を帰結する「実力主義的体系の不正な報酬の一覧表（それが実際に不正であるとして）に対して、それらの人種的あるいは性的な現われを直接攻撃することによって」（ネーゲル、1989［156］）、能力（実力）主義を攻撃したことにはならないという点を念頭において、論述を進めたい。

もともと、近代権利論の根幹ですらが、「特定の存在がA、B、Cにたいする権利をもつという確信……の背後にある直観は、その存在が尊重を喚起する能力を示している」（Taylor, 1992［192］）といわれる直観に依拠し、尊重に値しない能力を忌避していた。また、能力と業績とは必ずしも対応しないにせよ、近代民主主義における業績の原理の突出も、能力＝業績にもとづく差別の近現代社会における威力を示している(マンハイム, 1976[80])。さらに、ノージック的新自由主義の個人主義*や、現代日本における人事考課の個人典拠性(熊沢, 1993[17–22])を考えると——能力主義を凌駕する個人還元主義というべきだが——、能力にもとづく差別は、イデオロギー的には「自然」ですらある。われわれすべての基底に、労働能力商品所有者たることが位置づけられ、この能力の発揮の結果が「貢献」であるなら、「商品所有者としての「対等性」を旗印にして前近代的な地縁・血縁的ないし家父長制的な諸特権を平準化したあとでは、単なる建前としてではあれ、〈貢献に応じた分配〉という競争主義的な分配原理こそが妥当している」(大庭, 2004[198])。

＊「人々は、遺産相続した富にたいしてだけでなく、自らの自然資産にたいしても権原を有するし……、自然資産の活用から結果する不平等は正義にかなう」(ノージック, 1985[373])。

だからこそ、世界最先端の国法ともいえる「日本国憲法」の差別禁止規定(第一四条)ですら、能力にもとづく差別を禁止するにはいたらない。すべての職の最低賃金を定めたはずの「最低賃金法」も、「著しく労働能力の低い者」については、自らを適用除外としている(第八条)。確かに、憲法第二五条による生存権規定などを、能力にもとづく差別の除去の具現とみなしうるかもしれない。だが、周知の「健康*で文化的な最低限度の生活」の実際の貧困さや、その最前線をも蝕んでいる公的扶助行政の悲惨さには、能力(労働能力)にもとづく差別を自明視する「思想」が反映している。それゆえ、現代の社会保障も「現代の条件に適応したたんなる古き救貧法」(Hayek, 7[285, 47])

にすぎない、とする歴史逆行的な議論に、現代社会は席捲されかねないのである。

＊ この悲惨さは、たとえば非常に研究熱心で先進的なケースワーカーとその研究団体が、「ケースの死、笑いとばして後始末」などといった川柳を公表すること（公的扶助, 1993[34]）にも、現れている。

3　能力にもとづく、ということも制度次第

さて、個人所有の能力の発揮の結果に、財貨などの特定の報酬・処遇が結びつき、これが社会編成の原理となる事態は、通常、制度以前の自明なことにされがちである。だが、能力にもとづく差別にほかならないこうした事態も、この事態を支える能力差の特定の多くも、原理的には等価交換的でレッセフェール的な社会システムを背景にしており、したがって特定の制度（社会システム）や特定の国家のもとでのことである。歴史的には、「自由放任自体も国家によって実現された」（ポラニー, 1975[189]）のであり、「そうした〈レッセフェール〉システムを可能にする諸権利のみを強要すると決定する点では、国家はひとつの選択をしており……、実行しうる選択肢が存在するなら、国家は、生産能力が低い人々を犠牲にして、生産能力のより優れた人々（とその継承者）に報酬を与える組織を選択した」（Nagel, 1991[100–101]）とさえいえるのである。能力差の特定も、能力を測定する特定の基準とこれを可能にする制度次第である。

やや強引に、自然的特性と能力と貢献を同一視するなら、「「貢献に応じて」諸個人に分配される

という成果は、システムゆえにはじめて可能となった「システムの」成果」(大庭, 2004[205])であり、「目下のようなシステム編成ゆえに、P〔個人〕の自然的特性が「貢献」度の高い行為を担うことに連なった、というだけのことにすぎない」(同[225])。だから、能力にもとづく差別を生むシステム(制度)の変革なくしては、「弱者」の尊厳の恢復／創造はあり得ない。では、能力にもとづく差別を克服しうる制度とは、いかに？　能力差にかかわらない配分・処遇が可能な制度を！　はひとつの解答だろう。だが、「弱者」の尊厳に資する配分・処遇とこれを実現する制度は、能力差に応じて適切でなければ意味がなく、能力差にかかわらず、という発言だけでは済まされない。*

＊　「「能力に応じて」とは、教育を受けるに値するかどうかの能力に応じて、の意……、教育を受けるに値する能力(学力・健康など)によって差別されるのは当然」(宮沢, 1962[276])、という、いまだに現実に影響力はあるが、問題の多い憲法第二六条の解釈からすると、この「応じて」にも留保がつく。

したがって、能力差に応じた適切な処遇・配分を可能にする制度——平等な制度——については、個人所有の能力差を特定しつつも、この特定にもとづく差別にはいたらない制度を考えねばならない。だが、これは相当に困難な課題だと思われる。平等な制度の構想は、能力差と等置された「資格における格差と通常相関関係にある報酬における差額は、そもそも正義の観点から出てきたことではない」(ネーゲル, 1989[150])といった個人所有の能力差の特定を容認しながら、同時に、能力差にもとづく差額＝差別(不正義)を告発する、という論法だけからでは無理である。なぜなら、能力にもとづく差別が、他の諸差別を否定してきた近現代の制度と、その歴史的重みからすれば、個人所有の能力差の特定は、能力にもとづく差別を生む制度を離れてはあり得ないからである。だから、個人所有の能力差の特定を肯定しながらも、この特定自体には相当の留保をつけねばならない。そして、そのためには能力を個人の所有物としてのみとらえる個体能力観を克服する論理(浜田・山口, 1984[19-30])が、きわめて重要になるように思われる。

こう考えると、諸個人自らの生来の能力(資質)が運や偶然という要素の濃いもので、「社会において、最初の出発点がどの場所であったとしても、だれもそれに値しないように、生来の資質の配分において、どの場所に生まれついたとしても、だれもそれに値しない」(Rawls, 1971[104])という観点の意義は明白である。*しかしそうであるなら、平等な制度の構想には、厳密な意味でのマルクス主義的搾取廃棄論にも留れない、という別途の困難が生じる。なぜなら、運や偶然による能力差にもとづく差別をも克服しうる制度であるなら、平等な制度は、搾取廃棄の制度とは、必ずしも整合しないからである(Cohen, 1989[908])。平等な制度が実現していないのは、「生産能力の低い人々の労働の価値のいくぶんかが剝奪される、という意味においてではなく、彼らが、違って選択された組織〔制度〕のもとでは、獲得しうるであろうものを剝奪される、という意味において」(Nagel, 1991[101])のことなのである。

＊　このリベラリズムの議論と、諸個人に「自らの運についても責任を負わせ」(ハイエク, 1986[224])る自生的秩序を説く新自由主義の議論との、はなはだしい乖離に留意すべきである。

4　個体能力観の克服へ

平等な制度の構想には、いくたの課題があろうが、現代リベラリズムや分析的マルクス主義による多数の〈能力をめぐる平等〉論[*1]からは、この構想に必要な個体能力観の克服の端緒が得られる。最初に浮上するのは、やはりロールズの格差原理である。格差原理は、「正義に適う貯蓄原理と矛盾せずに、最も恵まれない人の便益を最大化する」(Rawls, 1971[302])原理であると同時に、「自然の才能の配分を共有資産とみなすことに同意し、この配分の便益が何になろうとも、その共有に同意する」(ibid.[101])原理である。これは、才能(能力)の配分という、能力差の、いわば分布状況が共有資産だから、優れた能力がもたらす便益も、この能力の所有者に帰属するのではなく――ロック的原理の否定――、格差原理にしたがって再配分されるべきだ、という主張である。留意すべきは、便益や基本的社会財を計測する次元に留るにせよ、能力の分布の共有資産論が個体能力観の貫徹を許さず、同時に「最も恵まれない人」への再配分に留るにせよ、格差原理自体が、能力に応じた便益の適切な再配分のために、個人所有の能力差をとらえている点である。「ロールズの手立てとは、不平等な自然の資質を根絶することではなく、その便益と負担とを計画的に調整することで、最も有利でない者も、幸運な者の資力を共有するように許すこと」(キンデル, 1992[115])に主眼があるにせよ。[*2]

＊1　日本では〈能力をめぐる平等〉論は不活発だが、その背景には、教育的マルサス主義の全階層への浸透（沢山，1990）とともに、階層間格差が米国ほどでないこととも関連して、上層におけるノブレス・オブリージュ（高貴な義務）の機能不全があると思われる。なお、本章での現代リベラリズムや分析的マルクス主義に関する私見につき、拙稿「リベラリズム哲学における「責任」概念の転換」（竹内，1995a）、および「責任概念の転換と生命倫理」（竹内，1996b）も参照していただければ幸いである。

＊2　私のものも含め、ロールズ解釈としては、格差原理を選択する領域と格差原理に規定される制度という領域との混同があり、また自然の資質と能力とを同一視する問題を含むが。

けっきょくはロールズの場合、平等化に向かって再配分されるのは、便益や基本的社会財に留る。すなわち、能力は個人の私的所有物でありつづけ、能力自体を再配分の対象としてとらえる〈能力の共有資産〉論は存在しない。そしてこの点が、ロールズ正義論における、能力にもとづく差別の克服の不徹底に連動する。ロールズは明言する。「すべての人は、正常範囲内の肉体的必要性や心理的能力をもっている、と私は想定する。だから、特別のヘルスケアや精神障害者の処遇に関する問題は生じない。こうした困難な場合の考察は、われわれを正義論を超えたところへ連れて行き……、われわれと隔たった人々を考えざるを得なくし、われわれの道徳的知覚を混乱させる」（Rawls, 1985a[206]）。このように、ロールズが、「障害者」を排除し、したがって能力にもとづく差別の容認に陥るのは、格差原理も、一定程度以上の能力の私的所有者にしか、該当しないからである。つまり、能力にもとづく差別に連動する形で、個体能力観が存続している。

ちなみに、一度は再配分される内容に能力自体を含めるまでに、個体能力観の克服に迫ったのが、資源の平等論を説くドゥウォーキンである。「資源の平等は、各人の生活に資する諸資源が平等であるべきことを想定する」(Dworkin, 1981[289])といわれ、平等化に向かって再配分されるべき資源は、生活(生)に関わるいっさいを含んでいる。したがって、能力に関しても、次のようにいわれる。「諸個人の能力は、もちろん資源である。なぜなら、能力は物質的資源と一緒になって、ある人の生活(生)のなんらかの価値あるものを作り出すうえで、使用されるからである」(ibid.[303])。こうして能力を資源とする限り、ドゥウォーキンは、能力の分布の共有資産ではなく、ちょうど累進課税制による財貨の再配分部分と同じように、能力自体を共有資産とみなし再配分対象としている。この論点を保持しつづけているなら、ドゥウォーキンは、〈能力の平等〉とそのための〈能力の再配分〉を主張していることになり、ロールズ以上に、個人所有の能力の特定と能力にもとづく差別との連動を遮断し、個体能力観の克服に駒を進めたといえる。

ところで、上記ではあたり前のように、〈能力の共有資産〉論、〈能力の平等〉、〈能力の再配分〉などと述べてきた。しかし、この主張にたいしては、個体能力観を前提とする常識からの反論があろう。皮膚一枚で他者や諸環境と遮断された人間個体の内部の能力について、一方で、能力を他者などの「外」に拡散させるかと思えば、他方で、人間個体の「内」に他者などの能力を注入して個体を分割する、荒唐無稽な議論である、といった常識からの反論である。そして、この常識の強固さもまた常識かもしれない。「眼球の再配分は正当化できない」といった、ノージック的反論も強力である。[*1] だからこそ、かのドゥウォーキンですらも、ただちに次のように述べて、いわば格差原理論にまで退却する。「能力は資源ではあるが、その所有が資源の平等のなんらかの解釈と合致して、政治によって規定される資源だ、と考えるべきではない。つまり、能力は、平等論にとっては、通常の物質的資源という正確な意味での資源ではない。能力は……、操作されたり転移されえない。障害の問題につき、資源の平等は、可能な限り肉体的および精神的構造において人々を同一にすべく努めねばならない、ということは誤った規定である。むしろ問題は、肉体的および精神的な能力における差異によって、別個独立の物質的資源の所有がどの程度左右されるべきかを決定するという問題である」(Dworkin, 1981[301])。[*2]

＊1　さらに、個人自体を現実的に問うとなると、社会的存在としての人間を忘却し、生物学的次元への還元を容認しがちであった人文社会科学の長い歴史の問題(内田義, 1982[12])もある。

＊2　能力をめぐる平等論を能力の同一化論とする点にも、ドゥウォーキンの限界がある。

しかし、人間個体の「外」への拡散、もしくは、その「内」での分割を屋台骨とする議論は、哲学的にはむしろ自明ではなかったか。たとえば、個人の格率への普遍的道徳法則の内在および後者への前者の外在化(カント)、同感主体としての個人への公平な観察者(他者)の内在および自己の他者化(スミス)、「我なるわれわれ、われわれなる我」といった相互承認論における自己と他者との相互開示(ヘーゲル)等々。近年でも、現代版スミス同感論という趣で平等を志向する議論は、関心の個人性と非個人性(公平性)との相互浸透を主張し、個人内における「超個人的立場と常に一緒に現前する個人的見地」(Nagel, 1991[18])を強調する。たしかに以上については、格率にせよ同感にせよ承認にせよ、また見地も関心も、すべて個人所有の能力の機能の話であり、能力自体について、個人の拡散や分割を主張していない、といわれるかもしれない。だが、フーコー的な生権力（フーコー, 1986［171–183］）の亢進は、「『個人』という身体の統合性を解除し、その身体の器官や断片あるいは機能や感覚を、もはや人称的には匿名の生の次元で把握する……。一つの身体への帰属を超えて、それらの部分身体をある種のつながりやまとまり、あるいは大きな集合態の中に統合する」（丹田隆, 1995［26］）とすら指摘される。だとすれば、個人への帰属を超えた匿名の能力もとらえられうるのであり、能力自体について、個人の「内」に他者や諸環境を位置づけ、個体能力観の克服を唱えても、また、能力自体への「外」からの補塡を認めても、それほど不思議ではない。

5　「能力の共同性論」の必要性

センの基本的潜在能力の平等論――「長生きするという潜在能力」（セン, 1988［99］）を最重要とする――の中軸には、個体能力観を超えることにつながる能力把握があるように思われる。なぜなら、財の再配分を「ひとの『機能』……、すなわち彼／彼女の所有する財とその特性を用いてひとはなにをなしうるか」（同［22］）という観点でとらえるからである。つまり、財の再配分を、個人所有の能力（機能）差、とくに「弱者」の能力を補塡すべきものとしてとらえ、能力自体に、当該個人の「外」を内在させている。いいかえれば、この能力（機能）がもたらす有利さを、「人と財との間の関係性」（Sen, 1980［216］）に求めることにより、能力という「内」自体を、財などの「外」と人とへ分割し、この両者の関係自体として能力を把握していることがうかがえるのである。

だから、この能力把握は、「障害者」の能力が財による補塡の程度によって異なる問題(セン, 1988[22])や、欲望するという能力につき、極貧困といった環境が「過大な欲望をもたないような習い性を身につけ」(同[36])させる問題も指摘できる。つまり、個人所有の能力差の特定自体において、財や環境との関連が強く意識されるので、個人所有としてのみとらえられがちな「弱者」の能力の問題も、財や環境の不備を自明視する制度の問題だ、ということになる。したがって、原理的には、能力にもとづく差別を正当化する——差別の原因を個人所有の能力差に求める——個人還元主義は登場しようがなく、たとえこの差別が生じても、差別の原因はただちに制度自体に求められる。こうして、個体能力観が超えられはじめると、「弱者」差別の廃棄も始まる。

たしかに、センの基本的潜在能力の平等論には、「財が人にたいして為すことと、人がこの財によって為しうることとは同一視されない」にもかかわらず、これらが同一視されること(Cohen, 1989[944])や、能力の補塡自体に人的要因を含めない、という難点がある(竹内, 1996a[16–19])。だが、「機能とはひとの生存状況の諸側面なのであって」、人の「外」にあるものによって、「機能のうちの多くのものは、……「生産され」ている」(セン, 1988[28])という発言、つまり能力自体を個人とその「外」との関連において、とらえ直したことの意味は大きい。このようにいえば、ごく一部の遺伝決定論者を除く多くの人々から、個人の現在の能力が、成育環境と遺伝的要因との相互関係の所産であることは自明であるが、だからといって、ただちに能力の個人所有論は否定され得ない、という反論があろう。しかし、センの議論から導出される内容は、こうした所産という通時的な次元だけのことではなく、時々に機能し発揮される能力自体という、いわば共時的な次元(この瞬間)

のことも含む。だからこそ、個体能力観は維持されない、というのが重要な点なのである。* このセンの議論の拡張ということにもなろうが、能力にもとづく差別を阻止しつつ、同時に、能力差に応じた適切な配分・処遇を可能にしうる制度の端緒として、以下に例示するような、能力の補塡に関する人的要因もとらえた能力把握が考えられる、と思われる。

* 本節での個体能力観批判は、「能力というものを、個人の所有ということだけでは規定できない」(勝田, 1964[34–35])という、社会的評価についての既存の発言とも文脈を異にする。

外界との遮断が明白な身体の外界に現れる能力も、他者の身体との関係からこそ生じる。たとえば最初は、抱いている母親が脅えて身を硬くしたり笑うからこそ、赤ん坊も、同じく身体を強ばらせたり笑ったりする。これは、他者の身体の動きに応じて同じ型で動くという点で、同型性と呼ばれるが、赤ん坊の身体の強ばりや微笑みという、通常は個体内部の能力ないし自然の資質とされることが、他者(母親)との相互関係としてのみあるわけである(浜田・山口, 1984)。もちろん、以上の場合、母親からの働きかけ(関係行為)を受容しうる一定の力が、赤ん坊の「自然性」として存在しなければ、身体の強ばり(微笑み)などの赤ん坊の能力も成立しない。つまり、微笑を可能にする筋肉運動や視覚などの「自然性」が存在しなければ、母親の働きかけから生じる微笑はない。それは、先天的な無視覚や、筋肉運動における重度の損傷を考えれば明らかである。しかし、赤ん坊の微笑における「自然性」の過度の強調は、母親などの働きかけを、微笑むといった通常レベルでしかとらえていないことの裏返しにすぎない。「重症心身障害児」に対する工夫にみちた取り組みにより、微笑みをはじめとするさまざまな感受性(能力)が生まれることには(高谷, 1983[150–177])、周囲の人間たちの在り方が能力を生む側面の重要性が現れている。つまり、通常の赤ん坊にとっては、母親などの微笑による働きかけが、赤ん坊の微笑という能力の出現にみあっているが、「重症心身障害児」にとっては、単なる微笑ではなく、さまざまな工夫にみちたケアが当人の微笑にみあっていることになる(竹内, 1993a[133–162])。

通常、健常者側は、自らの在り方の問題にはなにも言及せず、耳の聞こえない「障害者」には、コミュニケーション能力不全がある、と思い込みがちである。しかし、「障害者」が手話や読唇術を解する能力をもっていれば、事情は異なってくる。その場合、音声言語によるコミュニケーションは不可能であっても、健常者の上記の思い込みは、健常者側の能力の「低さ」が自覚されていないことによるのである。つまり、健常者側に手話や読唇術を解する能力があれば、この耳の聞こえない「障害者」は、必ずしもコミュニケーション能力が不全な人になるわけではない。そのほか視力に関わる損傷を抱えた「自然性」と眼鏡(社会的生産物)との相互関係として、「正常な」視力が成立し、近眼者が「障害者」とはならないことや、「寝かされきり」にされてきた痴呆性老人における座位や移動への主体性(能力)が、ケア側の当人への働きかけ自体に大きく依存すること(三好, 1989[39–42])等々。

個体能力観を超えるこの能力把握を、私は、「能力の共同性」と名づけているが、単純かつ抽象的に規定すれば、能力の根幹は、《当該諸個人の「自然性」と諸環境や他者(社会的生産物等も含む)との相互関係自体》ということになる。* 「弱者」論にかたよりすぎにせよ、この「能力の共同性」

からすれば、「弱者」個人が所有する「低い能力」は、それが特定されるその瞬間において、「低さ」を補塡する人的諸要因も含めた環境等の能力の不備に起因することにもなる。繰り返しふれてきたこの補塡は、イメージ的には「障害を持つ米国人法」(斎藤明, 1991)にいう、交通機関などへのアクセシビリティの実現の場合と同じく、時々の能力の成立へのアクセシビリティへの補償である。こうして、個体能力観を自明視することができないと同時に、能力を補塡しうる環境や他者次第で、「低い能力」に応じた適切な配分・処遇——「弱者」差別の廃棄でもある——は可能という把握も明確になる。ここから、個体能力観の克服を軸とする「能力の共同性」に依拠して、新たな制度やこれを担う諸個人の在り方も展望されることになる。

＊　詳論は割愛するが、「能力の共同性」論は、関係自体＝媒介運動の「消失」による関係項の現前の論理(マルクス価値形態論)、および関係自体の包括性のなかでの関係項の自立性の論理(ヘーゲル相関論)(竹内, 1982)の援用などを通じて、個人所有の能力を関係項としても位置づける議論であり、既述の「眼球の再配分」論ではなく、また、能力をめぐる平等を、個人所有の能力の同一化とする議論でもない。

6　能力論と責任論との結合を

もっとも、「能力の共同性」にもとづくだけでは、(a)リベラリズムを中心に多くの思想が強調する点、すなわち、個人的な善および効用(福祉)の追求と、その際の個人の自由・自律性が看過される恐れがあろうし、* (b)経済活動を焦点として、個人にたいするインセンティヴを忘却しかねない。さらに、(c)これらの問題を解決するまでに彫琢されても、「能力の共同性」を原理とする制度の、社会的承認の可否という問題も残る。これらについては、(a′)善や効用自体における個と共同性との関係、(b′)経済における有用性や効率の相対性、(c′)個人内における個人的観点と超個人的観点との新たな結合(Nagel, 1991[18-59])を踏まえて今後に期したいが、そのほかにも、重要な論点として責任論がある。本章の最後に、この責任論に関するいくつかの議論を若干検討するが、この議論は、上記(a)と(b)に関わるだけでなく、実は能力把握とも密接不可分なのである。

＊ さらには、発達無視という批判もあろうが、私はむしろ、「能力の共同性」を前提かつ結果とするような、発達強制に陥らない真の発達を構想すべきで、これは可能である、と考える。

政治的要因にうながされ、昨今のリベラリズムなどでは、責任論が隆盛だが(Scheffler, 1992)、「ドゥウォーキン、アーナソン、コーエンが提起する平等主義倫理の一般的な形」が、「社会は、人々にたいして、人々の制御能力を超える原因の所産である悲惨な結果にたいしては補償すべきだが、人々の制御能力がおよぶことであり、それゆえ、人々に個人責任のある……結果にたいしては補償すべきでない」(Roemer, 1993[147])とまとめられもする。この議論は、個人的善の追求は個人の制御能力範囲内にあり、したがって個人責任のもとにあるがゆえに個人の自由・自律性に任される、という主張とも重なる。さらに留意すべきは、個人責任を、個人の行為と結合する(ヴェーバー, 1980[62])のではなく、個人の制御能力の存在と結合する点であり、また、この意味で個人責任がないことを、社会的補償の対象として平等にすべきだ、とする点である。

問題は、個人の制御能力範囲(個人責任)内の事柄とはなにか、である。能力の配分(分布)も偶然的で個人に値しないとするロールズの議論が、この点では、能力について個人責任を問わないのは明らかである。だが、他方でロールズにおいては、正義の二原理に適う協働体制(社会)が成立すれば、個人的善への選好にもとづく自律的行為は可能とされ、その結果も、個人へのインセンティヴを惹起するものとして個人責任のもとに置かれる(Rawls, 1971[103][112][519])。ドゥウォーキンは、能力自体をさらに区分し、選好・嗜好・意思などの能力を、個人の制御能力範囲内にある自律的なものとして、個人責任有り(補償なし)の事柄——個人のインセンティヴにつながること——とし、他方で、肉体的精神的能力・天賦の才能等の能力は、個人の制御能力範囲外にある個人責任なしの事柄として、それらへの補償を主張する(Dworkin, 1981[301-303])。

福祉の機会への平等を説くアーナソンは、ロールズらを批判し、選好自体も個人の制御能力範囲内にあるとは限らず、かならずしも自己責任を問えないとし(Arneson, 1990[175])、次のように述べる。「福祉の平等な機会を享受している場合……、いっさいの福祉の現実の不平等は、各個人の制御能力範囲内にある諸要因にもとづく」(ibid.[178])。これは、ぎゃくにいえば、福祉の機会への平等とは、各個人が選好する福祉を可能にするために、選択肢(機会)を配分することだが、その中には、選好の充足という点で各個人を平等にするように、選択肢をこなしうる個人の制御能力の差に応じた適切な補塡が含まれる。

つまり、個人所有の能力差がある諸個人にとっては、福祉の機会が平等になるように配分される

「選択肢」は、機会を生かす「能力の不平等を正確に相殺するように不等価となる」(Arneson, 1990〔178〕)。ぎゃくに、福祉の機会への平等の実現以降の、「機会を結果へと変形することに個人は責任がある」(Roemer, 1993〔148〕)わけである。選択肢をこなしうるまでに能力が補塡された以降では、「個人が責任をとることが適切な原因」(Arneson, 1990〔178〕)としての、個人の制御能力範囲内の事柄が確定でき、これがまた個人のインセンティヴの確保につながる、とされる。個人責任の所在と、個人的善の追求やインセンティヴの所在とを、さらには個人の自由・自律性とを重ねる点では、ドゥウォーキンの議論とも同一傾向であるが、これら既述の議論では、この個人責任に任される個人の制御能力範囲の確定につき、今一度、能力論に戻る必要があるのではなかろうか。

有利さへのアクセスの平等を説くコーエンは、機会概念のうちに能力を含意させることは無理とする。また、客観性の確保からして、福祉(福祉欠如)概念よりも、包括的な有利さ(不利さ)概念を採るべきだとし、「個人的能力に欠陥があるのは、価値あること〔有利さ〕へのアクセスを欠いていることだ」(Cohen, 1989〔917〕)と述べる。そして、個人所有の能力をも含む「資源の欠如および福祉の欠如は、不利の限定されたタイプである」(ibid.〔920–921〕)とする。さらに、包括的概念としての有利さへのアクセス自体は、すべて個人責任のない「運」によるとして、このアクセスへの補償を主張する。そのうえで、有利さへのアクセスの活用は、個人の自己責任内の「選択」に任されると位置づけ、「選択／運という切り口の受入れを考えるべきだ」(ibid.〔931〕)という。

コーエンの議論は、有利さへのアクセスに欠ける「弱者」の能力の補塡を正当化し、個体能力観の克服にも接続していようが、有利さとはなにかが問われると問題は残る。彼自身、「満足いく体系的な仕方で、有利さとして何をカウントすべきかを正確にいうことはできない」*(Cohen, 1989[920])と告白してもいる。だとすれば、有利さ概念の規定のために、基本的社会財・資源・福祉などを再び用いざるを得まい。がさらに、選択／運と相関する個人責任有り／無しについては、選択が選択能力いかんであり、個人責任が個人の制御能力いかんであるので、「弱者」の能力を焦点として、やはり、個人所有の能力か否かを再び論じざるを得ない。

＊　この点を、「規範的哲学の最も深遠な問題の一つ」(Cohen, 1989[920])とし、センの基本的潜在能力の特定と類似的位置にあるというのは(ibid.[921])、示唆に富む指摘である。

したがって、「能力の共同性」の論理にも通じる、グッディンの次の責任論が登場したのもうなずける。「私が対置したいモデルは、われわれの行動や選択に左右される特定の他者の、特別の傷つき易さにたいする、われわれの特殊な責任を明らかにする。そうした他者に関わる特殊な責任をわれわれに課すのは、われわれの側での約束やなんらかの他の自発的な意思にもとづく行為ではなく、他者の傷つき易さである」(Goodin, 1985[775])。つまり、「弱者」の傷つき易さ自体が、われわれとの関係において存在するのだから、傷つき易さの補填の責任はわれわれにあり、この「『傷つき易さ」および「左右され易さ」という概念の中核にあるのは、両者が関係的だという事実なのである」(ibid.[779])。この論理は、皮膚一枚での自然的区切りに依拠する個人責任論を疑う点でも、個体能力観の克服を軸とする「能力の共同性」の論理に酷似している。たしかに、関係規定が中心であるだけに、傷つき易さ(「弱者」の能力)自体の特定とその補填をめぐっては、固有の困難があろうが、その克服こそ目指すべきではないか。

こうして個人責任論を勘案しても、「弱者」差別の廃棄を考えるなら、「能力の共同性」論の、一定の役割が浮上する。少なくとも、「能力の世界は、私たちがそれと共に生きておりながら、なおその正体をほとんどつきとめえていない、現代の暗黒の大陸のひとつなのである」(竹内, 1983[4])。だとすれば、一般化するには瑕疵《かし》があるであろう「能力の共同性」論も、「弱者」の尊厳の恢復／創造に向かう「暗黒大陸」の探険隊にくわわりうるのではなかろうか。

Ⅲ　先端医療と倫理

第七章　先端医療技術は何を隠すか*

＊本章は、優生思想の克服のためには、先端生殖医療技術が「隠す」事柄をとらえるべきだ、という中嶋(二〇〇四年度現在、岐阜大学大学院地域科学研究科修士課程地域文化専攻院生)の問題提起を、自己決定権賞揚による生命の質論の隠蔽や、発達至上主義による優生思想の隠蔽など(竹内, 1993a[34][63], 竹内, 2001b)、「隠す」問題を考えてきた竹内(東京唯物論研究会会員、中嶋の指導教員)が共有し、両者で討論しつつ、中嶋による四〇〇〇字程度の当初の内容に、竹内が手を入れて論点を付加し、これを両者が数回書き直して、両者の見解が一致した範囲で一応の完成をみたものであり、内容上も執筆上も、両者の持ち分の区分が、ほとんど不可能な文字通りの共著である。

1　先端医療科学・技術の「進歩」をどう問うか?

科学・技術は正しいという「迷信」のなかで育つと、科学・技術が正しくないかもしれない、という疑いをもったとたんに、善悪の指標とされてきたものさえ見失う場合がある。しかも、善悪の指標の喪失には、日々の生活のなかで大きな苦痛もともなう。それまで、正しいと信じてきた周囲や社会、さらには、自らをも疑うことにすらなるからである。まったく身動きがとれなくなるほどの、苦痛を味わうことすらある。しかし、苦痛ではあるが、疑う作業はやはり必要である。差別・

抑圧を克服し、すべての人を受容する社会を創るためにも。

医療の分野に限らず、科学・技術は社会・文化の中で生まれ、そのなかにあり、多種多様に変化してきた。しかし多くの場合、この変化は「進歩・発展」と考えられ表現される。たとえば、治療や新薬の開発などの医療技術の「進歩」により、健康で長生きできるようになったとか、生殖技術の「発展」により、病気の遺伝子をもたない子どもを産むことが可能になった、というようにである。一般に、「進歩・発展」という言葉は、善い印象を与えるし、善いことだと考えられがちである。たしかに、新しい医療技術は、それまで生きることができなかった生命に、生きることを可能にし、病気の「科学的」な解説により、それまで不治である、と怖れられてきた病気にたいする認識も大きく変えてきた。生殖技術はまた、子どものできない夫婦に、自分たちの子どもをもてるかもしれない、という希望すら与えた。これらの限りでは、社会・文化の展開によって可能になった科学・技術の「進歩・発展」は、人間にとって、より善い生活を実現するための要因ではあろう。

しかし、そうした科学・技術が、これを生み出した社会・文化、さらには、人間の生活を、ぎゃくに善くないものに変えてしまう場合がある。これも、他方の事実である。たとえば、医療技術の「進歩・発展」は、同時に医療への過度の依存状態や健康至上主義とも呼ばれるような考え方と結合している。[*1] 生殖技術の「進歩」は、出生前検査・診断による選択的人工妊娠中絶を可能にし、子どもを選別——差別でもある——することにたいする抵抗感を、減少させる効果をもった。[*2] さらに、人工授精などの「発展」は、子ども(実子)をもつのが当然だ、といった有形無形の社会的・文化的圧力を強化してきた。[*3]

＊1　ちょっとのことで病院に頼ったり、必要以上の薬を服用する、また、病気の治療の手助けのための服薬ではなく、病気の罹患に極度に過敏になって予防用の服薬をするとか、より健康に(楽に、美しく)なるために、たとえ高価であっても、薬類を服用することなどがある。さらには、病気・障害を医学的・生物学的次元に還元する傾向が強いなかで、病気・障害の社会的・文化的受容や、病気・障害をもったままでの差別・抑圧なき生、という方向性が軽視され、「治療」のみが重視されることがある。人々が治すためにいっそう医療に依存し、社会の側も社会保障や障害や病気の受容を、医療分野での「治療」とすり替えることなどにより、健康が人間存在の前提とされることもある(デュボス, 1977)。

＊2　出生前検査・診断による人工妊娠中絶ができなかった時代には、障害をもった子どもの排除は、出生後の嬰児殺であったが、嬰児ほどには「見えない(隠された)」胎児にたいする人工妊娠中絶によって、子殺しの意識は低下した。この抵抗感の減少の行き着いた先が、体外受精の場合の前提としての、どの受精卵を子宮に戻し、どれを廃棄するのかの選別であり、多胎児の場合の間引き、パーフェクトベビー、デザイナーベビーの発想である、といえる。

＊3　マスコミなどは、体外受精による不妊の「解決」の成功例のみをいうが、現実には、受精・着床の諸段階での失敗も数多く、また、この「解決」が女性への新たな実子強制の圧力になるなど、多くの問題がある(クライン, 1991[301–431])。

科学・技術に限ったことではなく、また自明のことだが、あらゆる物事は、肯定面と同時に否定面をあわせもつことを、やはり念頭に置く必要がある。[＊1] しかし、現在の生殖医療技術を考えた場合、一般には、あまりにも科学・技術自体のすばらしさのみが強調されすぎのように思われる。また、生殖医療技術も使うことを前提として発明・開発されるわけだから、利用するときの安全性や使用したときの便利さなどの「善いこと」のみが、強調されがちである。こうしたなかでは、肯定面とセットになっているはずの否定面が、意識的にではないにせよ、無視されがちになる。ちなみに、この否定面には、現在の社会では一般に当然だと思われ（思わされ）ながら、本当は善くないことも含まれる。そして、生殖医療技術に関するこの否定面（善くないこと）の中核こそ、差別・抑圧であり、その根底には優生思想がある。「進歩・発展」の裏側に生じている、こうした否定面を無視することは、科学・技術にたいする批判的な姿勢を脆弱化し、科学・技術自体に、まったく問題がないかのような錯覚へと、人々を誘導することにもなる。[*2] 問題を抱えた状態を自明視することは、本当の問題、つまり差別・抑圧につながる事柄が、あたかも存在しないかのような意識すら作りだす。こうして、差別・抑圧、さらには優生思想は常態化され、強化されることになる。

＊1　根深い女性差別思想などと結託していたルソーの平等思想を典型に、平等思想と不平等思想とが交錯することや（竹内，1999a［48–88］）、福祉国家の原型的要素を形成した点では、平等主義的傾向をもった一九世紀後半の「先進国」が、同時に、帝国主義的かつ優生思想的で不平等主義的でもあったこと（竹内，2001a［17–21］，竹内，2001b［17–25］）等々、歴史を顧みれば、ほとんどすべての事柄について、肯定面と否定面との結合は自明である。

＊2　たとえば、一見問題なさそうに見える、「体外受精でできた受精卵を胚移植する前に遺伝子診断をすれば、遺伝子疾患をもつ受精卵だったら胚移植しなければよいので、人工妊娠中絶の必要がなくなります」（星野，1995［80］）といった生命倫理学の主流派にまま見られる発言も、遺伝子診断にもとづく選択的出産という優生思想に通じる実践を無視して、「善いこと」のみを吹聴している。かの発言は、体外受精には差別・抑圧が存在しないかのような錯覚へと人々を誘導し、優生思想を強化しもする。なお、この発言に酷似した内容は、すでに、二〇世紀初頭のプレッツの議論の中にある（竹内，1993a［50–53］）。

われわれの多くは、生殖医療技術の「進歩・発展」にあまりにも目を奪われすぎ、生殖医療技術それ自体が抱える否定面、つまり差別・抑圧、優生思想に正面から立ち向かってこなかったのではないか。それゆえに、また、生殖医療技術の「進歩・発展」が、社会的にも文化的にも、特定のある方向——優生思想を強化する方向——に誘導されがちになるのではないか。もちろん、この問題は、一朝一夕にして解決できるものではない。そこで本章では、この問題の解決に資することを意図して、第2、3節では、生殖医療技術のうち、出生前検査・診断技術、とくに羊水検査以降の、この技術の「進歩・発展」の概略を示すとともに、それらの直接の功罪(肯定面及び否定面)を示す。そのうえで、そうした直接の功罪とは相対的に区別されることとして、第4節で、出生前検査・診断技術の「進歩・発展」によって「隠されている」事柄を明らかにする。そして、この「隠されている」事柄の顕在化を通して、先端医療技術とそれを生み出す社会・文化にたいする疑いの目を養い、差別・抑圧、優生思想を廃棄するための糧にしたい、と考えている。

2　出生前検査・診断技術の概要とその一般的評価

出生前検査・診断は、子どもが生まれる前に、胎児やその親にたいしてなされる検査・診断のすべてを指し、そのための技術が出生前検査・診断技術である。これら出生前検査・診断技術については、胎児や親を直接検査するために、多様な科学・技術が統合されたものとしてとらえるとともに、選択的人工妊娠中絶、病気・障害の定義、障害をもつとされる人(胎児も含む)や女性にたいする差別・抑圧を含むものとしても、とらえる必要がある。

現在(二〇〇一年)、日常的に行なわれている出生前検査・診断*には、超音波検査、羊水検査、絨毛検査、血清AFP検査、胎児臍帯血検査、母体血清マーカーテスト(トリプルマーカーテスト)がある。くわえて、着床前の受精卵や、親の生殖細胞の遺伝子構造の検査が行なわれつつあり、さらには、母体の血液中の胎児の細胞(赤血球など)の遺伝子を調べる方法も開発されようとしている。超音波検査は、胎児の画像を写し出して、外見的な「異常」や内臓の障害を調べる。羊水検査、絨毛検査、血清AFP検査、胎児臍帯血検査は、胎児由来の細胞や物質を調べる方法であり、それぞれ羊水、胎盤の絨毛、母体の血液、胎児の臍帯血を検体として、染色体の「異常」、遺伝的「異常」、生化学的「異常」を調べる。トリプルマーカーテストは、母体の血液を検体とし、先のAFP(α-フェトプロテイン=胎児性αタンパク質)にくわえて、hCG(ヒト胎盤性生殖腺刺激ホルモン)とエストリオール(エストロゲンの一種)の三種類を測定し、胎児がダウン症候群や開放型神経管奇形や18トリソミーをもっている可能性を調べる。これら、さまざまな検査・診断技術の「進歩・発展」によって、胎児——胎児になりうる受精卵などを含む——がもっている病気・障害、また将来発症する可能性のある病気・障害について、診断を下すことが可能になった。

＊　出生前検査・診断技術に関しては、ローゼンバーグ・トムソン『女性と出生前検査——安心という名の幻想』(ローゼンバーグ・トムソン, 1996〔11-61〕)、利光恵子「生殖医療と遺伝子診断」(利光, 1998)、森健『人体改造の世紀』(森健, 2001)、およびhttp1、http2を参照した。また、最近では、従来測定していた三種類の物質にくわえて、インヒビン-Aというホルモンを四つ目の指標として用いる母体血清

マーカーテスト（クアトロテスト）も開発され、利用され始めている。出生前検査・診断の語られ方とも関わるが、このクアトロテストは、トリプルマーカーテストが「進化」したもので、ダウン症候群の検出率が八パーセント向上し、ダウン症候群などの子どもが生まれる確率を、より「正確」に知ることができる、と紹介されている（http3, http4）。

たしかに、出生前検査・診断によって得られる諸情報は、母親や胎児の健康管理や分娩様式の決定、そして分娩直後の処置にたいする準備などに、有効に利用される。*1 そもそも、これらの検査・診断技術が生み出された背景には、病気・障害をもつ胎児を治療し、その生存を可能にする、という医療関係者の大きな目的があったことも事実である（ロデータ, 1992）。実際、こうした検査・診断技術が開発された結果、たとえばＲｈ血液型不適合や血友病をもっている場合は分娩時の対処によって、またアルファ地中海貧血症や複合型免疫不全症をもつ胎児の場合は、胎児骨髄移植治療などによって、それまで生きることができなかった病気・障害をもつ子どもの生存が可能になった（ローゼンバーグ・トムソン, 1996［64］［196］）。さらに、生殖についての女性の自己決定の権利を認めるべきだ、というフェミニズム運動の主張と、*2 出生前検査・診断の普及とが、密接に関連していることもたしかである。その結果、非常に不十分ではあるが、入手できる胎児情報をもとに、母親が胎児について、「自己決定」できる雰囲気も広がりつつあり、女性の自己決定にたいする差別は少なくなったとも考えられる。くわえて、出生前検査・診断が、かならずしも、選択的人工妊娠中絶や選択的妊娠とは直接に結びつきはしない、という主張もある。検査・診断で「異常」があるとわかったうえで、その子どもを産む選択をする親もいるし、選択的人工妊娠中絶を認めない、または勧めない医療関係者もいる。検査・診断を受けて「正常」な子どもを望む場合ですら、選択的人工妊娠中絶をしてまで、障害のある子を排除しようと思っているわけではない、という調査報告もある(玉井, 1999)。以上のことはすべて、さしあたりは、出生前検査・診断技術に関わる肯定面だといえよう。

＊1　多胎児の場合の分娩計画、妊娠中毒症や子宮外妊娠の場合の処置などがある。

＊2　このフェミニズムは、「産む産まないは女の権利(自由)」といったスローガンに代表されようが、現在のフェミニズムのなかには、出生前検査・診断の優生思想的問題の克服も、同時に射程に入れようとしたものもある。出生前診断や優生保護法(現母体保護法)と関連した日本のフェミニズムをまとめたものとして、森岡正博「ウーマン・リブと生命倫理(完成版・第一部)」(森岡, 1998)を参照。

しかし、検査・診断の可能なすべての病気・障害が、治療できるわけではない。しかも、病気・障害をもったままの状態を、完全に受け入れるほどには、現在までの社会・文化は、成熟してはいない。そのため、出生前検査・診断は多くの場合、障害をもつ子どもの出生を回避するのに必要な情報収集の手段としてあつかわれ、選択的人工妊娠中絶や選択的妊娠を前提に、あるいは選択的人工妊娠中絶や選択的妊娠を考慮して行なわれる。さらに、そうした目的を実現するために、検査・診断技術が開発され、その利用が推進されている。それゆえ、出生前検査・診断には、大きな否定面があると考えるべきなのである。

つまり、病気・障害をもつ子どもの出生の回避を目的とした検査・診断の技術自体を、そしてこれらを生み出した社会・文化を問題視する必要がある。なぜなら、「胎児診断を公的な次元で鼓舞することは優生学的社会への重大な第一歩であり、このような技術は障害者の事前抹殺の思想（優生思想の一種）を含んでおり、障害者は生れてきてはならないという考えを広めることになる」（米本, 1986[184]）からである。また、出生前検査・診断自体が障害者運動によって、非難の対象とされてきたことからもわかるように、出生前検査・診断技術は、検査・診断を受ける受けない、技術を使う使わない、中絶をするしないといった、個々人の選択や主張の対立に関わっているだけではなく、当の社会・文化の在り方全体と関わっているからである。しかし現在でも、ときおり科学・技術を社会・文化と分離したうえで、問題を考える傾向に遭遇するが、*こうした考え方が、医療の場合には、社会的・文化的な問題を個々の生物学的な問題にすり替えることを助長し、社会的・文化的な問題としてとらえるべき事柄を曖昧にする。たしかに、病気が生物学的（科学的）に解説されることによって、それまで不治であると怖れられ、差別・排除の対象となってきた病気・障害をもつ人に対する認識が変わりはする。しかし、病気・障害が科学的に解明されたというだけで、出生前検査・診断技術に関わる排除や差別・抑圧や優生思想がなくなるわけではない。

＊　「先端医療と人間社会はいかにして調和しうるか」（加藤・加茂, 1998の帯）といった傾向であり、これではあたかも、先端医療自体は、人間社会の在り方と無関係に登場したものであるかのようになってしまう。時々の医療自体が、人間社会の特定の在り方に強く規定されることは、たとえば特定病因論と一九世紀末―二〇世紀初頭の戦争との関係、人工呼吸器と朝鮮戦争との関係、アメリカにおける心臓移植の促進と社会保険の未整備との関係などをはじめ、自明なはずである。

なにが健康や病気・障害であるのかも、社会・文化によって規定される。古代ギリシアでは享受能力に、中世社会では信仰の能力に健康の基準があったが、近代資本主義のもとでは、社会・国家や企業の経済的発展に貢献することのできる労働能力に、健康の基準を置く構造ができてきた(ブロッホ，1982[26–31])。それは、諸個人が時々の社会・国家に貢献する程度を問題視し、能力の低い者を不健康、価値の低い者として、じょじょに排除していく構造でもあった。いわば、健康が生きるための義務となり、不健康が排除の条件となってきた。* 義務化された健康観や自己目的化された健康を求める意識は、医療の「進歩・発展」を必要とし、新しい医療技術を賞賛する。ここにまた、医療への過度の依存と新しい技術への無批判な姿勢も生じる。

＊ なお、この健康の義務化は、権利としての健康を規定したワイマール体制を根こそぎにしたナチスの標語でもある(米本，1986)。もっとも、このワイマール体制自身も、不妊手術の推進などの点で、すでに優生思想にいわば毒されていた(市野川，2000)。

さらに、新たに発見された生物学的な指標(標準)からの逸脱は、「異常」として病気・障害にくわえられる。つまり、新たな医療技術により、新たな病気・障害が作り出されもする。* 新たな技術は、新たな健康観・病気観・障害観をも形成し、これらに人々は拘束される。社会・文化の仕組みは、そうして作られた健康観を満たしうる人間を、主要な構成員と見なして作られ、次にはすべての人々を健康にするという名目で、健康基準に当てはまらない人間の排除を正当化しもする。出生前検査・診断技術は、そうした健康な人間を基準とした「新しい社会」を作るためにも使われる。

＊　遺伝子検査によって判明する保因者にすぎない人を、新たに病人に加えることを典型とする。

3　羊水検査以降の「進歩・発展」の表裏

出生前検査・診断技術の展開が隠している事柄を考える前に、羊水検査が登場して以降の、出生前検査・診断技術の「進歩・発展」(肯定面)の語られ方とその裏側(否定面)に、今少しふれておきたい。出生前検査・診断技術の変化は、他の多くの科学・技術と同様、「進歩・発展」と表現される。ちなみに多くの場合、「進歩・発展」した新しい検査・診断技術の情報は開発側やそれを利用すべきだと考える、いわゆる推進派の側から発信される。また、新しい技術の情報は使用することが当然であるかのごとく、おもに妊娠した女性向けの雑誌やホームページなどで、容易に入手することができる。

羊水検査技術は、ダウン症候群や血友病など、染色体に「異常」をもつ子どもを以前に産んだことのある場合や、親が遺伝性疾患や障害の保因者である場合に、母親の不安を取り除くことを可能にした、といえる。検査で「異常」があった場合には、親の意志で、人工妊娠中絶をすることもできる。もっとも、羊水検査は妊娠一五週以降に行なわれ、さらに、診断が確定するまでには三週間程度を要する。そのため、「異常」があって人工妊娠中絶をする場合、すでに妊娠中期に入っていて、母体への負担が非常に大きい。しかし、生殖医療技術の「進歩・発展」は、そうした問題を軽減した。絨毛検査の開発で、妊娠九―一二週に検査ができ、約一週間で結果が出せるようになったからである。そのため、「異常」があった場合の人工妊娠中絶も、より早い段階で行なうことが可能になり、身体への負担や中絶にともなう危険が軽減された、という一般的な事実がある。

さらに、受精卵検査・診断では、「異常」のない受精卵のみを子宮に戻すため、中絶にともなう母体の負担や危険もないことにされ、病気・障害をもつ胎児の妊娠を未然に防ぐことができるので、中絶自体の是非については対立もなくなる。母体血清マーカーテストは、母体の血液を採取するだけの検査である点では、手軽で安全である。これは、確率を示すだけの精度の低いものではあるが、*この検査で異常値を示した場合にのみ、絨毛検査によって、「異常」の有無を確定すれば、より効率的にもなるし、それは絨毛検査の普及にも役に立つ。このような出生前検査・診断技術の「進歩・発展」により、人工妊娠中絶にともなう母体への負担や危険は軽減されると同時に、より簡単に病気・障害をもつ子どもの出生が予防され、そして、母親はより安心して子どもを産むことができることにもなる。そこに、たとえば、母体血清マーカーテストなら、一―二万円という便利さ(廉価)もくわわる。しかし、「進歩・発展」に収斂される安全・効率・便利・安心といったことは、一度は疑ってみる必要がある。

* 検出感度ともいわれ、その精度は七〇パーセントとも八三パーセントともいわれる(森崖, 2001[221])。

なぜなら、「進歩・発展」は、かならずしも安全性や確実性の向上をともなわないからである。早い段階での中絶の選択が可能だとされる絨毛検査は、頻度は低いとはいえ、羊水検査以上に流産や感染症を誘発する危険がある。おまけに、検査・診断の結果は一〇〇パーセント確実だ、というわけではない。とくに、母体血清マーカーテストは確率を示すだけだし、その他の検査をしても、すべての病気・障害を確実に把握することはできず、ましてや、病気・障害の程度の差まではわからない。* だから、不確実な情報にもとづいて、中絶を行なうことにすらなり、母親の安心につながらない場合も出てくる。また、遺伝病に関する知識やカウンセリング――ほんらいは、差別・抑圧や優生思想に関することも含む――が、現在までのように、量的にも質的にも非常に不十分な中では、検査・診断による情報によって、親が本当に適切な選択をすることは困難であり、知る権利やプライバシー権、さらには人工妊娠中絶や生命操作に対する倫理的問題もクリアされない。こうした問題点の指摘は、出生前検査・診断や選択的人工妊娠中絶に反対する議論として、比較的よく目にすることである。

＊　出生前検査・診断の対象として最も数が多いと推定され、一般的には知的障害に分類されるダウン症候群を同じく持つ子どもの間でも、成長して、たとえば、いわゆるＩＱ二〇程度に留る人と、四年制の大学生になれる人(『日本経済新聞』一九九八年五月一〇日付朝刊)との「格差」すら生じるが、こんなことは出生前検査・診断の段階ではまったくわからない。

4　出生前検査・診断技術が隠すもの

しかし、たとえ出生前検査・診断に関する事柄がすべて説明され、上記の問題点がすべて解決されたとしても、さらに考えなければならないことがある。出生前検査・診断に関して問われるべき問題は、検査自体の非安全性・不確実性、インフォームド・コンセントの不十分さやカウンセリング体制の不備、選択的人工妊娠中絶や人間になる可能性をもった組織の利用等々に関する倫理的問題などには限定されないからである。考えるべき問題点は、なぜ、出生前検査・診断技術という科学・技術が開発され、世に出ることになったのかという点に関わっている。残念ながら、現段階までの人類史の深層においては、病気・障害をもった子どもを排除しようという構造や思想(優生思想)は変わっていない。むしろ、出生前検査・診断技術の「進歩・発展」によって、病気・障害をもった子どもを、さらには病気・障害をもった「不健康で能力の劣った」状態を排除しようという構造や優生思想は、より強化の方向へ向かっている。では、なぜ、出生前検査・診断技術の「進歩・発展」は、障害・病気をもった人々を排除する構造を強化するのか。おそらく諸学すべてを動員しなくては答えられない、この巨大な問いに、本章で立ち向かうことは不可能である。しかし、出生前検査・診断技術の「進歩・発展」が、現に隠している事柄を明らかにすることは、上記の排除する構造や優生思想の強化を解明する上で、したがってまた、出生前検査・診断技術の開発や普及の理由を解明する上で、一定の役割をはたすはずである。

【日常性】 第一に、出生前検査・診断という医療技術の「進歩・発展」がもたらす日常性の問題がある。出生前検査・診断技術の「進歩・発展」とは、たとえば携帯電話や自動車がそうであるように、それがたんに先端科学・技術としてではなく、日常的なあたりまえの技術として、人々の日々の生活のなかにとけ込むことをも意味する。さらには、先端科学・技術でありながら、技術であることすら隠され、たんなる商品として日常の生活にとけ込んでくるのが、出生前検査・診断技術なのである。つまり、日常的で欠かすことのできない当然のものとして、出生前検査・診断技術が使われてこそ、その「進歩・発展」もある。日常生活全般や携帯電話や自動車がそうであるように、日常的に使うものをいちいち考えながらでなければ使えないとしたら、日々の生活は支障をきたすだろう。むしろ、疑問をもたずに使えるからこそ、日常的なものなのである。

もちろん、携帯電話にしても自動車にしても、それらの使用自体を考える必要があるのは当然だが、とりわけ、出生前検査・診断技術は優生思想の担い手ですらあるのだから、少なくとも、ちょっとは立ち止まって、疑問をもって考える必要があるものである。しかし、「進歩・発展」することで、日常的になった出生前検査・診断技術は、まさに、その日常性ゆえに、なんらかの社会的な議論や規制を作るなどの対策が必要かもしれない、といった疑ってみる目の必要性すら隠す。日常的なものになるまでに「進歩・発展」した出生前検査・診断技術は、それ自体を疑うことが隠されたまま、既成事実化されて、問題のないものとしてあつかわれることになる。さらには、この問題点が隠されることによって、日常生活の一部としての出生前検査・診断は、より確固とした位置を得るのである。*

＊　日常性の問題は、フーコーの生の権力論・ミクロの権力論（フーコー，1986）とあわせて検討すべきだが、ここでは割愛せざるをえない（竹内，1995b参照）。

【利用しやすさ】　第二は、日常性の問題と関連することであるが、出生前検査・診断技術が、安全で便利で効率的に入手できることで、この技術を利用しない可能性が隠される点である。出生前検査・診断技術を安全・便利・効率的に利用することが可能になると、それは特別な説明すら必要のない一連の検査のひとつとして自明視される。つまり、血圧を測ったり、レントゲンを撮ったりするのと同じような技術として、出生前検査・診断技術は使用できるようになる。利用しやすくなった出生前検査・診断技術は、次には当然使用すべき技術である、という意識と雰囲気を形成する。その結果、その使用が当然であるはずの技術を使用しないこと、使わせないこと、使用を勧めないことは認めない、という状況が生み出される。新しい科学・技術が、使用を目的に作り出されるのはもちろんだが、日常的であたりまえとなった科学・技術は、それ以上のレベルでの使用が当然とされ、使用しない状態が、あたかも存在しないかのように隠されてしまう。超音波検査などは、その典型であると考えられるが、たとえば輸血を拒否して子どもを死なせることが一般に受け入れがたいとされるのと同様に、胎児の状態を知るための出生前検査・診断を受けない、ということは認められにくくなる。好むと好まざるとにかかわらず、意識していようといまいと、検査を受けざるをえない状況に置かれ、技術を使用せずに過ごすことが難しいほどに、未使用の状態は隠される。*

* 利用しやすさの問題は、最終的には有用性とその基準の問題(竹内, 1993a[162–173])に行き着くが、ここでの検討は省かざるをえない。

次々と、新しく生み出される手軽な出生前検査・診断技術が、使われ日常生活に浸透することのなかには、少なくとも優生学的社会にもつながりかねない検査・診断技術の安全で便利な使用という側面がある。だから、たとえば病気・障害をもった子どもの存在を認めない意識が、より自明視されるにもかかわらず、こうした側面はあまり問題にされない。そこには、第一点とあわせて考えれば、出生前検査・診断技術の日常化やその使用自体によって隠される事柄が大きく関与しているのではないか。さらには、隠されていることすら気づかせなくする可能性もあり、出生前検査・診断技術自体を問題視する環境も奪われるのではないか。このように、言及している隠される事柄を通じて、優生思想がより強化されること自身は、誇張でも何でもなく、事実としてとらえるべきことであると思われる。

【商品化による物化】　第三に、出生前検査・診断技術も、多くの場合、商品化を免れえず、商品化を通じて、出生前検査・診断技術自身が物化してたんなる物となっていながら、このことが隠される問題がある。たしかに、出生前検査・診断技術も、日常的に使用することを目的に作り出される点で使用価値をもっている。しかも、患者に適用されるものとして、社会的・文化的存在でもある人間——たんなる生物的存在としての人間ではなく——との関わりにおける使用価値をもっている。しかし、商品化されることを通じて、出生前検査・診断技術も、売買可能性を焦点に市場での価値(交換価値)をもつものとしてのみ存在するようになる。商品としての出生前検査・診断技術は、商品交換の過程においては、さしあたり市場での他のさまざまな商品と全く同じく、交換価値の担い手としてのみ、つまりは物象としてのみ存在する。*

＊　売買可能性を焦点とする交換価値の根底には、もちろん第五の論点として示す利潤動機があり、さらには、優生思想的かつ能力主義的な弱者排除・差別の思想がある。

しかし、商品の物象化から物化への一般的な論理が示すように(平子, 1979)、この物象(交換価値の担い手)としての出生前検査・診断技術も、物象には留らない。交換価値の担い手としての出生前検査・診断技術が、技術自体の物としての側面に固着することによって、物化して物そのものになるからである。こうした出生前検査・診断技術の物化については、また、これまでの生産一般において、植物や動物や石油などを物として利用し、物としての商品を作ってきたことや、消費者のニーズに合わせた物(商品)を作っているだけだ、という意識も作用する。こうした作用もあって、商品としての出生前検査・診断技術は、同時に物化して、たんなる物としての出生前検査・診断技術になる。しかし、出生前検査・診断技術のこうした物化は、この技術が医療サービスといった対人関係のなかにあることもあって、一般的な商品の物化以上に隠されがちなのである。しかも、このたんなる物としての出生前検査・診断技術こそが、社会的・文化的存在でもある、ほんらいの人間にではなく、その生物的存在としての人間——たんなる生物としての人間は物に等しい——にのみ関わる。この関わり方は、いうまでもなく生物学的な「異常」や病気・障害のみへの関わり方、とくにこれらの排除を至上命題とするような関わり方である。こうして、社会的・文化的存在でもある人間との関わりのなかでの使用価値——たとえば、出生前検査・診断を受けながら、病気・障害の排除にいたらないこともある、という第2節の記述を想起されたし——をもっていたはずの出生前検査・診断技術は物化して物となり、同じく物たる生物的存在としての人間や、その「異常」や病気・障害の排除のみに関わることになる。それは、使用価値自身の変化(転倒)、とまでいいうるほどの大きなことなのだが、これらが隠されてしまうのである。こうした商品化と物化の過程においては、また出生前検査・診断技術が、生まれる可能性のある生命を殺す物でもあることも隠されがちとなる。

くわえて、出生前検査・診断の技術開発の現場にいる研究者たちには、課せられた商品化のノルマを達成することに追われ、本当の問題を考える余裕がない。他企業よりも先に高い交換価値のある技術を開発しなければ、次には自分が淘汰(馘首《かくしゅ》)されることにもなりかねない。「劣った生命」を排除するための出生前検査・診断技術の普及は、社会生活の中での能力主義を強化しもするので、利潤に貢献する能力によって階層化される企業社会では、出生前検査・診断技術の研究者は、原理的には、自分自身の首を絞めることに従事している、ともいえる。このように、技術・商品を生み出す側でさえ、差別・抑圧されることから自由ではない、ということも隠されがちであまり注目されないことのように思われる。

【社会保障の削減】　第四に、出生前検査・診断技術の「進歩・発展」と、社会保障に関する社会や国家の責任とが、原理上、取り引き関係になる問題がある。つまり、出生前検査・診断技術の使用が促進されることには、社会保障の不備にたいする責任回避を可能にする面があるのだが、このことが隠されるのである。たとえば、出産前に胎児が障害や病気をもっているか否かを知ることができるにもかかわらず、出生前検査・診断を受けなかった場合や、知っていて産んだ場合には、それは親や家族の責任としてあつかわれることになる。親や家族の個人的な責任としてあつかうことで、病気・障害をもつ人の生を保障する社会や国家の側の責任が隠されることになる。隠されることで、あたかも社会や国家には、上記の出生に関する責任が無いかのようにとらえられる。病気・

障害をもった子どもの生を保障するために必要な費用よりも、検査・診断を普及させる費用の方が安くつく、という計算すら存在する。* そして、ほんらいその再配分のために集められ、社会保障のために使われるはずの税金が、出生前検査・診断技術の「進歩・発展」に回され、病気・障害をもった人の生を保障しない社会がさらに強化されながら、このことが同時に隠される。しかも、「進歩・発展」して日常的になった出生前検査・診断技術は、このように隠される社会保障の不備への疑義すら不要にしてしまいかねない。その結果、「異常」をもった子どもを産み育てることを、いっそう負担のかかることに、またより困難なことにさせる環境ができあがる。病気・障害をもった子どもへの虐待や養育放棄などについては、種々の側面からの検討が必要だが、出生前検査・診断技術の「進歩・発展」が、社会保障の不備を隠す点からも考えるべきだろう。

＊ 実際、ダウン症候群の子どもの寿命に見合う養育費などの社会保障費と、三五歳以上の妊婦すべてが羊水検査を受けた場合の費用などとの損得計算により、羊水検査の完全実施は、年間六〇億円の「節約」になる、という試算が、アメリカで公表されたこともある（斎藤茂, 1985［269–270］）。

【利潤動機】 第五に、日常化や効率化にも必要なことであると同時に、商品化の前提でもあることだが、出生前検査・診断技術の普及の際の利潤動機に関わる論点がある。出生前検査・診断技術に限らず、新しい科学・技術は採算性を考慮に入れて研究・開発される、ととらえることが妥当だろう。たとえば、遺伝子の商品化にいたるヒトゲノム計画は、ゲノム配列を確定し、ポストゲノムと称されるゲノム製剤や遺伝子組み換え食品などに利用することで、世界の市場を支配できるほどの利潤が見込まれている(リフキン, 1999[86–87])。この利潤をめぐって、企業は先を争って技術・商品開発をし、また、国家的規模での莫大な資金がつぎ込まれる。企業に利潤をもたらす遺伝子情報や技術・商品を、特許として保護するための制度もできあがっている。

以上とほぼ同じ利潤動機が、出生前検査・診断技術の普及にも該当する。出生前検査・診断技術は、医療現場のある種の経営的な理由から推進されてもいるからである。端的には、出生率低下の影響下にある医療機関は、個室の増築や食事の改良などのほかに、患者すなわち利潤を確保するための道具のひとつとして、出生前検査・診断技術を用いる。必要がないかもしれない検査を、「安心できるから、便利だから、せっかくあるのだから」といって勧め、検査に依存させることで、患者(妊婦)を確保することが可能になり、検査を多くすることで、利潤も確保できることになる。そうした検査をたくさんする病院が善い病院とされ、出生前検査・診断技術を診療報酬に、具体的には保険点数に結びつけて評価するシステムも作り出されつつある。こうして医療機関は、主要には利潤目的で、商品化された出生前検査・診断技術を普及させる。しかし、一般的な健康を求める意識も作用して、多くの場合この利潤動機は隠されたままなのである。

しかも、出生前検査・診断技術の医療機関への普及は、検査会社の請負を通じてのことが多い。都道府県や市区町村単位の医師会にたいして、検査会社によって出生前検査・診断技術の導入を勧誘する説明会などが開催され、これらの働きかけを通じても、つまりは検査会社の利潤動機も大きく作用して、出生前検査・診断技術は普及している。*しかし、こうした検査会社の利潤動機による出生前検査・診断の普及ということも、多くの場合隠されたままである。

＊　これについては、まとまった文献には不案内だが、NHKテレビ番組「生命を選べますか?――新たな胎児診断システムの波紋」(一九九六年四月二七日放映)を参照している。

【妊娠中の生活】　第六には、最も忘れられがちなことなのだが、出生前診断・技術が、妊娠・出産のたんなる生物学的側面に関わる営為としてのみとらえられるために、隠されることがある。それは、妊娠・出産とこれにいたる生活が、女性やその家族にとって大きな負担であると同時に、あるいはそれ以上に、楽しみ・喜びであるという点にかかわる。出生前検査・診断技術の「進歩・発展」は、必然的に検査自体の項目や回数を増やし、母親には身体的・精神的に大きな負担――場合によっては苦痛すら――をもたらす。もちろん、こうした検査が、妊娠中毒症や感染症などに罹患した母親と胎児の生命にかかわる事態を未然に防ぐために必要な場合はある。しかし、妊娠期間は、ただでさえ普段と違った状態であり、定期的にあたりまえに行なわれる検診でさえ、身体的・精神的苦痛をともなう。それにくわえて、受けないことが社会的に許されないほどに日常化した、さまざまな出生前検査・診断の存在は、女性にとって相当な負担である。その上、診断結果を待つ期間は、大きな不安を抱えたまま過ごすことになる。親や胎児がその検査を望んでいるかどうかは別にして、検診や検査に追い回されるような妊娠期間をおくることになるのである。さらには、検査によって身体的負担を強要されるだけでなく、そうした検査やその結果に振り回されることは、妊娠したことを喜ぶという気持ちや、ゆったりと妊娠期間を過ごす環境を奪う。自分のお腹のなかに別の生命がいるといった、普段では味わえない感覚を実感したり、日々の生活のなかで、家族と一緒になって出産後の生活の準備をしたり、お腹の中の子どもと「一緒に話し合う」(ラフラー＝エンゲル, 1993[48–57])などの、妊娠によってもたらされるはずの楽しみを覆い隠してしまう。こうした一連の、いわば人間的な妊娠・出産は、一部の宗教家がその教義にもとづいて、ある種強迫的に言及する場合を除けば、ほとんど隠されているように思われる。

5 隠されたものによる差別・抑圧の克服を

以上で見てきたように、出生前検査・診断技術の「進歩・発展」が隠すさまざまな事柄を通じても、優生思想は、はびこりつづけていると思われるのだが、こうしたこと自身は、これまであまり検討されてこなかったように思う。さすがに、科学・技術は社会・文化と無関係に存在する、とされる場合は少ない。しかし、先端医療技術、とくに出生前検査・診断技術の場合は、自由主義や新自由主義の影響もあって(竹内, 2000b)、現代ではこれらを個々人の選択権や自己決定論の問題に還元してとらえる傾向が強い。そのため、そもそも社会・文化のなかにある優生思想と出生前検査・診断技術との関連性自体については、一部にこの関連性を告発する強烈な議論があるとはいえ、たとえば生命倫理学全般においても、この関連性への着目は減っている(竹内, 1995b[30–32])。だからこそ余計に、出生前検査・診断技術の「進歩・発展」によって隠される事柄と、優生思想の強化、あるいはその深化・拡大とを結びつけてとらえることには、手が届いていないのではなかろうか。これらのことを念頭において、最後に優生思想について簡単にふれて本章を閉じることにしたたい。

優生思想が、ナチスドイツなどに特有の、ごく一部の狂信集団の思想ではなく、プラトン以来、どの時代にも存在し、また現代でも存在している普遍的な思想である、という認識は一部では定着しつつある（米本，2000）。しかし、そうした普遍性ゆえに、ぎゃくに優生思想がなぜ善くない思想であるのか、という説明や、優生思想を廃棄するために必要な視点を確保することが難しい状況も生み出されている。

優生思想の根幹は、社会・文化と切り離された個人還元主義的な人間観に依拠し、人間の資質（能力）の根幹を生物学的次元にのみ求め、その指標にもとづいて、優秀なものを賞揚し劣等なものを排除するところにある（竹内，1993a［46–74］）。くわえて、現在の優生思想は、「商業的優生学」と呼ばれることもあるように、「経済効果の上昇やよりすぐれた生活水準、生活の質の向上」を謳《うた》い、「社会・経済的な恩恵」（ニフキン，1999［180］）をもたらすものとしてとらえられさえする。つまり、優生思想は「市場の勢力と消費者の欲望によって拍車をかけられ」（同上）、自明のものとして浸透し、肯定的に受け入れられることにもなる。* こうした雰囲気に依拠した優生思想と、これを具体化した技術を賞賛するなかでは、一定の基準により人間に序列をつけ、価値の低い者から排除する優生思想は、ぎゃくに重要視されるまでもなく日常の風景として、また常識として流通していく。同時に、その背景にある能力主義も常識化し、非常に不十分な社会保障が問題視されることすら少なくなる。こうしたなかでは、能力が低いとされる人に対する差別・抑圧の構造と、これの屋台骨をなす優生思想は、出生前検査・診断技術の「進歩・発展」によって隠される多くの事柄を通じて、より一層強化され、深化・拡大されつづけるのではなかろうか。

＊　商業的優生学は、「高コスト是正」論などの新自由主義とも直結しており、また、現代優生学とでもいうべき容貌を持ち始めている(竹内, 2001b)。だから、現在の福祉構造基礎改革(改悪)による社会保障削減と現代優生学との関連にも留意すべきである。くわえて二〇世紀初頭に、プレッツやシャルマイアーにより、民族衛生学として醸成された「優生学は(ドイツにおいてさえ)、偏狭な人種主義からはきわめて遠い場所で芽生え」(市野川, 2000[41])、「シャルマイアーの著作に顕著に見られる純粋に能力〔業績〕主義的で階級を基盤とする優生学の促進にこそ、当初圧倒的な関心が寄せられた」(Weiss, 1987[149])点も、いまだに優生思想＝ナチス図式に囚われがちな日本では強調すべきである。

私事(中嶋)であるが、最近、友人が子どもを産んだ。優生思想と結託した生殖医療技術の問題にたいして、ほとんど嫌悪感すら抱いていた時の、「生まれたよ」という友人の電話に拍子抜けすると同時に、出生前検査・診断についてもっと考えなくてはならない、という気持ちにもなった。結婚を決めたときの彼女の一報にも救われた覚えがあるが、彼女の、疲れてはいるが、喜びと安堵に満ちた何気ない喋り方は、妊娠や出産が特別なことではなく、誰にでも起こるあたりまえの日常だ、ということをあらためて感じさせてくれた。しかし、こうした何気ない日常の中に、差別・抑圧の強化につながる面をもつ出生前検査・診断が入り込んでいるのも事実なのだ。当然のことだが、すべての子どもは、両親や家族や友人たちから、さらにいえば社会・文化全体から、喜びと祝福をもって迎えられるべきである。このあたりまえであるべき人間の営みが、妊娠にともなってなされる検査・診断によって侵されたり、知らないうちに差別・抑圧や優生思想に巻きこまれることのない、もっといえばそんなことすら考えなくてもよい社会を作るためにも、先端医療技術の「進歩・発展」が隠すものに、もっともっと目を向けるべきだと思う。

第八章　生殖技術と倫理との関係を問う

――商業的優生学との対抗――

1　生殖医療を問う枠組

私は、ナチズムには還元されえず、かならずしもレイシズムとは一体でもない優生学*、現代の生命倫理(学)、現在の支配的思想(新自由主義)の、三者の根深い関係につき、末尾の文献表記載の拙稿ほかで、すでに一定の見解を公表してきた(竹内, 1998c, 竹内, 2000a, 竹内, 2000b)。だが、それら拙稿の大半の主題は、生殖医療・遺伝子操作自身というよりも、不平等・差別批判や現代平等論だった。そこで本章では、生殖医療などの個々の内容には立ち入れないにしても、それらの抱える問題の核心が、優生学(優生思想)に帰着すること自身を焦点としたい。焦眉の論点は、すでに指摘されているように、「陰険な計画としてではなく、社会・経済的な恩恵としてわれわれに近づき」「市場の勢力と消費者の欲望によって拍車をかけられている」「新優生学」――専門家とともに庶民が推進しもする優生学――としての「商業的優生学」(リフキン, 1999[180])の舞台が、生殖医療・遺伝子操作だ、という点にある。

ちなみに、生殖医療・遺伝子操作がもたらす諸問題は、これまでもたとえば、次のように列挙・

整理されてきた。(i)遺伝暗号の書き換えによって生じる、人間が把握しえない「進化」が、生物化学兵器以上の遺伝子災害をもたらす。(ii)クローン増殖されたキメラ的遺伝子組み換え生物や異種間臓器移植の結果が、人間自身に対抗する。(iii)人工的・操作的生命の創造によって、本来の自然界が終焉して既存の生命観が崩壊すれば、人間は安定した社会が形成できない。(iv)遺伝子プール・先端医療の特許の多国籍企業による独占は、新自由主義と一体の現代帝国主義(後藤, 2001, 渡辺, 2001)による南北問題や各国階層間格差問題以上に、世界に悪影響を与える。(v)人間生命の商業資産・発明品化による知性・情緒の困惑は、脱却不可能なほど深刻である。(vi)パーフェクトベビー症候群など、遺伝子段階での人間の類型化により、人間差別がより自明視され、優生学がよりいっそう亢進する……。

もちろん、首肯されるべき、これらの把握を踏まえつつも、本章では「新優生学としての商業的優生学」の深刻さを明らかにし、またその克服を志向しつつ、私が十数年来意図してきた(竹内, 1987b)、優生学と生命倫理(学)との関係をとらえうる体系構築も念頭に置き、叙述自体は粗雑になるが、あえて下記のような、壮大すぎる組立てで議論を進めたい。つまり、生殖医療・遺伝子操作の諸問題を、(ア)認識哲学・認識論的枠組、および(イ)社会哲学・価値論的枠組において整理し、今なお、(ウ)最大の差別・抑圧としての死——殺す・死なせる——、および死に近い生のはなはだしい軽視が存続している現実を踏まえて、(エ)商業的優生学と一体化した上記諸問題の克服の道を探りたい。また以上と、一般には市場万能、「国家」根源悪、「自由」重視の三点によって特徴づけられる新自由主義(Haworth, 1994[3], 竹内, 2002)との関連も重視したい。

＊　プラトン以来の優生学は、一九世紀後半のゴールトン以降にいたっても、その中核にレイシズムはなく、たとえば、ドイツ優生学（民族衛生学）の代表者の一人「シャルマイアーの著作に顕著に見られる純粋に能力〔業績〕主義的で階級を基盤とする優生学の促進にこそ、当初圧倒的な関心が寄せられた」（Weiss, 1987［149］）。なお本章は、もともと二〇〇二年度の中部哲学会・研究大会シンポジウム「生殖医療と倫理」での私の報告原稿である。また本章の以下の記述では、注記を割愛するほか、生殖医療等の個々の内容については逐一参照文献を示さないが、生殖医療の個々については、アップルヤード『優生学の復活？』（アップルヤード，1999）、ディクソン『近代医学の壁――魔弾の効用を超えて』（ディクソン，1981）、「検証！「脳死」臓器移植」（『脳死』，2002）、リフキン『バイテク・センチュリー』（リフキン，1999）、ローゼンバーグ・トムソン『女性と出生前検査――安心という名の幻想』（ローゼンバーグ・トムソン，1996）にくわえて、本書の他の諸章ですでに用いた文献を参照している。

2　認識哲学・認識論的枠組

これに関する第一の、ある意味ではニュートン自然観など以来の、伝統的だが必然的な難点の拡大でもあることは、価値づけされた自然的・生物学的差異が、純粋な「自然的・生物学的差異」として主張され、この点が、生殖医療・遺伝子操作ではなんら問われない、という問題である。とくに、生物学的な変異が、分子生物学者などにより単純に「欠陥」と同一視され、遺伝子プールの多様性の意義が忘却されたまま、安易に遺伝子操作が賞揚されるのが問題である。すでに、鎌形赤血球貧血症などの遺伝事例の経験が、かの変異と「欠陥」との同一視の危険――ヘテロの保因者はマラリアに強い——を知らしめたにもかかわらず、である——ティザックス病やハンチントン病などの深刻さも同時に重視すべきだが。かの同一視には、変異を発現させた障害者などを排除しようとする優生学的価値観の社会への反映があるが、そこでは、この社会の成果たる生殖医療・遺伝子操作の「革新的」——市場適合的でしかない——技術の中立性も装われる。そして、特定の価値観やこれにもとづく自然観と一体化した生殖医療・遺伝子操作技術が、この価値観を投影したものでしかない生物性を、純粋な「生物性」に化かし、これを、変幻自在で優生学的でさえある人間精神と調和させてしまう。それゆえ、これらにともなう生殖医療・遺伝子操作推進の責任が、いっさい問われないことにもなる。

その影響は非常に深刻で、たとえば生物学的差異を問題視する状況は社会問題を曖昧化する、という歴史的に確証済みの事実(ディクソン, 1981[175–216])ですら忘却され、遺伝子の分布や生物学的差異よりも、富・権力の分布の方が健康に与える影響が大きいことも看過される。そのため、かつて特定病因論全盛時に誤って主張された——反省されたはずの——感染症での微生物(竹内, 1985[84–86]; 本書第4章)と同じ位置に遺伝子が置かれ、個体差の根底は遺伝子だ、という遺伝子絶対(還元)主義、つまり、社会・文化による規定を看過した最悪の個人(個別実体)還元主義が、はびこりもする。ちなみに、早期出生前診断による初期中絶や受精卵診断による「欠陥」受精卵廃棄の安全性の強調にも、精神性・社会性を不問とし、優生学的に価値づけされた生物性を賞揚する点で、この種の認識論的枠組の問題がある。

認識哲学・認識論的枠組に関する第二の問題は、上記の第一の問題を増幅させることでもあるが、通常は、生殖医療・遺伝子操作の「飛躍的進歩」に関してのみ言及される情報化(コンピュータ化)である。端的には、生命・生物の認識が遺伝情報化によって抽象化されながら、それが実態認識と等置されることだが、これにより、科学研究自体よりも商業化ベースの情報化に先導された生命・生物論が氾濫する。いいかえれば、コンピュータ革命と遺伝子革命との合体により、情報化と遺伝子主体論・遺伝暗号操作論を典型とする遺伝子還元主義とが結合し、生命観の遺伝情報化・抽象的メッセージ化が進んだ。これらにより、生殖医療・遺伝子操作は、個体の医療・操作というよりも情報システム上のこととなり、これが実態化される。その結果、長期的視点をもたない視野狭窄の状態での生殖医療・遺伝子操作が跋扈《ばっこ》するとともに、商業化ベースの情報化を通路に、ナチズム・レイシズムとは無関係たりうる商業的優生学が介入しやすくもなる。さらには、優生学的価値観さえ混入した情報処理が、自然の活動の仕方自体や生物進化の促進の在り方自体と等置され、特定の自然観に沿った自然・生物の改造が、にもかかわらず、あたかも自然の創造自体であるかのように誤認される。この傾向が昂じれば、新たな情報化を通じての技術進化が自然進化と誤認され、遺伝子操作への反対は、自然・生物自体への反抗だと見なされさえする。こうした情報化により、「創造的」プロセスとしての遺伝子操作に適応することが常態化すれば、知識は真理・法則・事実の発見ではなく、たんなる情報となり、真理にたいする忍耐心も喪失して、商業化ベースの情報化のみが跋扈し出す。ちなみに、知識のこの情報化は、知識にともなうコミュニケーション的契機を希薄化し、専断的で一元化された情報とその管理機構に依拠する権力的手法にもつながる。この手法は、財政的には小さい場合もあるが強力な国家等の専断的管理機構を内在させた市場(商業化)至上主義、という新自由主義(竹内, 2001a[261–267])の直截な現れでもある。

3　社会哲学・価値論的枠組

これに関する第一は、教育などによる人間・社会・文化の操作(変革)と、生殖医療・遺伝子操作による遺伝形質の操作とを価値論的に等価と見なして、この両者の「距離」を無媒介に無にする問題であり、これに関わって、能力・遺伝子の私的所有(権)を単純に正当化する問題である。すでに、一九八〇年代初頭に、社会・文化などの変革と遺伝子の操作とを区別せず、遺伝子操作への反対を既成の価値観に拘泥した無根拠なものとしつつ、能力主義を前提とした教育観によって、遺伝子操作の正当化が図られていた(Glover, 1984[13–56])。だが、新自由主義隆盛の現在(二〇〇三年)では、私的所有(権)重視が究極の資産たる遺伝子にまでおよぶことが常態化し、諸個人が応諾した遺伝子操作の否定は、私的所有(権)やこれにもとづく自由(森村, 2001[37–41])を侵す、といった風潮が大衆化して、教育的啓蒙と遺伝子操作との一体化イデオロギーによる優生学の浸透ははなはだしくなる。

その一端は、児童・生徒中心主義に介在する教育的マルサス主義や(竹内, 1990[62–73])、能力主義とも通じた早期出生前診断や受精卵・卵子診断に見られる。つまり、そこには「不良な子孫の出生を防止」——新法の母体保護法で削除された、旧法の優生保護法のこの文言が事実上存続している——を前提に、子どもの価値・質を、胎児や遺伝子段階で決定する優生学の大衆的浸透がある。

そうなると、価値判断基準となる肉体や精神が、問題多き社会・文化の所産である点が忘却されるのみならず、下記の自由選択論とも一体で、能力・遺伝子の私的所有(権)や、社会・文化の変革と遺伝子操作との同一視に介入する優生学の問題性が、隠蔽される(竹内・中嶋, 2001c; 本書第7章)。くわえて、分子生物学者などの大半は、かの情報化にともなって、人間個体ではなく遺伝子を主体とする新人間観を提唱しはしても、他方では、自らの業務の二〇兆円市場化などの新自由主義政策に囚われ、古典近代の自由主義以来の個人(私的所有主体)還元主義——これに真に対抗するには、〈能力の共同性論〉(竹内, 1993a[143–190])が必要——に陥ったままであり、これを糸口にした彼らの優生学信奉は、あいかわらず避け難い。

社会哲学・価値論的枠組に関する第二の問題は、新自由主義一般も強調する自由選択論(竹内, 2001a[225–237])、とくに、自由だとされる選択(肢)の幅や内容と、自由であるがゆえの選択にともなう個人の自己責任の強調である。そもそも、選択する能力と創造する能力との混同があり、創造的時代の実態は、庶民にとっては消費しうる商品の選択肢提示でしかない。生殖医療・遺伝子操作に関する選択も、優生学的価値が前提の商品化された選択肢の枠内のものでしかない。にもかかわらず、自由な選択が謳《うた》われており、真に自由な選択といえる代物ではない。たとえば、遺伝子操作や出生前診断の現実化(商品化)の多くでは、それらを選択しない、という選択肢が客観的にはほとんど用意されない。しかも、体裁が「自由な」選択であるだけに、選択の結果がいかようでも——トリプルマーカーテストのような精度の低い選択肢の選択結果としての事実上の誤診も——、選択者の個人責任とされ、その否定面は通常のインフォームド・コンセント程度では補填できない。

また、多くは優生学的抑圧に通じた社会的圧力――成功率二〇パーセント程度の不妊治療流行の背後にある実子圧力(願望)など――により、技術の結果を真に受容する社会・文化がないまま、実施・未実施とも自己責任を取らされるだけで、後悔の可能性大の――本来、多くの人が選択を望まない――技術の選択を迫られる現状もある。ようは、現在の選択形式の充実が真に充実した自由な選択にはいたらず、選択した個人の自己責任を肥大化する新自由主義が亢進する。くわえて、出生前診断を典型に、選択肢が性的に中立でなく女性の責任のみが追及されたり、現象的には個人の「気ままな」願望により、健康を守る社会的態勢が不平等化されもする。ちなみに、前節の認識論的枠組の問題とも一体化して、出生前診断による「安心」と、ケアなどの社会保障による真の安心との違いも無視されて、生物学的な個人還元主義が蔓延し、これを通じて優生学もより浸透する。

4　最大の差別・抑圧としての死および死に近い生のはなはだしい軽視

最大の差別・抑圧としての死は、南北問題に典型的な民族殺戮・飢餓・戦禍による死――これら多くの根源は、多国籍企業を核とする現代帝国主義と新自由主義――だけでなく、医療空間や生命倫理(学)的領域にも多々ある。たとえば、激痛ゆえに末期ガン患者が「選択」する死も、激痛制御――初期からの丁寧な麻薬投与や神経ブロックなど――の不備という医療差別、さらには死に近い末期ガン患者への差別・抑圧としての死であることが多い(竹内, 1999b; 本書第3章)。また、重度障害故の胎児や嬰児の「慈悲殺」の根本にも――羊水検査による中絶は治療法発見までの過渡だ、という当初からの嘘も含め——、重度障害者のある種死に近い生のはなはだしい軽視、つまりそうした生に真に適合した制度やケア等々の社会・文化——精神構造を含む——の決定的不足という、事実上の障害者差別・抑圧——優生学の浸透でもある——がある（竹内, 1993a［30–89］）。

なお、南北問題とも直結して、出生前診断の安易な導入の一方、すべての女性・胎児などへの十分な栄養・発育・育児援助がない現実——さらに、健康問題の私事化——ゆえの、女性・胎児などの死も差別・抑圧にほかならないし、出生前診断未受診の場合、アメリカではWASP《ワスプ》女性は特異視されるが、エイジアン、アフリカン（Asian, African）女性なら特異視されないどころか自明視される、というレイシズムもある。

関わって直接死なせる——死を選択させる——ことはなくとも、重度の痴呆症の高齢者などが量・質ともに貧困な選択肢——問題多き特養ホームなど——から、抑制（縛り付け）と寝かせきり等々の、悲惨な死に近い生を選択させられることにも、死に近い生のはなはだしい軽視と、これに直結した差別・抑圧としての死がある。臓器移植医療の実際でも、臓器移植法成立後にもかかわらず——成立後だからこそ？——、相当不備な脳死判定基準（倉持, 2001［63–127］）すら遵守されず、また、ドナーへの死を早める処置さえ実施されているので（「脳死」, 2002）、移植は、差別・抑圧としての死抜きには成立しておらず、さらには、切迫脳死や植物状態などの死に近い生の軽視とともにしかない。

たしかに、再生医療や遺伝子治療は、一見、生を目指しているかのようだが、全社会的に見れば健康至上主義——事実上、健康を国民の権利ではなく義務とした、二〇〇二年成立の健康増進法

（舘𣳾，2002［2-6］）を想起――に貫かれているため、これらも現実には死に近い生の軽視――端的には、医療や社会福祉などの削減――とのバーターでしか、したがって、差別・抑圧としての死につながる傾向とともにしか存在していない――ナチスの健康至上主義と重度障害者殺しとの結合の現代化（米本，1986）――。死に近い生の充実を含む、死なせないことが前提になければ、こうした最大の差別・抑圧としての死や、死に近い生の軽視が蔓延して、弱者排除を旨とする優生学がより介入しやすいことを、今こそ研究者はもちろん、いや多数の研究者は頼りにならないがゆえに（竹内，1997）、庶民すべてが真剣に考えるべきであろう。

5　健康願望と現代の商業的優生学――市場（商業化）・資本の論理との関係

健常児出産等々の健康願望は自明で妥当ではあろうが、現実世界ではこの願望自体が社会・文化と無関与に存在し得ないことは、第2節の認識論的枠組で述べた優生学的に価値づけされた生物性（自然性）の認識の問題性からしても明らかである。そして、現代までの人類史上では、そうした願望の多くは、健康至上主義（障害児排除など）や、パーフェクトベビー症候群等々として優生学的に価値づけされており、そこには、唯一とはいえないまでも、社会・文化に最大の影響力を持つ市場（商業化）・資本の論理の支配がある。そして、私的所有（権）、契約の自由、等価交換、他者危害禁止の四つのルール（規則＝支配）と、これを保護する市民法（権）秩序を核として機能する市場・資本の論理（竹内，2001a［48-87］）は、物象化・物化の問題を除いても、原理的に種々の意味での「持たざする。

る者」の排除の論理でもあり、現代では新自由主義により強化されているこの論理が優生学と符合

健康願望が、市場化された技術によって解決すべき問題へと解消されがちなのも、この市場・資本の論理と優生学との結合による(竹内, 2001b)。より端的に、出生前診断などの生殖医療・遺伝子操作は、たとえば、国家的施策や民間保険会社による社会問題として進展しており――私的問題への法的口出しでもある――、そこには、生殖医療・遺伝子操作の基盤全体に関する、市場・資本による支配があるので、いわば純粋な健康願望はありえない。以上は、これらに影響された出生前診断とその結果が、真に自由な選択によるものではない、という第3節の議論とも接続する。

以上からは、また、医科学者が、後世に操作遺伝子を残さない点で安全な体細胞遺伝子治療のみを限定的に行ない、生殖細胞遺伝子はあつかわないなどと主張して――医学出身のG国立大学長が私に実際に語った――、生殖医療・遺伝子操作を推進することの、無邪気さ・欺瞞・錯誤が知られる。なぜなら、優生学と結合した市場・資本の論理は、強力な利潤動機・差別動機によって、そうした限定を解除して進行するからであり、優生学的な健康至上主義と結合して利潤が順調なら、体細胞遺伝子操作が生殖細胞遺伝子にまでおよぶのは必定だからである。いいかえれば、遺伝子操作という点で同じ市場・資本の論理というレールのうえに乗れば、体細胞についてであろうが生殖細胞についてであろうが、遺伝子操作の勢いとしては同じだからである。

くわえて、医科学者の「良心」という、医療過誤や人体実験――日本の「脳死」・臓器移植の現実を含む――の長い歴史のなかで、もっとも頼りにならないことが明白なものに、この勢いを止め

ることが期待されるという問題もある。ちなみに、この点で生物学実験にともなう生物学的危険の封じ込めなどの規制への、生物科学・医科学者の賛成が、生物災害自体にたいする彼らの懸念によるものではなく、彼らの膨大な法的責任・市場責任への懸念によるものでしかなかったという、これらの規制を最初に行なった一九七五年のアシロマ会議以来の、自明な事実もあわせて考えるべきである。こうした状況では、もちろんまた再生医療において進行中の産業・商業との結合――二〇兆円市場化――の自明視と、これによる人間の商品化・物象化もよりいっそう進展する。

たしかに、生殖医療・遺伝子操作の進展には、限定された観点からは生活向上という面があるが、これと引き換えに犠牲にされる事柄を、とくに市場・資本の論理と一体化した商業的優生学という観点から捉える必要がある。また、当該学会を含む生殖医療・遺伝子操作推進(側)には、たしかに商業的利潤・社会的名誉の追求だけでなく、「人生を改善し世界とその将来のためという意識」――また、一般消費者としてのわれわれの意識――があるが、市場・資本の論理とは無関与であるかのように、この意識自体を抽象することと、これの自明視にこそ、商業的優生学の最も深刻な問題があるかもしれない。なぜなら、現実にはかの「人生を改善し世界とその将来のためという意識」についても、どんな人生・世界の将来か、という点に立ち入れば、そこには多くの場合、市場・資本の論理と結合した商業的優生学がすでに介入しているからである。

このように見てくると、現在の商業的優生学の現実的基盤として、強力な国家を内在させた市場至上主義たる新自由主義の跋扈・浸透と共に、これと相互補完的にわれわれの個体的身体にも内在して支配する、フーコー的な生権力・微細権力をとらえるべきだと思われる。この生権力・微細権力は、「生きさせるか死の中へ廃棄するという権力」(フーコー, 1986[175])であり、諸個人自身が推進する権力として、「生きさせる」――だが主体的な生ではない――ための配慮をする一方で、死に近い生や「有用性」(竹内, 1989b)なき生については、より積極的に「死の中へ廃棄」する。この権力は、たとえば一定の生存権保障と優生学的な弱者排除とを接合させる現代社会全般の普遍的傾向に見られる(竹内, 1995b[162–166])。しかし、より生殖医療・遺伝子操作にそくせば、この権力は特定遺伝子の排除や特定遺伝子の組み込みといった選別、診断による障害・疾患の「創出」、これらに関する専門性や経済効率、健康至上主義的なわれわれ庶民の意識等々へと介入する権力として、日常化している。くわえて、これらの多くが、新自由主義によって、市場での私的取引(商品交換)を前提とした営為のなかで現実化しがちであるがゆえに、かの生権力・微細権力は、優生学の商業化・私的問題化(真正の優生学)にも、多大な力を発揮することになる。

　この本章のような、生殖医療・遺伝子操作への反対にたいしては、科学的進歩にたいする無知蒙昧の類であり、ガリレオ地動説・ジェンナー種痘実験・ダーウィン進化論等々にたいする当初の反対と、その後の受容を考えよ、といった以前からもある非難が(坂口, 1985[197])、ふたたび持ち出されるかもしれない。だが、たとえば二〇世紀初頭以来賞揚されてきた核燃料科学・技術に関する態度や核燃料政策の転換――大衆的社会運動の成果を核心とする、日本とフランスを除く「先進諸国」での原発の推進停止や過渡的技術化――を考えれば、科学的進歩が、つねに「勝利し続ける」などと考える必然性はまったくない。しかも、不平等を亢進する新自由主義的な市場経済や生権力・微細権力に担保され、商業的優生学と一体化した生殖医療・遺伝子操作は、たんなる科学的進歩ではない。これらを踏まえれば、われわれ庶民次第で、生物学時代の遺伝子操作の部分的否定は十分可能だし、反差別・反抑圧の社会・文化システムの構築によって、諸個人の真の善き生存が決る、という人間学的発想が、生殖医療・遺伝子操作を進める生物学的発想に勝つ可能性もある。

だが、この可能性を現実化するには、生殖医療・遺伝子操作の実態を必然的前提とし、この前提と人間社会との共生は如何に？　といった、一見妥当に見えるが多数——加藤尚武・加茂直樹編『生命倫理学を学ぶ人のために』(加藤・加茂, 1998 の帯)などの生命倫理学の教科書を含む——が陥っている根本的に誤った問いから、われわれ自身がまずは解放される必要がある。かの問いが根本的に誤っているのは、生殖医療・遺伝子操作などの医療技術が、特定の人間社会に規定されたものであることを完全に看過し、これら医療技術の「受容」を強要するのが、かの問いだからである。

6　哲学の現実化としてのすべての生と生活の実現

残念ながら、上記の誤った問いからの解放ですら、実際には相当に困難なのが現実である。ましてや、生権力・微細権力に担保され、商業的優生学と一体の生殖医療・遺伝子操作を改変する展望にいたるには、示唆してきたつもりだが、前途遼遠とでもいうべき道程が必要なのが現実である。こうした現実を踏まえるなら、「哲学の現実化＝実現」(ヘーゲル↓マルクス)からしても、生殖医療・遺伝子操作などに関する哲学・倫理学の本筋は、ベッドサイドストーリー的な抽象命題の精緻化——生命倫理の関係学会では自明視されがちだが——にあるというより、平凡かもしれないが、次のような議論から総体性を地道にめざす思想的営為にこそある、と私は考える。

その第一は、「(生活手段を生産する)生産の仕方は、ただたんにそれが諸個人の自然的・身体的生存の再生産であるという方面でのみ考察されるべきではない。むしろそれは、すでに、これら諸個人の活動のある特定の仕方であり、彼らの生活を表す、ある特定の仕方である」(MEW. 3[21, 17])という指摘の豊富化である。「諸個人の自然的・身体的生存の再生産」、つまり生命の再生産と生活手段の生産とのつながりは、「諸個人の活動のある特定の仕方」を含んで把握されるべきだが、既存の議論では真には明らかにされていない、このつながりの、複雑で多様なあり様を豊かに示すべきである。この点に欠けていたがゆえに、既存の議論では生活手段の生産に有用でないとされる生命――「諸個人の活動のある特定の仕方」次第で、意味ある生命になるにもかかわらず――が簡単に特定され、この生命の優生学的な死――他方で「有用な」生命の生産のみ――が賞揚されてきた。

第二に、上記の生活手段の生産と生命の再生産とのつながりの具体化でもあるが、「この子ら〈重症心身障害児〉はどんなに重い障害をもっていても、だれととりかえることもできない個性的な自己実現をしている……。人間とうまれて……、その自己実現こそが創造であり、生産である……。重症な障害をもったこの子たちも、立派な生産者である」(糸賀, 1968[177])という志向の現実化である。この重症心身障害児＝生産者という把握を――ただし、糸賀はこの把握で一貫してはいないが――、生命の再生産としての生産から離れずに、さらには、個人還元主義的にではなく、〈能力の共同性論〉(竹内, 1993a[143-190])も踏まえて、彼らの「活動のある特定の仕方」に内在して、現実化する努力が必要である。

第三に、死の賞揚以前に生を重視することだが、「もしわれわれがいかに生きるかを心得ていないのであれば、われわれにどう死ぬべきかを教えても、事の終わりだけをつけ焼刃で不自然に飾りたてることになり、〔生涯〕全体から死だけを切り離すという間違ったことにしかならない」（モンテーニュ作箴言、サルダ，1988［90］の重引）という提起の現実化である。この提起によれば、たとえば「脳死」・臓器移植が死——ドナーカードによるドナー化も「どう死ぬか」の表明のみ——を前提にする点も問題になるが、さらに生命倫理（学）一切において、いかなる意味でも死を前提にせず、上記の生命の再生産を含む生産としての「人間の生」——死に近い生の充実を含む——を前提に、事柄に対処すべきである。たしかに、「脳死」判定を嚆矢として、社会と文化による定義次第で、生も死も変わるが、少なくとも、死を早めること——典型が差別・抑圧としての死・商業的優生学による死——の不当性を、したがって早められた死とバーターとなる生の不当性も看過すべきではない。

おわりに

既存の生命倫理学やその主流派にたいするかなり不遜な発言や発想が、「はじめに」だけでなく本書全編には、満ち満ちているかもしれない。そうしたことからすれば、この「おわりに」が、かなりの自家撞着を示すことになるのかもしれないのだが……。

本書は、生命倫理の膨大な領域すべてをあつかってはいないし、あつかった分野についても、生命倫理学にいそしむ研究者からすれば、大雑把に過ぎる議論でしかないだろう。だから、生命倫理に本格的に取り組もうとされる読者の方々は、巷に溢れる、いわゆる生命倫理学の教科書などを手にしてもらうしかない。つまり、本書は生命倫理の網羅的知識を提供するものでもないし、生命倫理の特定の領域に詳しいものでもない。たとえば、医師‐患者関係などにおける、さまざまな倫理原則の詳細には、まったく言及できていない、不十分なものでしかない。本書が、そうした不十分さや欠陥を多々抱えていることは、私自身、自覚しているつもりである。しかし他方で、「弱者」の視点を大切にしながら優生思想などの差別思想への抵抗を重視して、いのちの問題に真摯に向き合う現時点の生命倫理は、私からすれば、本書のようなものになることが、相応しいことだった。そんな思いがあったからこそ、「いのちの平等論――現代の優生思想に抗して」という名称が、本書の書名にもなった。

くわえていえば、本書があつかったことは、生命倫理に取り組もうとする方々に、賛否は別にして、ひとつの前提的な事柄として理解して欲しい視角・方法・理論・現実などであり、この点では本書は、類書にはない、かなりの程度、独自の生命倫理の内容から成っているはずである。だから本書と、生命倫理学の教科書などとを比較・検討して、読者諸氏自身なりの、新たな生命倫理観をもってくだされば、生命倫理についてのよい勉強になるとは思う。

今、本書を通読してみると、かなり以前の論文を典型に、初出段階での不十分さや議論の物足りなさや誤りなど、非常にたくさんの訂正・修正したい、すべき箇所に、あらためて気づかされる。しかし本書では、そうした不十分さは、討論の素材としての意味は残っていると考えて、あえて初出のままとして訂正せず、読者諸氏のご批判に任せることにした。ただ、注や文献の表記の仕方を統一し、初出では多かった漢字の部分をひらがなに換えたほか、文意を変えずに若干の語句を修正するなど、表現上でやや手は加えた。文献表に記載されていることでもあるが、次にそうした本書の各章の初出をまとめて示しておく。

第一章「「弱者」のいのちを守るということ――「重度障害者」が提起するもの」の初出は、「いのちを守る」、伊坂青司・佐藤和夫・竹内章郎共著『生命の倫理を問う』大月書店、一九八八年。

第二章「「脳死」論の帰結を考える」の初出は、「「脳死」論の一つの帰結」、唯物論研究協会編『思想と現代』第三五号、白石書店、一九九三年。

第三章「死ぬ権利はまだ正当化できない」の初出は、同名論文『岐阜大学地域科学部研究報告』第四号、一九九九年。

第四章「病気と障害から能力問題を考える」の初出は、「病気と障害をめぐるイデオロギー」、東京唯物論研究会編『唯物論』第五九号、一九八五年。

第五章「身体は私的所有物か――身体と能力をめぐる私有と共同性」の初出は、「身体の私的所有と共同性について」、唯物論研究協会編『思想と現代』第三〇号、白石書店、一九九二年。

第六章「能力にもとづく差別を廃棄するために――近代主義と向き合う」の初出は、「能力に基づく差別の廃棄」、日本哲学会編『哲学』第四九号、法政大学出版局、一九九八年。

第七章「先端医療技術は何を隠すか」の初出は、「先端医療技術が隠すもの」、東京唯物論研究会編『唯物論』第七五号、二〇〇一年。

第八章「生殖技術と倫理との関係を問う――商業的優生学との対抗」の初出は、「生殖医療と倫理――商業的優生学との対抗」、中部哲学会編『中部哲学会年報』第三五号、二〇〇三年。


これら上記の初出論文を収録して、本書にしようと思い立ったのには、おもに二つの理由があったように思う。その第一は、生命倫理に関する勉強をしようとする若い世代の人たちをはじめとする多くの人々に、巷に溢れる生命倫理学の教科書とは趣も観点も違う、本書のような生命倫理についての議論・主張があることを知らせておきたかった、ということである。いいかえると、生命倫理に関しては、現在、本書が扱っている視角・方法・理論・現実に類するものが、いわば古くなったボロ着のように、ほとんど顧みられずに捨て去られるような状況になりつつある、という危機感が、私にはあるからである。とりわけ、本書であつかった直接に生命倫理に関わる話の多くは――今から二〇年ほど前の古い議論もある――、現在でも多くの生命倫理学の前提になっているにもかかわらず、表立って議論されることもなく、自明の理・自明の前提のようにあつかわれていることが少なくない。そうした自明視されている議論を、いま一度振り返り検討し直して、差別・抑圧の廃棄に資する、本当に豊かな真の生命倫理を、多くの人たちと創りあげてゆきたい、と思っている。そのためには、こうした議論を多くの人に知ってもらわなくてはならないが、学会誌や雑誌類に残っているだけでは、多くの人の目に触れることは少ない。賛否は別にできるだけ多くの人の目にふれて欲しいと思う生命倫理の議論を、私は、一冊にまとめたかった。

本書を刊行した第二のより大きな理由は、上記の第一の理由の具体的内容のひとつかもしれないが、それはまた、生命倫理関係の諸学会やその主流派に対する私の不満・疑念・批判に関して、総括的にいいたいことの二つ目――一つ目は、「はじめに」で述べた――でもある。そして、以下で述べるこの第二の理由は、ある意味では非常に単純なことだが、いったん見逃すと非常に気づきにくくなることかもしれないとも思うことである。

本書の第三章第4節で、私は生命倫理に関するさまざまな事柄が――「脳死」・臓器移植、出生前診断、障害嬰児殺、生殖医療など――、「なぜ生じるのか」という「なぜ①」と、そうした事柄が「なぜ正当化されるのか否か」という「なぜ②」の、二つの「なぜ」について、主要には次のことを論じた。つまり、学会やその主流派の議論が、「なぜ②」にかたよりがちなことは克服されるべきであり、「なぜ①」を重視すべきだと。じつは、この第三章となった初出の論文「死ぬ権利はまだ正当化できない」(竹内, 1999b)や、本書には未収録の論文「生命倫理の前進のために――「なぜ」の徹底を」(竹内, 2000c)で、この二つの「なぜ」という疑問符に関わる話――ずっと以前から私が強調し論文にも書いていた話――を「繰り返そう」と思ったことが、本書の刊行にいたる最大の理由であったように思うのである。この「繰り返し」について、もう少し述べておけば……。

かの二つの「なぜ」をめぐる議論を、私が最初に問うた論文「ビオスの中のソキエタス」(竹内, 1987b)が印刷されたのは一九八七年である。そして、この議論を「繰り返した」本書の第三章の初出論文の公表は一九九九年であるので、この二つの論文の間には、一〇年以上の月日が流れている。そうした月日を経た、いわば古びた話を私は「繰り返した」わけである。もちろん私は、一度公表した内容を、それ以降の論文などでも、意識的に繰り返して主張したり、何度も参照を求めることはある。たとえば、本書の随所でも触れた〈生命のなかの社会・文化〉や〈社会・文化の水平的展開〉といった主張は、一九八〇年代の後半に最初に提起したが、その後も何度も言及してきた。また、主要には拙著『「弱者」の哲学』(竹内, 1993a)で論じた〈能力の共同性論〉は、本書とその他あちこちでも再論している――そうした繰り返しは、優生思想批判についても、「弱者」擁護思想についても、自己決定論についてもたくさんある――。だから、一度公表した内容を二度と繰り返さない、などといった原則が私にあるわけではない。しかし、そうした繰り返しは、私自身が納得してやったことであり、また、繰り返すことが当然だと思って繰り返したことである。

しかし、上記の二つの「なぜ」をめぐる議論は、一九八七年に最初に論じて以降、私は、これを二度三度と「繰り返す」つもりなど全くなかった。というのも、八七年当時には、軽視ないし無視されがちだったにせよ、「当該の事柄がなぜ生じるのか」という「なぜ①」を重視すべきだという私の主張は、これが自明で当然な主張であるだけでなく、平凡かつわかりやすい主張でもあるので、ほどなく多くの論者によって徐々にではあれ受け入れられるだろう、と思っていたからである。ところが、九〇年代末になっても、そうした状態にはならなかった。それどころか、生命倫理に関する学会やその主流派の多くでは——私が勉強した限りでは——、あいかわらず、「なぜ、当該事態が正当化できるか否か」という「なぜ②」を問う議論スタイルのみが跳梁跋扈しつづけた。そして、「当該の事柄がなぜ生じるのか」という「なぜ①」は、あいかわらずほとんど軽視・無視されつづけ、逆に、生じる「当該の事柄」を自明視する傾向が、どんどん強まっていった。

しかも、この「なぜ」に関わる議論は、生命倫理に関する個々の諸主張——私が主張する〈生命のなかの社会・文化〉や〈社会・文化の水平的展開〉なども含めて——そのものとは、まったく次元の異なる議論なのである。というのも、「なぜ①」を重視する本書全体の論調からも理解していただけると思うが、「なぜ」という疑問符に関する話は、あらゆる生命倫理に関わる問題の根幹——倫理全般の根幹とすらいえると私は考えるが——という次元にあることだからである。いいかえると、私からすれば、「なぜ②」のみにかたよって、「なぜ①」を軽視・無視しつづけがちな生命倫理学の主流派の現状は、ありとあらゆる生命倫理に関する議論の根幹が、きわめて危うくなっていることを意味したからである。

だからこそ、この「なぜ」をめぐる議論を「繰り返した」のは、本書の第三章の初出論文においてだけではなかった。本書には未収録の論文「生命倫理の前進のために――「なぜ」の徹底を」(竹内, 2000c)を書いた時には、その当初の予定の主要な内容――生命倫理に介在する新自由主義への批判――を変更してまで、「なぜ①」を重視すべきだ、という主張を「繰り返し」もした。長々と述べてきたが、この「繰り返し」をせざるを得なかった、ということが、直接「なぜ①」に言及しない場合も含めて、「なぜ①」を重視している私の生命倫理に関する原稿を、一冊にまとめて出版しようと思い立った最大の理由ではなかったか、という気がしている。

なお、本書では本格的には言及していないが、日本法哲学会や日本生命倫理学会や日本医学哲学・倫理学会などの学会動向――論文「生命倫理学の一断面」(竹内, 1995c)や論文「生命倫理学の或る理論傾向」(竹内, 1995d)を参照されたい――を、私はほぼ一貫して批判的に見ている。しかし、そうした学会の議論がなければ、本書の内容もあり得なかった、ということくらいは、私はわかっているつもりである。また、生命倫理にそれほど縁のあるわけでもない東京唯物論研究会(東京唯研)と唯物論研究協会(全国唯研)での、自由な討論や自由な発表の機会と雰囲気がなければ、本書のような内容は、そもそも生まれなかっただろう。さらには、いちいち名前は挙げないが、ＲＥＭ研(Radical Egalitarian Membership 研究会)という研究会などの集まりで、二〇年以上にわたって普段は遠方にいながら、私を鍛えつづけてくれる一〇人ほどの信頼する先輩・同輩がいなければ、本書の基本的枠組さえできあがっていなかったのは確実である。それに日本社会臨床学会が、他の諸学会とは異なり、私以上に、生命倫理学とその主流派に対する批判的見解をもった人たちが多く集う場であったことや、そこでの私にたいする批判も、本書の内容ができあがるうえでは大きな意味をもっていた。もちろん、文献表に未掲載のものも含め多くの書籍やシンポジウムや研究会や講義、勤務する岐阜大学での私のゼミでの少数ではあるが学生たちとの討論、ときおり私の著作を読んで手紙をくれたり研究室に訪ねてくれる他大学の学生・院生などが、私の勉強を支えてくれたことも大きい。

学生・院生といえば、学生・院生時代の私の指導教官をずっと引き受けて下さった岩崎允胤先生が、ヘーゲル哲学やマルクス思想などの手ほどきを通じて、私に哲学的思考やイデオロギーの本質を考えさせてくれなければ、本書の一字たりとも日の目を見ることがなかったのは確実である。三〇年近く前、一橋大学の西日の入るゼミ室で、私のドイツ語理解の誤り等々を先生に正していただいたことなどは、今でも鮮明に覚えているが、そうしたことを含む岩崎先生の薫陶と御蔭への心からのお礼の一部に、いまだ貧しい成果にせよ本書がなってくれていれば、とは思う。

さらには、いつものことながら、子どもたちやつれあいとの、あつれきも含めたさまざまな共同は、生命倫理について考えるうえでも、やはり大きな意味をもった。また、身近な重い障害をもつ多くの仲間や、この仲間を支える岐阜市にある社会福祉法人「いぶき福祉会」――一九九四年の設立以来、私はその無報酬の理事である――傘下の諸施設の職員や指導員たちの存在が、本書の基底にはある。彼ら皆への感謝とともに、本書の内容が、彼らとの「能力の共同性」(竹内, 1993a)を実証するものであることも、記しておきたいと思う。

くわえて、本書第七章の初出論文「先端医療技術が隠すもの」(竹内・中嶋, 2001c)の共著者であるともに、当初原稿の再現や文献表の整備などの煩雑な仕事を快く手伝ってくれた、教え子の中嶋英理(二〇〇四年度現在、岐阜大学大学院地域科学研究科修士課程地域文化専攻院生)にも、感謝したい。この第七章のことがあるので、本書も中嶋との共著とすべきかもしれないが、全体のバランスを考えると、私の考えで染まりすぎている本書を、共著とするのも可笑しなことだと考え、さらには中嶋には、いずれ本書とは異なる独自の議論を展開してもらいたいと願って、中嶋の同意を得て、本書は竹内の単著とすることにした。

最後になるが、この出版事情の厳しいおりに、私の原稿を本当に丁寧に読んでその意義を認めてくれ、またその刊行を快く引き受けてくれたうえ、まともな構成案すらもっていなかった私に、本書のⅢ部八章というきちんとした構成を提示して、出版にいたるまで親身になって面倒をみてくれた岩波書店編集部の中川和夫さんにも、心より感謝したい。

なお、本書の一部は、文部科学省科学研究補助金(基盤研究c[2]、「障害者を位置づけた哲学的人間学の研究」[研究代表者・竹内章郎、課題番号:14510009]、二〇〇二—〇四年度)による助成を受けた研究成果でもある。

二〇〇四年一一月

竹内章郎

■岩波オンデマンドブックス■

いのちの平等論──現代の優生思想に抗して

2005年2月24日　第1刷発行
2010年4月15日　第4刷発行
2016年11月10日　オンデマンド版発行

著　者　竹内章郎《たけうちあきろう》

発行者　岡本　厚

発行所　株式会社　岩波書店
〒101-8002　東京都千代田区一ツ橋2-5-5
電話案内　03-5210-4000
http://www.iwanami.co.jp/

印刷／製本・法令印刷

ISBN 978-4-00-730529-0　　Printed in Japan

文献表

本文中で言及した文献，および参照した文献を，著者名のアルファベット順に掲げる．それぞれの行頭は，文中に挿入した略記号である．

(阿部, 1978)　阿部秀雄『弱者を捨てる』田畑書店，1978年.

(安藤, 1988)　安藤悠(竹内章郎)「現代平等論にとってのフランス革命」，唯物論研究協会編『思想と現代』第16号，白石書店，1988年.

(アップルヤード, 1999)　アップルヤード／山下篤子訳『優生学の復活？』毎日新聞社，1999年.

(アーレント, 1994)　アーレント／佐藤和夫訳『精神の生活(上)』岩波書店，1994年.

(Arneson, 1990)　Arneson, R. J., “Liberalism, Distributive Subjectivism, and Equal Opportunity for Welfare”, *Philosophy and Public Affairs, Vol. 19, No. 2*, 1990.

(アウトカ, 1988)　アウトカ／栗原隆訳「社会的正義と医療を受ける権利の平等」，エンゲルハート・ヨナス他著／加藤尚武・飯田亘之編訳『バイオエシックスの基礎』東海大学出版会，1988年.

(ベーコン, 1969)　ベーコン／服部英次郎・多田英次訳『学問の進歩』『世界の大思想6　ベーコン』河出書房新社，1969年.

(ボウルズ・ギンタス, 1986)　ボウルズ・ギンタス／宇沢弘文訳『アメリカ資本主義と学校教育――教育改革と経済制度の矛盾』岩波書店，1986年.

(ブロッホ, 1982)　ブロッホ／山下肇他訳『希望の原理』第2巻，白水社，1982年.

(カレル, 1980)　カレル／渡部昇一訳『人間，この未知なるもの』三笠書房，1980年.

(CERI, 1981)　CERI, *The Education of the Handicapped Adolescent* (*Centre for Educational Research and Innovation*), OECD, 1981.

(Clouser, 1977)　Clouser, K. D., “Biomedical Ethics: Some Reflexions and Exhortation”, *The Monist, Vol. 60, No. 1*, 1977.

(Cohen, 1989)　Cohen, G. A., "On the Currency of Egalitarian Justice", *Ethics, No. 99*, 1989.

(ディクソン, 1981)　ディクソン／奥地幹雄・西俣総平訳『近代医学の壁——魔弾の効用を超えて』岩波現代選書, 1981 年.

(DNA 問研, 1984)　DNA 問題研究会編『遺伝子操作と市民運動』技術と人間, 1984 年.

(デュボス, 1977)　デュボス／田多井吉之介訳『健康という幻想』紀伊國屋書店, 1977 年.

(Dworkin, 1981)　Dworkin, R., "What is Equality? Part 2: Equality of Resources", *Philosophy and Public Affairs*, *Vol. 10, No. 4*, 1981.

(Eid, 1985)　Eid, J., *Euthanasie oder Soll man auf Verlangen töten?* Matthias-Grünewald Verlag, 1985.

(映画, 1968)　映画「夜明け前の子どもたち」1968 年.

(Engelhardt, 1968)　Engelhardt, Jr., H. T., *The Foundation of Bioethics*, Oxford University Press, 1968.

(Engelhardt, 1982)　Engelhardt, Jr., H. T., "Medicine and the Concept of Person", T. L. Beauchamp and L. Walters (Eds.), *Contemporary Issues in Bioethics*, Wadsworth Publishing, 1982. (エンゲルハート／久保田顕二訳「医学における人格の概念」, エンゲルハート・ヨナス他著／加藤尚武・飯田亘之編訳『バイオエシックスの基礎』東海大学出版会, 1988 年.)

(Feinberg, 1978)　Feinberg, J., "Voluntary Euthanasia and the Inalienable Right to Life", *Philosophy and Public Affairs, Vol. 7, No. 2*, 1978.

(Feinberg, 1982)　Feinberg, J., "The Problem of Personhood", T. L. Beauchamp and L. Walters (Eds.), *Contemporary Issues in Bioethics*, Wadsworth Publishing, 1982.

(Fletcher, 1973)　Fletcher, J., "Ethics and Euthanasia", R. H. Williams (Ed.), *To Live and To Die: When, Why and How*, Springer, 1973.

(フーコー, 1986)　フーコー／渡辺守章訳『性の歴史 I 知への意志』新潮社, 1986 年.

(フロム, 1977)　フロム／佐野哲郎訳『生きるということ』紀伊國屋書店, 1977 年.

(ガルドストン, 1973)　ガルドストン／中川米造訳『社会医学の意味』法政

大学出版局，1973年.
(Gervais, 1986)　Gervais, G. K., *Redefining Death*, Yale University Press, 1986.
(岐阜県, 1997)　岐阜県『おでかけタウンマップぎふ――福祉ガイドブック』1997年.
(技術と人間, 1985)　『技術と人間』1985年3月臨時増刊号，技術と人間，1985年.
(技術と人間, 1991)　『技術と人間』1991年5月臨時増刊号，技術と人間，1991年.
(Gilligan, 1982)　Gilligan, C., *In a Different Voice*, Harvard University Press, 1982.
(Glover, 1977)　Glover, J., *Causing Death and Saving Lives*, Penguin Books, 1977.
(Glover, 1984)　Glover, J., *What Sort of People Should There Be?*, Penguin Books, 1984.
(Goodin, 1985)　Goodin, R. E., "Vulnerabilities and Responsibilities : An Ethical Defense of the Welfare State", *American Political Science Review, Vol. 79, No. 3*, 1985.
(後藤, 2001)　後藤道夫『収縮する《日本型》大衆社会』旬報社，2001年.
(ハーバーマス, 1996)　ハーバーマス／住野由紀子訳「シティズンシップと国民的アイデンティティ」『思想』第867号，岩波書店，1996年.
(濱邊, 1993)　濱邊祐一「臓器提供の"承諾"が持つ危うさ」『朝日新聞』1993年7月10日付朝刊.
(浜田・山口, 1984)　浜田寿美男・山口俊郎『子どもの生活世界のはじまり』ミネルヴァ書房，1984年.
(判例時報, 1995)　『判例時報』第1530号，判例時報社，1995年.
(橋岡, 1998)　橋岡まり子「無茶な臓器摘出に初の司法判断」『いのちのジャーナル』通巻第50号，さいろ社，1998年.
(ハワード・リフキン, 1979)　ハワード・リフキン／磯野直秀訳『遺伝工学の時代――誰が神に代りうるか』岩波現代選書，1979年.
(Haworth, 1994)　Haworth, A., *Anti-Libertarianism*, Routledge, 1994.
(Hayek, 7)　Hayek, F. A., *The Constitution of Liberty*, The University of Chicago Press, 1960, renewed 1993, pp. 298–299.（ハイエク／西山千

明訳『自由の体制 2』『ハイエク全集』第 7 巻，春秋社，1987 年.）
(ハイエク, 1986)　　ハイエク／田中秀夫・田中真晴訳『市場・知識・自由』ミネルヴァ書房，1986 年.
(Hegel, 2)　　Hegel, G. W. F., “Einleitung über das Wesen der philosophischen Kritik überhaupt und ihr Verhältnis zum gegenwärtigen Zustand der Philosophie insbesondere (1802)”, *G. W. F. HEGEL WERKE, Bd. 2*, Suhrkamp Verlag, 1970.
(Hegel, 3)　　Hegel, G. W. F., *Phänomenologie des Geistes (1807), G. W. F. HEGEL WERKE, Bd. 3*, Suhrkamp Verlag, 1970.（ヘーゲル／金子武蔵訳『精神の現象学(上，下)』岩波書店，1971，1979 年.）
(Hegel, 7)　　Hegel, G. W. F., *Grundlinien der Philosophie des Rechts oder Naturrecht und Staats-Wissenschaft im Grundrisse (1821), G. W. F. HEGEL WERKE, Bd. 7*, Suhrkamp Verlag, 1970.（ヘーゲル／藤野渉・赤沢正敏訳『法の哲学(自然法と国家学)要綱』，岩崎武雄編『世界の名著』第 35 巻，中央公論社，1976 年.）
(平野, 1994)　　平野武「医療における自己決定権と医の倫理」，高島学司編『医療とバイオエシックスの展開』法律文化社，1994 年.
(平田, 1969)　　平田清明『市民社会と社会主義』岩波書店，1969 年.
(広井, 1992)　　広井良典『アメリカの医療政策と日本』勁草書房，1992 年.
(堀尾, 1979)　　堀尾輝久『現代日本の教育思想』青木書店，1979 年.
(星野, 1995)　　星野一正編著『生命倫理と医療』丸善，1995 年.
(http1)　　http://www.premama.co.jp
(http2)　　http://www.mbcl.co.jp
(http3)　　http://www.genzyme.co.jp
(http4)　　http://www.ig-clinic.com
(福間, 1985)　　福間誠之「脳神経外科の現場から」，唄孝一編『医療と人権』中央法規出版，1985 年.
(福島, 1983)　　福島みどり「ふりわけられる子どもたち」，社会評論社編集部編『女の性と中絶』社会評論社，1983 年.
(福沢, 1959)　　「教育の力(1875)」「人種改良(1896)」ともに「福翁百話」に収録：『福沢諭吉全集』第 6 巻，岩波書店，1959 年.
(福沢, 1978)　　福沢諭吉『学問のすゝめ(1872)』岩波文庫，1978 年.
(稲本, 1968)　　稲本洋之助「1789 年の「人および市民の権利の宣言」」，東京

大学社会科学研究所編『基本的人権 3』東京大学出版会，1968 年.
(イリィッチ, 1980)　イリィッチ／金子嗣郎訳『脱病院化社会』晶文社，1980 年.
(石谷, 1998)　石谷邦彦「緩和医療と「死ぬ権利」」『第 4 回日本臨床死生学会，第 17 回日本医学哲学・倫理学会合同大会予稿集』1998 年.
(板倉, 1963)　板倉宏「奇形児殺害の当罰性——サリドマイドベビー殺害無罪判決に対する世論調査を中心に」『ジュリスト』第 278 号，有斐閣，1963 年.
(市川, 1975)　市川浩『精神としての身体』勁草書房，1975 年.
(市野川, 2000)　市野川容孝「社会的なものの概念と生命」『思想』第 908 号，岩波書店，2000 年.
(糸賀, 1968)　糸賀一雄『福祉の思想』NHK ブックス，1968 年.
(岩生, 1993)　岩生純子「尊厳死を批判する」『技術と人間』1993 年 1/2 月合併号，技術と人間，1993 年.
(菅, 1981)　菅孝行『関係としての身体』れんが書房，1981 年.
(菅, 1983)　菅孝行『身体論』れんが書房，1983 年.
(金井, 1985)　金井淑子「「女性の身体」から差別を問う」，菅孝行編『いまなぜ差別を問うのか』明石書店，1985 年.
(加藤, 1986)　加藤尚武『バイオエシックスとは何か』未来社，1986 年.
(加藤・飯田, 1988)　加藤尚武・飯田亘之編訳『バイオエシックスの基礎』東海大学出版会，1988 年.
(加藤, 1993)　加藤尚武『倫理学の基礎』日本放送出版協会，1993 年.
(加藤・加茂, 1998)　加藤尚武・加茂直樹編『生命倫理学を学ぶ人のために』世界思想社，1998 年.
(勝田, 1964)　勝田守一『能力と発達と学習』国土社，1964 年.
(川口, 1998)　川口浩一「「死ぬ権利」と刑法」『第 4 回日本臨床死生学会，第 17 回日本医学哲学・倫理学会合同大会予稿集』1998 年.
(川合, 1982)　川合章「普通教育としての障害児教育」，五十嵐顕・矢川徳光・坂元忠芳・村山士郎編『講座・現代教育学の理論第 2 巻 民主教育の課題』青木書店，1982 年.
(川上・増子, 1979)　川上武・増子忠道編著『思想としての医学』青木書店，1979 年.
(川喜田, 1977)　川喜田愛郎『近代医学の史的基盤』岩波書店，1977 年.

(ケンドン, 1981)　ケンドン「伝達行動の構造分析」，ラフラー＝エンゲル編著／本名信行編訳『ノンバーバル・コミュニケーション』大修館書店，1981年.

(季羽, 1998)　季羽倭文子「死ぬ権利はあるか」『第4回日本臨床死生学会，第17回日本医学哲学・倫理学会合同大会予稿集』1998年.

(クライン, 1991)　クライン編／「フィンレージの会(生殖，遺伝工学に抵抗するフェミニストの国際ネットワーク)」訳『不妊』晶文社，1991年.

(国際交流基金, 1984)　国際交流基金編『生命科学と人間の会議』メヂカルフレンド社，1984年.

(国際シンポ, 1982)　国際シンポジウム「科学と人間 全記録」『朝日ジャーナル』1982年6月10日号，朝日新聞社，1982年.

(国際障害者年, 1983)　国際障害者年推進会議編『国連・海外関係資料集』全国社会福祉協議会，1983年.

(小松, 1996)　小松美彦『死は共鳴する──脳死・臓器移植の深みへ』勁草書房，1996年.

(小松, 2000)　小松美彦『黄昏の哲学──脳死臓器移植・原発・ダイオキシン』河出書房新社，2000年.

(古茂田, 1988)　古茂田宏訳「人間及び市民の諸権利の宣言」，唯物論研究協会編『思想と現代』第16号，白石書店，1988年.

(コラータ, 1992)　コラータ／飯沼和三監訳『胎児医療の限界にいどむ医師たち』HBJ出版局，1992年.

(コシーク, 1969)　コシーク／花崎臯平訳『具体的なものの弁証法』せりか書房，1969年.

(高校保健, 1979)　『高校保健体育』講談社，1979年.

(厚生白書, 1987)　『厚生白書』昭和61年度版，厚生省，1987年.

(公的扶助, 1993)　公的扶助研究会全国連絡会編『公的扶助研究』第154号，1993年.

(こやぎ, 1987)　ダウン症児の親の集い「こやぎの会」，会報『こやぎ』第179号，1987年.

(熊沢, 1993)　熊沢誠『働き者たち 泣き笑顔』有斐閣，1993年.

(倉持, 2001)　倉持武『脳死移植のあしもと』松本歯科大学出版会，2001年.

(ルフェーヴル, 1975)　ルフェーヴル／高橋幸八郎・柴田三千雄・遅塚忠躬訳『1789年 フランス革命序論』岩波書店，1975年.

(レウォンティン, 1998)　レウォンティン／川口啓明・菊地昌子訳『遺伝子という神話』大月書店，1998 年.
(Locke, 1967)　Locke, J., *Two Treaties of Government* (*1690*), P. Laslett (Ed.), Cambridge University Press, 1967.（ロック／鵜飼信成訳『市民政府論(1690)』岩波文庫，1968 年.）
(毎日新聞, 1998)　毎日新聞社会部取材班『福祉を食う――虐待される障害者たち』毎日新聞社，1998 年.
(マンハイム, 1976)　マンハイム／杉之原寿一・長谷川善計訳「変革期における人間と社会」『マンハイム全集』第 5 巻，潮出版社，1976 年.
(丸山英, 1986)　丸山英二「先天性障害児の出生とアメリカ法」『ジュリスト増刊・総合特集 日本の医療』第 44 号，有斐閣，1986 年.
(丸山冨, 1983)　丸山冨夫「ある安楽死事件からの提言」，日本弁護士連合会編『自由と正義』第 34 巻第 7 号，1983 年.
(Marx, 1857)　Marx, K., *Grundrisse der Kritik der politischen Ökonomie* (*1857–58*), Dietz Verlag, Berlin, 1953.（マルクス／高木幸二郎監訳『経済学批判要綱』第 3 巻，大月書店，1961 年.）
(松井, 1981)　松井一郎「先天異常の発生予防」『ジュリスト増刊・総合特集 障害者の人権と生活保障』第 24 号，有斐閣，1981 年.
(メンミ, 1971)　メンミ／白井成雄・菊池昌美訳『差別の構造』合同出版，1971 年.
(メルロ＝ポンティ, 1966)　メルロ＝ポンティ／滝浦静雄・木田元訳『眼と精神』みすず書房，1966 年.
(MEW. 1)　Marx, K., "Zur Judenfrage (1843)", *MEW, Bd. 1*, Dietz Verlag, 1956.（「ユダヤ人問題によせて」『マルクス・エンゲルス全集』第 1 巻，大月書店，1959 年.）
(MEW. 3)　Marx, K., "Die deutsche Ideologie (1845–46)", *MEW, Bd. 3*, Dietz Verlag, 1959.（「ドイツ・イデオロギー」『マルクス・エンゲルス全集』第 3 巻，大月書店，1963 年.）
(MEW. 4)　Marx, K., "Das Elend der Philosophie (1847)", *MEW, Bd. 4*, Dietz Verlag, 1959.（「哲学の貧困」『マルクス・エンゲルス全集』第 4 巻，大月書店，1960 年.）
(MEW. 19)　Marx, K., "Kritik des Gothaer Programms (1875)", *MEW, Bd. 19*, Dietz Verlag, 1962.（「ゴータ綱領批判」『マルクス・エンゲルス全

集』第19巻，大月書店，1968年.）
(MEW. 23)　Marx, K., *Das Kapital, Erster Bände, Nach der vierten Auflage (1890), MEW, Bd. 23*, Dietz Verlag, 1962.（『資本論』第1巻，第4版，『マルクス・エンゲルス全集』第23巻，大月書店，1968年.）
(MEW. E)　Marx, K., "Ökonomische und Philosophische Schriften (1844)", *MEW, Ergänzungsband, Erster Teil*, Dietz Verlag, 1962.（マルクス／藤野渉訳『経済学・哲学草稿』大月書店，1963年.）
(御輿, 2002)　御輿久美子「健康増進は国民の義務？」『いのちのジャーナル』通巻第81号，さいろ社，2002年.
(民医連, 1992)　全日本民主医療機関連合会編『民医連医療』第234号，1992年.
(民医連, 1994)　全日本民主医療機関連合会編『民医連医療』第250号，1994年.
(三橋, 1973)　三橋修『差別論ノート』新泉社，1973年.
(宮川, 1977)　宮川透，市川浩＋山崎賞選考委員会『身体の現象学』河出書房新社，1977年.
(宮城, 1983)　宮城音弥「全体としての「個」と脳」，日本移植学会編『脳死と心臓死の間で』メヂカルフレンド社，1983年.
(宮野, 1986)　宮野彬「患者の生命をひき延ばす問題」，日本医事法学会編『医事法学叢書5』1986年.
(宮沢, 1962)　宮沢俊義『日本国憲法』日本評論社，1962年.
(三好, 1989)　三好春樹『生活リハビリとはなにか』筒井書房，1989年.
(モンテスキュー, 1972)　モンテスキュー／井田進也訳『ペルシア人の手紙(1721)』，井上幸治編『世界の名著』第28巻，中央公論社，1972年.
(モア, 1969)　モア／沢田昭夫訳『ユートピア』，渡辺一夫編『世界の名著』第17巻，中央公論社，1969年.
(森健, 2001)　森健『人体改造の世紀』講談社，2001年.
(森幹, 1989)　森幹郎『老いとは何か』ミネルヴァ書房，1989年.
(森村, 1986)　森村進「法哲学の立場から」『法律時報』第58巻第4号，日本評論社，1986年.
(森村, 2001)　森村進『自由はどこまで可能か』講談社現代新書，2001年.
(森岡, 1989)　森岡正博『脳死の人』東京書籍，1989年.
(森岡, 1998)　森岡正博「ウーマン・リブと生命倫理(完成版・第1部)」『生

命・環境・科学技術倫理研究』千葉大学，1998 年.
(持田, 1977)　持田栄一『教育変革への視座』田畑書店，1977 年.
(向井, 1986)　向井承子「夢想郷のやさしい魂たち」『中央公論』1986 年 10 月号，中央公論社，1986 年.
(村上, 1985)　村上陽一郎「死を巡る第二の断章」，新・岩波講座哲学第 1 巻『いま哲学とは』岩波書店，1985 年.
(ネーゲル, 1989)　ネーゲル／永井訳『コウモリであるとはどのようなことか』勁草書房，1989 年.
(Nagel, 1991)　Nagel, T., *Equality and Partiality*, Oxford University Press, 1991.
(中島, 1985)　中島みち『見えない死』文藝春秋，1985 年.
(中村雄, 1977)　中村雄二郎『哲学の現在――生きること考えること』岩波新書，1977 年.
(中村行, 1998)　中村行秀「哲学とは死の練習である」，フォーラム哲学編『言葉がひらく哲学の扉』青木書店，1998 年.
(中内, 1983)　中内敏夫『学力とは何か』岩波新書，1983 年.
(中山, 1992)　中山研一『脳死論議のまとめ』成文堂，1992 年.
(日科, 1992)　日本科学者会議編『日本の科学者』第 27 巻第 9 号，水曜社，1992 年.
(野村, 1969)　野村拓『国民の医療史』三省堂選書，1969 年.
(「脳死」, 2002)　「検証！「脳死」臓器移植」『いのちのジャーナル』臨時増刊号，さいろ社，2002 年.
(ノージック, 1985)　ノージック／島津格訳『アナーキー・国家・ユートピア』木鐸社，1985-89 年.
(荻野, 1990)　荻野美穂「女の解剖学――近代身体の成立」，荻野美穂他著『制度としての「女」――性・産・家族の比較社会史』平凡社，1990 年.
(岡庭, 1984)　岡庭昇『身体と差別』せきた書房，1984 年.
(大庭, 2004)　大庭健『所有という神話――市場経済の倫理学』岩波書店，2004 年.
(太田, 1982)　太田典礼『安楽死』三一書房，1982 年.
(大田, 1983)　大田堯『教育とは何かを問いつづけて』岩波新書，1983 年.
(尾関・後藤・佐藤, 1994)　尾関周二・後藤道夫・佐藤和夫編『ラディカルに哲学する』全 5 巻，大月書店，1994-95 年.

(パッカード, 1978)　パッカード／中村保男訳『人間操作の時代』プレジデント社，1978年.

(プラトン, 1979)　プラトン／藤沢令夫訳『国家(上)』岩波文庫，1979年.

(ポラニー, 1975)　ポラニー／吉沢英成・野口建彦・長尾史郎・杉村芳美訳『大転換』東洋経済新報社，1975年.

(Potter, 1971)　Potter, V. R., *Bioethics: Bridge to the Future*, Engelwood Chiffs, 1971.

(Proctor, 1988)　Proctor, R. N., *Racial Hygiene*, Harvard University Press, 1988.

(Rachels, 1986)　Rachels, J., *The End of Life*, Oxford University Press, 1986.（レイチェルズ／加茂直樹監訳『生命の終わり』晃洋書房，1991年.）

(ラフラー＝エンゲル, 1993)　ラフラー＝エンゲル／本名信行・加藤三保子編訳『胎児は学ぶ』大修館書店，1993年.

(Ramsey, 1978)　Ramsey, P., *Ethics at the Edges of Life*, Yale University Press, 1978.

(良知, 1971)　良知力『初期マルクス試論――現代マルクス主義の検討とあわせて』未来社，1971年.

(Rawls, 1971)　Rawls, J., *Theory of Justice*, Harvard University Press, 1971.

(Rawls, 1985a)　Rawls, J., "A Kantian Conception of Equality", J. Rajchman and C. West (Eds.), *Post-Analytic Philosophy*, Columbia University Press, 1985.

(Rawls, 1985b)　Rawls, J., "Justice as Fairness: Political Not Metaphysical", *Philosophy and Public Affairs, Vol. 14, No. 3*, 1985.

(リフキン, 1999)　リフキン／鈴木主税訳『バイテク・センチュリー』集英社，1999年.

(Ripstein, 1994)　Ripstein, A., "Equality, Luck, and Responsibility", *Philosophy and Public Affairs, Vol. 23, No. 1*, 1994.

(Roemer, 1993)　Roemer, J. E., "A Pragmatic Theory of Responsibility for the Egalitarian Planner", *Philosophy and Public Affairs, Vol. 22, No. 2*, 1993.

(ロス, 1975)　ロス／川口正吉訳『死ぬ瞬間』読売新聞社，1975年.

(ローゼンバーグ・トムソン, 1996)　ローゼンバーグ・トムソン編／堀内成子・飯沼和三監訳『女性と出生前検査――安心という名の幻想』日本アクセル・シュプリンガー出版，1996 年.

(セイボム, 1986)　セイボム／笠原敏雄訳『「あの世」からの帰還』日本教文社，1986 年.

(最首, 1984)　最首悟『生あるものは皆この海に染まり』新曜社，1984 年.

(斎藤明, 1991)　斎藤明子訳『アメリカ障害者法(全訳)』現代書館，1991 年.

(斎藤茂, 1985)　斎藤茂男編著『生命かがやく日のために』共同通信社，1985 年.

(坂口, 1985)　坂口健二『遺伝子工学を考える』NHK ブックス，1985 年.

(真田, 1985)　真田哲也「マルクスの実体概念と物象化論」『社会思想史学会年報』第 9 号，1985 年.

(サンデル, 1992)　サンデル／菊池理夫訳『自由主義と正義の限界』嶺書房，1992 年.

(サルダ, 1988)　サルダ／森岡恭彦訳『生きる権利と死ぬ権利』みすず書房，1988 年.

(佐藤和, 1988)　佐藤和夫「いのちを決める」，伊坂青司・佐藤和夫・竹内章郎『生命の倫理を問う』大月書店，1988 年.

(佐藤三, 1981)　佐藤三夫『イタリア・ルネサンスにおける人間の尊厳』有信堂，1981 年.

(沢山, 1990)　沢山美果子「教育家族の成立」，叢書『〈教育〉――誕生と終焉』藤原書店，1990 年.

(Scheffler, 1992)　Scheffler, S., “Responsibility, Reactive Attitudes, and Liberalism in Philosophy and Politics”, *Philosophy and Public Affairs, Vol. 21, No. 4*, 1992.

(関, 1982)　関廣野『プラトンと資本主義』北斗出版，1982 年.

(Sen, 1980)　Sen, A., “Equality of What?”, S. McMurrin (Ed.), *The Tanner Lectures on Human Values I*, Cambridge University Press, 1980.

(セン, 1988)　セン／鈴村興太郎訳『福祉の経済学――財と潜在能力』岩波書店，1988 年.

(セン, 1991)　セン／川本隆史訳「社会的コミットメントとしての自由」『みすず』第 385 号，みすず書房，1991 年.

(シュライオック, 1974)　シュライオック／大城功訳『近代医学の発達』平

凡社，1974 年.
(清水, 1981)　清水寛『障害児教育とはなにか』青木書店，1981 年.
(シンガー, 1998)　シンガー／樫則章訳『生と死の倫理』昭和室，1998 年.
(白石・植田・さつき福祉会, 1998)　白石恵理子・植田章・さつき福祉会『成人期障害者の発達と生きがい』かもがわ出版，1998 年.
(ソンタグ, 1978)　ソンタグ／富山太佳夫訳「隠喩としての病い」『思想』第 650-651 号，岩波書店，1978 年.
(外村, 1979)　外村晶編『染色体異常』朝倉書店，1979 年.
(多田・河合, 1991)　多田富雄・河合隼雄編『生と死の様式』誠心書房，1991 年.
(平子, 1979)　平子友長「マルクス経済学批判の方法と形態規定の弁証法」，岩崎允胤編『科学の方法と社会認識』汐文社，1979 年.
(高谷, 1983)　高谷清『重症心身障害児』青木書店，1983 年.
(高谷・吉田, 1983)　高谷清・吉田一法『重症児のいのちと心』青木書店，1983 年.
(高谷, 1987)　高谷清「重い障害をもつ子どもたちのこと」，唯物論研究協会編『思想と現代』第 9 号，白石書店，1987 年.
(竹内, 1982)　竹内章郎「相関規定と主－客問題」，岩崎允胤編『ヘーゲルの思想と現代』汐文社，1982 年.
(竹内, 1985: 本書第 4 章)　竹内章郎「病気と障害をめぐるイデオロギー」，東京唯物論研究会編『唯物論』第 59 号，1985 年.
(竹内, 1987a)　竹内章郎「能力と平等についての一視角」，藤田勇編『権威的秩序と国家』東京大学出版会，1987 年.
(竹内, 1987b)　竹内章郎「ビオスの中のソキエタス」，唯物論研究協会編『思想と現代』第 9 号，白石書店，1987 年.
(竹内, 1988: 本書第 1 章)　竹内章郎「いのちを守る」，伊坂青司・佐藤和夫・竹内章郎『生命の倫理を問う』大月書店，1988 年.
(竹内, 1989a)　竹内章郎「功利主義の論理(上)——生命倫理学と教育的マルサス主義との関連で」『和光大学人文学部紀要』第 23 号，1989 年.
(竹内, 1989b)　竹内章郎「ヘーゲルの有用性論」『岐阜大学教養部研究報告』第 26 号，1989 年.
(竹内, 1990)　竹内章郎「「よりよく」と「よりよく主義」」，叢書『〈教育〉——誕生と終焉』藤原書店，1990 年.

(竹内, 1991)　竹内章郎「「役にたつこと」＝功利主義について――功利主義の論理(下)」，名古屋哲学研究会編『哲学と現代』第 12 号，1991 年.
(竹内, 1992a : 本書第 5 章)　竹内章郎「身体の私的所有と共同性について」，唯物論研究協会編『思想と現代』第 30 号，白石書店，1992 年.
(竹内, 1992b)　竹内章郎「高度成長期の日本マルクス主義における平等論の不活性について」，東京唯物論研究会編『マルクス主義思想 どこからどこへ』時潮社，1992 年.
(竹内, 1993a)　竹内章郎『「弱者」の哲学』大月書店，1993 年.
(竹内, 1993b : 本書第 2 章)　竹内章郎「「脳死」論の一つの帰結」，唯物論研究協会編『思想と現代』第 35 号，白石書店，1993 年.
(竹内, 1994)　竹内章郎「「弱さ」の受容文化・社会のために」，佐藤和夫編『ラディカルに哲学する 2「近代」を問いなおす』大月書店，1994 年.
(竹内, 1995a)　竹内章郎「リベラリズム哲学における「責任」概念の転換」，日本哲学会編『哲学』第 46 号，法政大学出版局，1995 年.
(竹内, 1995b)　竹内章郎「日常的抑圧を把握するための一視角」，後藤道夫編『ラディカルに哲学する 4 日常世界を支配するもの』大月書店，1995 年.
(竹内, 1995c)　竹内章郎「生命倫理学の一断面」，日本社会臨床学会編『社会臨床雑誌』第 3 巻第 1 号，1995 年.
(竹内, 1995d)　竹内章郎「生命倫理学の或る理論傾向」，日本科学者会議編『日本の科学者』第 30 巻第 6 号，水曜社，1995 年.
(竹内, 1996a)　竹内章郎「平等の構想に向けて 第 1 部」『岐阜大学教養部研究報告』第 34 号，1996 年.
(竹内, 1996b)　竹内章郎「責任概念の転換と生命倫理」，日本生命倫理学会編『生命倫理』第 7 号，1996 年.
(竹内, 1997)　竹内章郎「流行の倫理学を考える――自由主義につきまとう疑義」，全国民主主義教育研究会編『未来をひらく教育』第 110 号，同時代社，1997 年.
(竹内, 1998a)　竹内章郎「死ぬ権利を相互承認しうるほど人類は進歩していない」『第 4 回日本臨床死生学会，第 17 回日本医学哲学・倫理学会合同大会予稿集』1998 年.
(竹内, 1998b : 本書第 6 章)　竹内章郎「能力に基づく差別の廃棄」，日本哲学会編『哲学』第 49 号，法政大学出版局，1998 年.

(竹内, 1998c)　竹内章郎「……治療を施してやる必要はない」, フォーラム哲学編『言葉がひらく哲学の扉』青木書店, 1998 年.
(竹内, 1999a)　竹内章郎『現代平等論ガイド』青木書店, 1999 年.
(竹内, 1999b: 本書第 3 章)　竹内章郎「死ぬ権利はまだ正当化できない」『岐阜大学地域科学部研究報告』第 4 号, 1999 年.
(竹内, 1999c)　竹内章郎「死ぬ権利の正当化は誤謬ではないか？」, 日本医学哲学・倫理学会編『医学哲学医学倫理』第 17 号, 1999 年.
(竹内, 1999d)　竹内章郎「生きる義務を問う生命倫理学？」, 日本社会臨床学会編『社会臨床雑誌』第 7 巻第 1 号, 1999 年.
(竹内, 1999e)　竹内章郎「死ぬ権利の正当化？」, 日本臨床死生学会編, *Japanese Journal of Clinical Thanatology, Vol, 4, No. 1*, 1999.
(竹内, 2000a)　竹内章郎「社会的弱者という見方の問題」『仏教』第 50 号, 法蔵館, 2000 年.
(竹内, 2000b)　竹内章郎「現代の支配層の「弱者」切り捨て思想」, 全日本民主医療機関連合会編『民医連医療』第 330 号, 2000 年.
(竹内, 2000c)　竹内章郎「生命倫理の前進のために――「なぜ」の徹底を」, 唯物論研究協会編『唯物論研究年誌 新たな公共性を求めて』第 5 号, 青木書店, 2000 年.
(竹内, 2001a)　竹内章郎『平等論哲学への道程』青木書店, 2001 年.
(竹内, 2001b)　竹内章郎「現代優生思想の射程――新福祉国家構想とその平等論のために」, 全日本民主医療機関連合会編『民医連医療』第 345 号, 2001 年.
(竹内・中嶋, 2001c: 本書第 7 章)　竹内章郎・中嶋英理「先端医療技術が隠すもの」, 東京唯物論研究会編『唯物論』第 75 号, 2001 年.
(竹内, 2002)　竹内章郎「新自由主義は史上最大の不平等主義」, 名古屋哲学研究会編『哲学と現代』第 18 号, 2002 年.
(竹内, 2003: 本書第 8 章)　竹内章郎「生殖医療と倫理――商業的優生学との対抗」, 中部哲学会編『中部哲学会年報』第 35 号, 2003 年.
(玉井, 1999)　玉井真理子「日本社会臨床学会第 6 回総会報告」, 日本社会臨床学会編『社会臨床雑誌』第 7 巻第 2 号, 1999 年.
(田中, 1980)　田中昌人『人間発達の科学』青木書店, 1980 年.
(立花, 1986)　立花隆『脳死』中央公論社, 1986 年.
(立花・加藤, 1986)　立花隆・加藤尚武「臓器移植にあなたは応じますか」

『中央公論』1986年10月号，中央公論社，1986年.
(立花, 1988)　立花隆『脳死再論』中央公論社，1988年.
(立川, 1971)　立川昭二『病気の社会史』NHKブックス，1971年.
(Taylor, 1992)　Taylor, C., "Atomism (1985)", W. Kymlica (Ed.), *School of Thought in Politics, Vol. 4*, Edward Elgar Publishing, 1992.
(戸田, 1984)　戸田清「生命技術による人権侵害をどう防ぐか」『技術と人間』1984年10月号，技術と人間，1984年.
(利光, 1998)　利光恵子「生殖医療と遺伝子診断」，山口研一郎編『操られる生と死——生命の誕生から終焉まで』小学館，1998年.
(得永, 1984)　得永幸子『「病い」の存在論』地湧社，1984年.
(津田・斎藤, 1981)　津田道夫・斎藤光正『障害者教育と「共生・共有」論批判』三一書房，1981年.
(塚崎・加茂, 1989)　塚崎智・加茂直樹編『生命倫理の現在』世界思想社，1989年.
(上田, 1981)　上田敏「障害の概念と構造」『科学と思想』第42号，新日本出版社，1981年.
(植松, 1963)　植松正「奇形児の出産に関する女性の態度」『ジュリスト』第278号，有斐閣，1963年.
(梅原, 1992)　梅原猛編『脳死は，死ではない』思文閣出版，1992年. 脳死臨調答申含む.
(内田隆, 1995)　内田隆三「資本主義と権力のエピステーメー」『思想』第846号，岩波書店，1995年.
(内田義, 1982)　内田義彦：シンポジウム「臨床への視座」，季刊『パテーマ』創刊号，ゆみる出版，1982年.
(ワロン, 1980)　ワロン／浜田寿美男編訳『身体・自我・社会』ミネルヴァ書房，1980年.
(渡辺, 2001)　渡辺治『日本の大国化とネオ・ナショナリズムの形成』桜井書店，2001年.
(ヴェーバー, 1980)　ヴェーバー／尾高邦雄訳『職業としての学問(1919)』岩波文庫，1980年.
(Weiss, 1987)　Weiss, S. F., *Race Hygiene and National Efficiency*, California University Press, 1987.
(Winslade・Ross, 1986)　Winslade, W. J. and Ross, J. W., *Choosing Life*

or Death, The Free Press, 1986.
(山口研, 1995)　山口研一郎『生命をもてあそぶ現代の医療』社会評論社, 1995年.
(山口昌, 1978)　山口昌男「病いの宇宙誌」『知の遠近法』岩波書店, 1978年.
(山科, 1973)　山科三郎『現代教育のイデオロギー構造』青木書店, 1973年.
(柳田, 1983)　柳田尚『痛みの人間学』講談社, 1983年.
(横塚, 1983)　横塚晃一『母よ！ 殺すな』すずさわ書店, 1983年.
(読売新聞, 1985)　読売新聞解説部編『いのちの最先端 脳死と臓器移植』読売新聞社, 1985年.
(米本, 1986)　米本昌平「優生学的強迫から老トピアへ」『中央公論』1986年12月号, 中央公論社, 1986年.
(米本, 2000)　米本昌平他著『優生学と人間社会』講談社現代新書, 2000年.
(全障研, 1978)　全国障害者問題研究会『「発達保障論」の成果と課題』全国障害者問題研究会出版部, 1978年.
(全障連, 1982)　全国障害者解放連絡会議『障害者解放運動の現在』現代書館, 1982年.
(Zola, 1972)　Zola, I. K., “Medicine as an Institution of Social Control”, *The Sociological Review*, November 1972.
(ズヴァー, 1984)　ズヴァー／宮田親平訳『医学革命』文藝春秋, 1984年.